健身教练的
职业精进指南

[美] 马克·A. 纳丁（Mark A. Nutting）著

韩克 译

人民邮电出版社

北 京

图书在版编目（CIP）数据

健身教练的职业精进指南 / （美）马克·A.纳丁
(Mark A. Nutting) 著；韩克译. -- 北京：人民邮电
出版社，2020.1
ISBN 978-7-115-51832-3

Ⅰ．①健… Ⅱ．①马… ②韩… Ⅲ．①健身运动－教
练员－职业培训－指南 Ⅳ．①G831.32-62

中国版本图书馆CIP数据核字(2019)第262401号

版权声明

内 容 提 要

本书是美国国家体能协会 NSCA 年度最佳私人教练奖获得者、在私人教练培训领域拥有近 40 年经验的马克·A.纳丁多年培训实践的总结。本书分为两部分：第 1 部分可以帮助私人教练了解自己的职业角色，从而做出更好的职业方向选择；第 2 部分介绍从私人教练向健身俱乐部管理者转变的过程中，所需要的全部商业技能，帮助读者了解如何应用它们来发展自己的事业。

本书适用于所有的私人教练，同时对于健身俱乐部投资者、私人教练管理者来说，也有非常重要的参考和借鉴价值。

◆ 著　　　　[美] 马克·A. 纳丁（Mark A. Nutting）
　　译　　　　韩 克
　　责任编辑　裴 倩
　　责任印制　周昇亮
◆ 人民邮电出版社出版发行　　北京市丰台区成寿寺路 11 号
　　邮编　100164　电子邮件　315@ptpress.com.cn
　　网址　http://www.ptpress.com.cn
　　临西县阅读时光印刷有限公司印刷
◆ 开本：700×1000　1/16
　　印张：16　　　　　　　　2020 年 1 月第 1 版
　　字数：357 千字　　　　　2020 年 1 月河北第 1 次印刷
　　著作权合同登记号　图字：01-2018-5952 号

定价：88.00 元
读者服务热线：**(010)81055296**　印装质量热线：**(010)81055316**
反盗版热线：**(010)81055315**
广告经营许可证：京东工商广登字 20170147 号

目录

前言

近40年来，我一直担任私人教练（即健身教练），并且几乎一直在为其他的私人教练提供培训。在我的职业生涯早期，我教过运动科学和基础生物力学；后来，我转向更实用的体能领域。在过去的10年里，我一直专注于学习和教授私人教练需要知道的商业技能。了解这些技能并应用它们可以成就我们的事业。本书是我所学到的所有商业知识的精华汇总，包括在我的职业生涯以及我通过阅读数以百计的书籍、数百篇文章，以及通过参加网络研讨会和会议演讲学到的知识。

这是一本面向私人教练的书，适用于所有私人教练。事实上，根据美国劳工统计局2015年关于职业健身教练和指导的报告，美国有超过279 000名私人教练。他们有各种各样的背景、教育和培训经历，他们在各种环境中履行职责。一些人是健身俱乐部、医疗导向的健身房和健身工作室等机构的员工；一些人是独立承包商，在其他人的健身中心、家或办公室里、公园中或者在网络上工作。还有一些人拥有自己的健身中心。所有这些私人教练都有一个共同点：他们需要了解并能够运用商业技能来建立和发展自己的事业。

本书为您提供了全面的商业基础技能，以便您成功建立自己的业务。它还为您提供了一个促进职业发展的蓝图。例如，或许您目前正在为俱乐部工作，但想要拥有自己的工作室，那么了解下一个步骤将帮助您做好成立自己工作室的准备！

本书分为两个主要部分。第1部分可以帮助您了解各种角色、每种角色的职责以及如何从中进行选择。第2部分教您工作中所需要的商业技能，并帮助您了解如何应用它们来发展自己的业务。

虽然我认为这是本行业同类书籍中非常全面的一本，但您必须在读完本书之后继续自学。就像运动和营养科学一样，商业实践也在不断发展，如果我们停止学习，可能会发现自己落后于竞争对手了。为了帮助您继续学习，附录C提供了一个资源参考列表，可帮助您更深入地了解特定业务领域，从而继续保持领先地位。

本书中的附录A提供了商业计划模板，附录B提供了私人教练客户表。您可以轻松自定义这些材料以适应您的情况。

我热爱私人教练职业。如果说想对此有些什么改变的话，我真希望在早些时候就获得了关键的业务信息；拥有这样一本书可以节省我的时间和精力，让我早日获得成功。我希望本书能为您提供这种优势，帮助您在这个非常有价值的职业中实现自己的目标。

致谢

首先，感谢我的妻子希瑟·施蒂纳·纳丁（Heather Stirner Nutting）。她是我生活和工作的搭档（我们几乎总是并肩工作），在我编写本书的过程中，她给予了我极大的支持。这让我觉得我很幸运。谢谢你，我的爱人。

感谢我的两个儿子：伊恩（Ian）和杰克逊（Jackson）。他们也非常热情和有耐心。作为你们的父亲我感到很自豪。我爱你们。

感谢我的朋友罗杰·厄尔（Roger Earle），感谢您对我的信任，感谢您让Human Kinetics出版社相信我是编写本书的合适人选。为此我永远心怀感激。

感谢克里斯汀·德鲁（Christine Drews），虽然我们还没有见过面，但您对本书的编辑工作给予了极大的支持，您细心的指导让我在编写本书的过程中能够不断有新的想法并保持积极的心态。

感谢Human Kinetics出版社让我以第一人称编写本书。如果以第三人称来写，我想我可能无法完成它。

最后，感谢我的所有同行朋友。如果这么多年没有与这些志趣相投的人进行激烈的讨论和辩论，我认为我的大脑早就退化并死亡了。

第 1 部分

了解私人教练的角色和责任

第1章

认清自己的目标和执业范围

什么是私人教练？本章将介绍关于该职业的各个方面。具体来说，我们将探讨为什么您想成为私人教练、私人教练的作用，以及根据职业要求我们应该做和不应该做的事情。欢迎来到私人教练领域！

选择成为私人教练

促使您成为私人教练的因素，将对您的成功程度以及从事此职业的时间长度产生重要影响。与所有业务一样，建立私人教练业务需要时间，您需要忠于自己成为私人教练的初心，这样才能克服挑战，坚持到底，并最终在此行业中茁壮成长。

那么，您为什么想成为一名私人教练呢？您的答案将是您做一切事情的驱动因素。因此，您必须弄明白原因。

是为了赚钱吗？如果是这样，换一份工作，您可能会更快地挣到更多的钱。最近的一份报告（Schroeder, 2015）显示，在美国，私人教练的平均时薪固定在30.50美元，然而，每周的平均工作小时数仅为18小时，平均年收入为28 548美元。2016年，美国劳工部报告称，健身教练和健身指导的平均年薪为38 160美元（Bureau of Labor Statistics, 2016）。尽管这种收入变化表明私人教练的收入越来越高，但仍可以看出它并不是一个"致富"职业。

工作前景怎么样？预计至2022年，私人教练人数将增长13%，这是所有行业的平均水平（Bureau of Labor Statistics, 2016）。因此，尽管这一预测对该行业来说是个好兆头，但它可能不是您进入该职业的关键动力。

或者，您想成为一名私人教练是因为您喜欢锻炼并想在健身房里工作？这很好，但这不会支撑您在此行业中工作。也许，您选择成为一名私人教练是因为您想要一份灵活的兼职工作，以便您可以追求另一种职业。同样，这个理由是可以的，但这还不足以帮助您成为一名私人教练。

相反，为了在这一领域取得成功，您需要一种强烈的愿望，即通过体育活动和合理饮食来帮助其他人改善生活。看着自己帮助的人变得更健康、更强壮、更有能力做他们想做的事——这些应该是您进入这个职业的真正原因。这种动机不仅有助于支撑您，还能让其他人意识到您的帮助意愿，这将有助于吸引潜在客户。当然，私人教练也可以作为一份灵活的兼职工作，您可以在自己喜欢的氛围中获得不错的时薪，但这并不应该是您成为私人教练的原因。幸运的是，俗话说，事在人为。

在*Art of the Start 2.0*一书中，盖伊·川崎（Guy Kawasaki）将"做有意义的事"视为其"创业的伟大创意"之一。在20世纪70年代末和80年代初期，当我在缅因大学的人类表现研究中心开始我的职业生涯时，我经历了这种可能性。在实验室工作的同时，我还教授心脏康复课程。在授课时有一个客户给我留下了深刻的印象。79岁的玛丽在心脏病

> **人们买的不是您做的产品，他们买的是您的信念和宗旨。**
>
> 出自Simon Sinek所写的*Start With Why*（2011年，p.41）。

发作以后，得到其医生的许可进行锻炼，开始在我的班上上课。在我在该中心工作的3年里，她一直坚持上课。

第一年后，她问我她是否有必要购买一辆健身车并在家中进行更多的运动。当然，我很高兴她想多运动，这使她变得更加强壮，并且改善了自己的日常生活能力。又过了一年，她问我她是否可以参加游泳课。她从未学过游泳，但现在她觉得自己可以学习游泳。这时我才意识到这项工作的重要性——指导员或私人教练能对一个人的生活产生极大的积极影响。我终于发现了我的使命。

私人教练角色

私人教练只是向人们展示如何使用器械并计算重复次数的日子已经一去不复返了（对我来说，这是一件好事，因为我不可能依靠计算重复次数来挽救我的生命！）。私人教练现在身兼多职。

- **信息收集者**：通过使用健康史、生活方式问卷调查表、目标清单和求变意愿问卷，私人教练能收集一些必要的信息，帮助客户安全有效地实现预期目标。
- **教练和动机采访者**：从初次见面开始到与客户合作的整个期间，教练和动机采访者使用的主要技巧很重要。例如，您可以使用开放性问题来帮助客户明确他们的目标，更好地了解他们面临的挑战，并提供解决这些挑战的解决方案。当客户参与制订解决方案时，他们更有可能坚持自己的计划。通过这种方式，我们成为改变他们生活的引导者。
- **老师**：虽然帮助客户自己寻找答案能在他们改变的过程中发挥重要作用，但很多时候我们需要教授客户一些知识，比如健身、锻炼、营养和行为改变等。普通人往往没有接受过有关健康和健身的科学教育，或者更糟糕的是，他们接受的教育不正确。在这种情况下，我们需要提供基于研究的信息，这意味着我们必须随时关注最新研究。
- **计划制订者**：这个角色涉及制订运动处方。根据与客户初次见面收集的信息，私人教练会制订一个计划，指定锻炼的频率、强度、时间和类型，从而帮助客户实现目标。
- **运动教育家**：教授客户如何进行针对其制订的健身计划中的运动时，私人教练采用"边说边示范"的教学方法。告诉客户每种运动是什么以及它的作用。向客户展示如何运动。然后让客户练习，同时根据需要提供指导并纠正动作。
- **啦啦队员**：私人教练还要支持客户，鼓励他们突破自己。每个人在变得更加健康的过程中都将面临许多挑战。因此，您的客户需要知道有人在角落里为他们加油，不是评判他们，而是提供支持和指导，让他们努力改善自己的健康和体质。

私人教练集这些角色于一身，对想要改变健康和健身水平的每个人来说，私人教练是无价之宝。

训练范围

您必须定义自己的执业范围，原因很简单，我们能为客户做的是有限的。这些限制（我们应该做的和不应该做的）由我们的训练、法律和道德责任来定义。尽管对我们许多人来说这些限制显而易见，但仍需要明确定义它们。您不应该教给客户您未接受过培训的技巧、锻炼或计划。大家认可的培训可以是采取大学学位、认证、证书课程、研讨会、会议和同行评审期刊文章的形式。最终，您与客户的合作必须基于以研究为基础的技巧或公认的实践标准。

大学学位

健身行业正在进行一场持续的辩论，即是否应该强制要求私人教练具有大学学位。赞成的人可能会指出获得运动科学学位的明确好处。当然，首先，详细的课程为您提供了一个很好的专业信息基础。此外，辅修课程能帮助您成为一个更全面的人。如果您自学运动科学，这可能是您无法获得的。这些一般知识可以让您与客户具有共同的话题，例如，我通常会和客户谈论艺术、戏剧、商业、音乐和心理学等各种话题。

持有运动科学学位也为您提供了一个"证明"，证明您已经学到了足够的知识，可以进入社会并成为一名私人教练。事实上，这种看法可能不仅仅是肤浅的表象。一组研究人员（Malek, Nalbone, Berger & Coburn, 2002）使用健身教练知识评估（FIKA）问卷来确定私人教练在核心主题（如营养、健康筛查和测试方案）方面的知识。正如我所预料的那样，拥有运动科学学位的参与者，其表现明显优于那些没有获得该学位的参与者。

当然，获得学位也有缺点，或者更准确地说，学位在帮助您完全成为一名私人教练方面存在缺点。一些认证机构和一些健身俱乐部要求私人教练持有"健身相关领域"的学位，或者将学位作为参加考试的先决条件或作为雇用条件。但是，并非所有学位都是平等的。例如，社区保健学位和体育管理学位不会让一个人成为私人教练。此外，尽管运动科学这一学科为私人教练生涯提供了大多数培训经验，但即使是这种类型的学位课程也可能缺乏关键要素，比如实践经验和商业技能，这两者对您的职业成功至关重要。

依赖学位的另一个缺点是，与认证不同，它不需要继续教育。我认识几位从未寻求过额外教育的私人教练，因为他们认为学位已经足够好了；结果是，他们的知识在他们取得学位时就已经停滞不前了。出于这个原因，我经常建议除了学历外，还应获得认证。

认证

认证评估一个人的知识、技能和能力（KSA）。对于想要成为私人教练的人来说，有许多认证。一些认证非常专业，可提供给你提升自己职业生涯特有的专业知识。

一些俱乐部提供自己的内部认证。事实上，我曾经为美国最大的连锁健身俱乐部之一的机构编写过内部认证计划。但是，认证通常由第三方管理。这些认证是一种很好的方式，可以证明自己，可以向雇主和潜在客户证明您至少已达到执教的基本能力水平并且可以开始安全地为别人指导训练。

许多认证涉及自定进度的自主学习，因此要求您必须自律和并有组织能力，这样才能学习课程。当然，这些能力在生活的各个方面都能为您提供帮助。其他"认证"采用周末讲座的方式，之后立即进行评估。虽然称为"认证"，但这些讲座实际上是基于评估的证书课程。

为了保持大多数认证，您必须保持学习，通过继续教育学分或持续教育课程（CEC或CEU）来与时俱进。这是之前提到的认证与学位之间的差异之一。鉴于拥有高级认证的私人教练表示他们因此获得了更多收入（American Council on Exercise, 2013），可以认为保持认证是值得的。

我认为认证是获取知识的另一个机会，因此，认证越多越好。由第三方提供的认证提供了更好的认证计划，并且雇主通常将这些认证作为招聘要求。但是，认证机构相当多，您应该寻找哪个机构呢？许多提供私人训练认证的组织都支持美国国家执照事务委员会（NCCA），因为它有更严格的标准。在近300种与健身相关的认证中，只有18种认证由NCCA认可的计划提供。例如，这些计划由美国运动医学会（ACSM）、美国运动协会（ACE）、美国国家体能协会（NSCA）和美国国家运动医学学会（NASM）提供。确保您拥有至少一个被认可的认证。请记住，认证不仅可以确保更好的认证计划，还可以使潜在雇主更广泛地接受认证。

证书课程

证书课程通常作为教育计划的一部分进行管理，评估由教育机构自己处理（对于上一节中提到的一些"认证"或基于评估的证书课程，也是如此）。与其他认证相比，这些课程不会涵盖广泛的内容，相反，它们关注营养或特定的训练器械（如壶铃）等特定领域。

在这方面，接受更多的教育是一件好事。作为私人教练，它为您的工具箱提供了更多的工具，使您可以更有效地针对客户的个性化需求制订计划。但是，一些证书课程不需要继续教育。这是一个问题，因为对于某些人来说，如果他们不需要继续学习，他们就不会再学习。这样就降低了这些证书课程的价值，这不仅无法让自己与时俱进，而且无法验证自己的专业知识。此外，一些机构不提供测试熟练程度的评估，因此，它们提供的更多是出勤证明而不是知识证明。

其他培训

其他类型的培训包括作为实习生，听播客，参加会议，加入诊所，参加线上和线下研讨会等。其中许多培训可以为您提供申请认证的继续教育学分。现场培训还为与其他健身专业人士建立联系和讨论最佳做法提供了很好的机会。考虑您的选择时，选择能激发您的兴趣并提升职业能力的课程。

这些类型的培训可能很昂贵，特别是会议，这需要您休假（从而失去收入）并支付注册、旅行、住宿和餐饮费用。如果觉得成本太高，那么更好的选择可能是线上研讨会或听播客。此外，会议报告有时很糟糕，无论是其提供的信息质量还是交付方式都可能如此。但它们对我们可能也极为有益。鉴于这些可能性，您可以在参加会议之前进行研究；具体而言，可以参考其他人对整个会议和演讲嘉宾的评价。

延伸阅读

阅读书籍和文章是一种自主学习的好方法。每个月我都会听几本有声读物，并阅读各种期刊和文章。如今，访问电子书和互联网可以更轻松地获得越来越多的信息。但在开始将所学信息应用于与客户的互动之前，请确保您的信息来源拥有良好的声誉。获得准确信息的最佳来源包括同行评审期刊，以及引用同行评审期刊的文章和书籍。

法律的范围

法律是我们采取必要预防措施以保证客户安全的体现。这方面的违法行为可能涉及"做了我们不应做的事情"或"未做我们应该做的事情"。这些属于过失类别，可以用有时被称为"四个D"的4个关键要素来了解它们。

❶ 职责（duty）：对另一个人（如客户）的责任。

❷ 失职（dereliction of duty）：违反或疏忽职责，比如在客户使用设备之前未检查设备的安全性。

❸ 直接原因（direct cause）：导致事件的行为或者是不作为。

❹ 损害（damages）：由于因果关系事件造成的损害、伤害或两者兼有。

1998年，一起臭名昭著的法庭案件涉及一名在纽约市为Crunch Fitness工作的私人教练。私人教练建议一位特殊客户使用某些补充剂，其中一种含有麻黄，这是一种兴奋剂，当时常用于减肥。但是，此客户当时正在服用治疗高血压的药物，不应服用任何含有麻黄的补充剂。由于服用了推荐的补充剂，她死于脑溢血。

在这种情况下，私人教练有责任在其技能水平内训练此客户，但他在推荐补充剂时忽略了这一职责。使用含有麻黄的补充剂被确定为造成损害（也就是此客户死亡）的直接原因。因此，这个案件符合构成过失的4个要素，现在将它作为一个案例，告诫所有私人教练和俱乐部经营者遵守执业范围的重要性。您必须始终遵循久经考验的条款并采取一切必要的预防措施来确保客户的安全。

另一个法律陷阱涉及超越您的专业界限，即越界进入其他受管制职业，例如医生、护士、理疗师、运动训练员和注册营养师。这些都是需要持证的职业，所有这些执照都有一个严格的执业范围。

表1.1 **私人教练的执业范围**

私人教练不应该	私人教练应该
诊断	• 接受医生、理疗师、注册营养师的运动或健康指导 • 遵循关于医学疾病运动处方的全国共识指南 • 筛选运动限制 • 通过筛选确定潜在的风险因素 • 如有必要，请让客户咨询其医生
开处方	• 制订运动计划 • 向医生咨询有关客户药物的问题
规定饮食或推荐特定的补充剂	• 根据美国农业部的ChooseMyPlate或卫生和人类服务部公布的2015年美国人饮食指南，提供有关健康饮食的一般信息 • 为客户推荐饮食专家或营养师，以制订具体的饮食计划
治病	• 将客户介绍给执业医师进行治疗 • 运用锻炼来帮助客户改善整体健康状况 • 帮助客户遵循医生/治疗师的建议
监测医疗转诊病人的进展情况	• 记录进展情况 • 向执业医师报告进展情况 • 遵循医生/治疗师/饮食专家的建议
康复	• 客户从康复中心出院后，为其制订一个锻炼计划
提供建议	• 提供训练指导 • 提供一般信息 • 将客户推荐给一位合格的咨询师或治疗师
治疗病人	• 与客户一起工作

表1.1区分了私人教练可接受的行为和不可接受的行为。只有合格的执业卫生和医疗专业人员才能执行此处不可接受的行为。

道德责任

一般来讲，道德指道德原则的研究或实践，以及正确和错误的行为。出于本文的目的，它指私人教练在其执业范围内应该或不应该做的事情。大多数健身机构都认识到了道德问题的重要性，因此制订了自己的道德准则。以下是这些准则中最常见的一些元素（我必须承认，这些是我最认同的准则）。

❶ 做出判断时，请牢记客户的最大利益。当您有疑问时，此规则将引导您。例如，这意味着我不会因为佣金推荐产品，也不会因为客户想要快速减肥而忽略安全性。作为私人教练，您有责任保证客户的安全，并提供有助于他们改善健康和体质的内容。

与客户合作的工作中包括了解您的执业范围

❷ 对所有客户一视同仁。所有客户都有各自的故事,他们如何走到今天这一步以及他们是谁。欣赏每位客户的旅程,并尊重他来寻求您(或您的机构)的帮助以做出积极改变的事实。

❸ 表现的像专业人士一样。人们对专业有各种各样的想法。如果在训练时您穿着背心并反戴着帽子,有些人不会介意。甚至有些人可能会喜欢这种穿着。但是,许多人认为这是不专业的。您的外表会影响您给别人留下的印象。如果这样做别人会认为您更专业:穿着整洁干净的制服;保持自己整洁;保持无异味,无论是好还是坏,因为"好"是主观的,对于对任何香水或古龙水都比较敏感的人或过敏患者来说,任何味道都会让他们望而却步。您还应该通过以下方式让自己表现得更专业:准时,愉快地与客户打招呼,保持目光接触,口齿清晰,并保持语言简洁切题。

❹ 获取并保持必要的培训和教育,为客户提供最佳指导。您获得的培训和教育越多,就越能更好地帮助客户,因为您可以使用更多的工具。这种适应能力可以让您避免所谓的"工具规律",或者更简单地说,马斯洛(Maslow)的锤子,即过度依赖一种工具或一种方法。正如马斯洛(Maslow)所说的那样,"我认为假设您所拥有的工具只有一个锤子时,把所有的事物当作钉子来对待是很有吸引力的"(1966,p.15~16)。持续的培训和教育能为您提供更多工具。

❺ 保持专业领域的关系。过去常说私人教练不应该提供个人信息,因为他们应该保持严谨的敬业态度。然而,被视为的专业已经发生了变化。我们生活在一个销售、营销和做生意都是关于各种关系的世界,并且这种关系不是单向的。因此,我们需要与客户分享一些自己的想法,因为这关系到他们如何与我们联系、关注并喜欢我们。

"您上过缅因大学?我也是。您在那里待了几年?"这些共同点使我们能够从客户那里获得更多的承诺。因此,他们不太可能错过约定,更有可能继续与我们合作。简单地说,他们不想让我们失望。

即便如此,有些事情仍然不适合分享。从更现实的角度看,您今天的感受也不适合作为话题讨论。无论您的生活中发生了什么,一旦到达工作岗位,就是您的表演时间。事实上,您的举止直接影响您的客户，如果您的会话是快乐和积极的，那么您可以让客户感觉更好。相反，如果您的会话带有消极性，那么客户会感觉更糟，这并不是他们想要的。

专业化的另一个关键方面指何时或是否应该与客户进行身体接触。一些学院派认为，每次想要接触客户时都应该获得许可。在我看来，这种反复询问是没有必要的，甚至可能令人反感。相反，向客户说明您会不时地接触他们身体，以帮助他找到正确的姿势或者让他们了解指定运动的正确位置。明确指出，如果任何身体接触让客户感到不舒服，他可以立即告诉您。因此，真正问题不在于您是否接触客户身体，而是您如何接触客户。按照这些原则，我建议您永远不要使用手掌，这可能会让人觉得非常亲密。请始终使用手指尖或手掌边缘。这种方法再加上敬业的态度，有助于您在接触客户时让他们感到舒服。

❻ 提供并保持安全的参与环境。如果您使用维护不善的设施或设备，客户则会面临受伤风险。当然，除了让客户面临安全风险并不符合其最佳利益之外，这对您自己也没有好处，还可能会让您自己面临诉讼。

❼ 将所有客户信息视为机密信息。作为私人教练，我们不是专业医学人员，但我们可以访问一些客户的医疗信息。客户需要确信他们与我们分享的内容不会让别人知道。除非获得客户的书面许可，否则切勿与任何第三方共享客户的个人信息。

确定并定义您的私人教练角色和类型

此时此刻，您已经明确了自己的从业原因和目标是什么，也就是说，为什么您想成为一名私人教练，以及为实现这一目标所需要的培训。您还了解了自己的执业范围以及需要遵守的法律和道德界限。现在，如何实现自己的愿景，与谁合作？

根据国际健康、球拍类运动和体育俱乐部协会的报告显示（2014年），在美国约有800万人雇用私人教练。在健身俱乐部会员中，近14%的人雇用私人教练，并且大多数私人教练用户年龄介于18~44岁。但是，这些统计数据并没有说明私人教练的工作地点以及与其合作的客户类型。事实上，私人教练的一大优点是，您可以在各种环境中对客户进行训练，并具有不同程度的控制和责任。后续章节将详细地介绍在私人教练职业中您可能扮演的多个角色。

为他人工作

虽然您可以设想自己经营企业，但作为俱乐部员工工作有许多好处。您可以在各种环境中进行训练，包括医疗导向的健身房、企业健身中心、非营利机构（如YMCA）、私人训练工作室、商业健身中心和健身俱乐部，所有这些环境都提供了独特的学习机会，有助于您发展自己的职业生涯。俱乐部是最受私人教练欢迎的选择。具体来讲，最近关于健身行业趋势的报告（Schroeder，2015）表明，在俱乐部工作的私人教练中有62%是俱乐部员工，而28%是独立承包商。

私人教练的角色和职责可能
因其工作场所而异

作为独立承包商工作

作为独立承包商拥有自己的业务，可以最大限度地降低启动成本，并可以简单地将业务掌握在自己手中。您能在以下各种环境中训练客户：雇用独立承包商的健身中心、自己的家、客户的家或办公室、户外空间，甚至是网络。

开设自己的健身房或工作室

许多人认为拥有自己的空间是为自己工作的最终目标。但是，这样做会大大增加您的管理责任；因此，如果您尚未准备好或不愿意接受这一挑战，那么开设自己的健身房或工作室可能并不适合您。另外，如果您准备好承担这项额外责任，拥有自己的空间来训练客户，那么从客户一进门，您就可以控制他们希望得到的体验。您还要确定设备、营业时间以及和谁一起工作等因素。当然，这些全都取决于您，包括成功和失败。

展望未来

阅读接下来3章内容的同时，请仔细考虑以下每种方法的好处和挑战：为他人工作，作为独立承包商工作，开设自己的健身房或工作室，并评估哪种方法最符合您的技能、资质和兴趣。此外，请注意每种方法所需的具体培训，并考虑如何进行培训。例如，如果您想开设自己的健身房或工作室，您将需要接受小型商业实践的培训。相反，如果您想在医疗导向健身房（MOG）工作，则可能需要在医疗导向健身房实习一段时间。

还要考虑您最想合作的人群。例如，您可以选择与运动员、儿童、老年人、康复后个体或对减肥感兴趣的客户合作。首次开始时不需要选择群体。事实上，与这几种类型的人合作会对您有所帮助，您可能会对与自己最常联系的人群感到惊讶！当然，越早确定适合自己的培训人群，就能越早瞄准该市场。例如，如果您与通常不熟悉（并且不愿意使用）网络技术的老年人一起工作，那么使用网络视频训练作为一种商业模式可能不是您的最佳选择。

更多内容

我们已经讨论了您可能想成为一名私人教练的原因，私人教练扮演的角色，以及私人教练在职业范围内应该和不应该做的事情。我们还鼓励您思考可能希望工作的环境类型，无论是作为其他人的员工还是自己作为企业所有者。第一部分的其余章节将详细介绍在各种场景下工作所涉及的内容，以帮助您确定目前哪种业务选项最适合您的职业生涯，并了解取得成功所需的准备工作。

具体地讲，第2章介绍为健身中心工作的情况，以及在为雇主公司工作时建立和经营自己业务的需要。第3章介绍如何作为一家公司的独立承包商工作；自己如何通过网络或在客户家中等环境训练客户，以及如何通过电话、视频通话或电子邮件指导训练。第4章可以帮助您了解开设自己实体店的各个方面。此过程要求您了解作为自营业主必须扮演的不同角色，了解您的目标市场，并确定最适合您的市场的健身中心类型和位置。

第2章

选择成为健身中心的私人教练

选择为健身中心工作的原因可能有很多。首先，它能为您的职业生涯提供最佳案例。例如，在职业生涯的大部分时间里，我曾在各种各样的俱乐部工作过，有时我会将俱乐部业务与自己的私人教练业务相结合。为了帮助您评估此选择，本章将介绍您可能工作的健身中心类型中，作为员工所面对的机遇和挑战，在应聘过程中要寻找的目标以及如何在企业中建立自己的业务。

健身中心类型

作为私人教练员工，工作的健身中心可能是医疗导向健身房、企业健身中心、非营利或社区健身中心、学院或大学的体育馆、私人训练工作室、商业健身中心或健身俱乐部。下面将详细介绍每种俱乐部类型。

医疗导向健身房

医疗导向健身房（MOG）通常作为一个门诊训练设施，与医疗实践相结合，比如医院、理疗室或减肥手术后的恢复中心。医疗导向健身房在设施规模、计划和设备方面各不相同。一些医疗导向健身房专于自由重量器械、重锤拉力器、拉管，以及上半身和下半身测力计；另一些医疗导向健身房则看起来像一个小型的普通健身房。这些健身房的一个共同点是，它们的私人教练与客户的医生或理疗师密切合作，制订了一个与客户的医疗需求直接相关的健身计划。

企业健身中心

早在20世纪90年代初，我在纽约市就管理了一个企业健身中心，它包括一个非常小的力量训练室和一个用于负重练习的小型开放区域。那时，企业为员工提供健康和健身场所是很少见的，但现在已经司空见惯了。如今，企业健身和健康设施日益被视作一种实现可衡量的健康结果和投资回报的方法。在一项荟萃分析中，拜克尔（Baicker）、卡特勒（Cutler）和桑（Song）（2010年）发现，在疾病预防和保健计划上每花1美元，就可减少3.27美元的医疗费用和2.73美元的缺勤费用。鉴于这些好处，许多企业现在为员工提供某种健身设施，而一些大型企业则提供全面的健身俱乐部。在这些健身俱乐部中，私人教练可以找到一些工作，比如教授小组课程、与员工一对一地工作，以及管理健康计划。

非营利或社区健身中心

私人教练的这类潜在雇主包括美国男孩和女孩俱乐部、高级中心和当地娱乐部门等。这些团体中的大多数都提供健康和健身计划以及社会参与。由于非营利组织必须从捐赠中筹集大部分的运营资金，因此它们通常不会有高端设备，员工薪水也不会很高。但是，这些组织的服务性质可能会给一些私人教练带来更大的满足感。

例如，伊斯顿公园及娱乐部（Easton Park and Recreation Department，2017）将其使命定义

如下："通过利用我们控制下的所有资源，包括公园、公共建筑和公共设施等，鼓励利用个人及家庭时间来娱乐和休闲，从而提高伊斯顿居民的生活质量。"该机构希望通过提供和推广"各种优质的娱乐服务，以合理的成本满足居民的需求和利益"来实现这一使命。

学院或大学的体育馆

我的第一份工作是在缅因大学一个宿舍楼里的体育馆进行管理和私人训练。这是一个勤工俭学的职位，体育馆给我支付最低工资，旨在帮助我学习健康和健身知识的同时给我支付学费。无论这些设施是专门针对宿舍的，还是为整个学校服务的，它们通常是为学生、教师和其他员工设计的；其中一些设施还向当地社区成员开放。这些设施通常仅限于力量训练室、有氧器械以及团体练习；其他健身活动，如游泳和壁球，通常由校园内的其他部门来管理。

大学健身房的私人训练员工通常是勤工俭学的学生或实习生。不在这所学校就读的私人教练也可能会被录用，但这并不是常事儿。但是，如果您在这所学校就读，这种类型的设施可以为您提供一个很好的机会，让您成为一名私人教练。

私人训练工作室

就像您可能预料的那样，私人训练工作室通常只提供私人训练，但有些工作室还会提供最近开发的服务，如小组训练和军训式健身课程。大多数工作室的空间都比较小，提供的设备也比提供全方位服务的商业健身房要少，因为它们没有会员基础来承担与更大的面积和更多设备相关的高额管理费用。尽管工作室可能看起来像是私人教练工作的理想环境，但它可能是获得新客户最具挑战性的环境之一，因为它吸引的人数很少，而且这些人还没有接触过私人训练。因此，如果您想在这种环境中工作，就必须做好推销自己吸引社区客户的准备。

商业健身中心或健身俱乐部

商业健身房和健身俱乐部是最常见的健身环境类型，它们的形式和规模各异。一些商业俱乐部仅包括健身器械；还有许多商业俱乐部提供团体健身课程；还有一些商业俱乐部会提供篮球、壁球、网球或游泳等服务。由于这些商业健身中心或俱乐部的会员通常达到数百人甚至数千人，因此它们为您提供了最大的受众群体，从而能够获得更多的客户。大型商业俱乐部也更有可能提供各种各样的设备和计划来帮助您的客户获得成功。

这些环境也给私人教练带来了一些挑战，就像我在这类俱乐部工作多年的时候发现的那样。例如，您可能必须与其他私人教练和团体健身计划竞争客户。一些俱乐部还向员工施压，要求他们销售某些产品，比如营养补充剂。此外，在繁忙的健身俱乐部，尤其是在黄金时段，训练场地会变得拥挤不堪；在无法使用想要的设备时，私人教练要能够适应这种情况。

在组织的庇护下行事

在健身领域为别人工作是什么感觉？这种选择有明确的好处和挑战，下面的讨论将帮助您确定它是否是一个可行的选择。

好处

不要低估为他人工作的积极方面。我的大部分职业生涯都是在各种俱乐部、健身中心工作。这些环境帮助我增长了许多技能并发展了许多长期的友谊。

接触的机会

为一家公司或组织工作可以让您接触到各种各样的设备，您可以和客户一起使用这些设备。您也可以将俱乐部会员作为潜在的客户群；此外，这些客户往往是一个多元化的群体，这就为您提供了与一系列客户合作的机会，从年轻人到老年人，从运动员到肥胖的人。这种多样化的工作经验有助于确定您在职业发展过程中想要关注的领域。此外，还有巨大的潜力发挥，可以通过您的服务帮助更多的会员。在2013年，只有14%的美国俱乐部会员利用了私人训练服务，并且其中一些会员仅参与了一个课程［International Health, Racquet & Sportsclub Association（IHRSA），2014］。也就是说，86%的俱乐部会员还没有尝试过私人训练！

责任保险

作为私人教练，您需要签订职业责任保险。职业责任保险可以让您免受专业过失诉讼，这些诉讼可能会毁了您、健身中心或两者。当您在健身中心工作时，健身中心的责任保险通常会涵盖私人训练。即便如此，为了防止俱乐部的保险不足，您还是应谨慎地承担自己的责任保险，将此作为一项预防措施。幸运的是，这种保险很容易通过各种认证机构获得，并且价格不是很高，通常每年的费用在175美元到375美元之间。可以将此费用视为业务投资。

教育和职业发展

至少，您将了解您所选择的俱乐部如何为其客户创建计划以及俱乐部领导如何开展业务。您也许不会同意他们的方式或理念，但我总是能够找到一些价值，比如了解俱乐部如何精心安排其服务产品。您所学到的东西可以帮助您在职业生涯中前进。此外，许多俱乐部为它们的私人教练提供在职教育计划，教授组织技能，提供职业指导，并提供专业发展资金来帮助私人教练获得继续教育。这些服务本身可能就是为俱乐部工作的理由。

团队合作

作为私人训练团队的一员，也为其他学习体验创造了机会，比如工作观摩、同行讨论和指导。在我的职业生涯中，我最喜欢的一些时刻包括友好辩论、解决问题以及和同事开玩笑。

工资单与记账

由于您是一名员工，因此，健身俱乐部将会处理与您为公司所做工作相关的工资和记账工作。这项服务给您带来了巨大的好处，因为如果您自己做的话，可能既复杂又耗时，因为要计算和扣缴所得税，计算要支付社会保险和医疗保险税的金额，以及支付失业税的金额。

安排帮助

当然，您可以自己安排客户。但是，当您在健身中心工作时，服务台人员或接待员可以查看您是否空闲并为您预约客户。他们也会为相关服务收取款项。

商业和宣传材料

办公用品等日常用品可能会侵蚀您的时间和利润。大多数俱乐部都提供这些物品和宣传材料，比如名片、传单、电子邮件地址和网络列表。

制服

大多数健身俱乐部要求穿制服（例如标准的职员衬衫），并且会免费提供制服。制服能让人快速确定您的身份。我坚信，私人教练应该在训练场地脱颖而出，尤其是当他们和客户合作的时候。想象一下，有10个私人教练和客户一起在地板上运动，这种私人教练和客户的聚集会让旁观者感觉他们错失了训练机会；换句话说，这是一种很好的促销手段。

在职培训

健身俱乐部经常会指派新的私人教练在健身场地工作，免费为会员提供一般的健身指导，并帮助他们选择适当的练习和使用好的技术。这种类型的工作提供了很好的机会帮助您培养人际交往能力，练习展示练习和纠正技术上的缺陷，并与那些很有可能成为您的客户的会员建立联系。

职业成长

在俱乐部工作的大多数私人教练都有机会通过建

66 现在看来，在我早期的私人训练时期，健身场地工作的时间是非常宝贵的。它教会了我用不同的方式来吸引不同类型和性格的客户，并促使我成为一名更好的私人教练。也让我有机会掌握沟通的艺术，与会员建立关系。客户从他们喜欢和信任的我那里购买东西。通过简单地谈论健身和非健身的相关话题，我获得了许多新的私人训练客户。99

罗伯特·德维托（Robert DeVito），创始人兼总裁，Innovation Fitness Solutions，新泽西州巴特勒

立客户群，获得额外教育和获得资历来提升私人训练水平。如果愿意，您还可以进入管理层。

医疗保险

一些健身俱乐部提供全额医疗保险，但大多数俱乐部仅提供部分保险。据最近的一份报告显示，71%的俱乐部为它们的小时工（比如私人教练）提供医疗保险，平均支付63%的保险费（International Health, Racquet & Sportsclub Association, 2015）。这种保险支持可以为您的薪酬方案提供大量的补充，尤其是在当前的医疗保健环境中。申请私人训练职位时，一定要询问这方面的情况。

带薪休假

2013年，对美国运动协会认证的专业人士进行了一项调查，结果发现，64%的全职私人教练获得了带薪休假。同一份报告还发现，只有6%的兼职私人教练声称有带薪休假。也就是说，由于大多数私人教练都是兼职的，因此只有一小部分人获得了带薪休假。最典型的情况是，如果您不进行训练，就不会得到报酬。在招聘过程中，这可能是您的谈判要点。

挑战

如果生活全是阳光和玫瑰，那将是无趣的。而且，正如您所预料的那样，为健身中心或组织工作并非没有挑战。

为一家商业健身房或健身俱乐部工作，有一系列好处和挑战

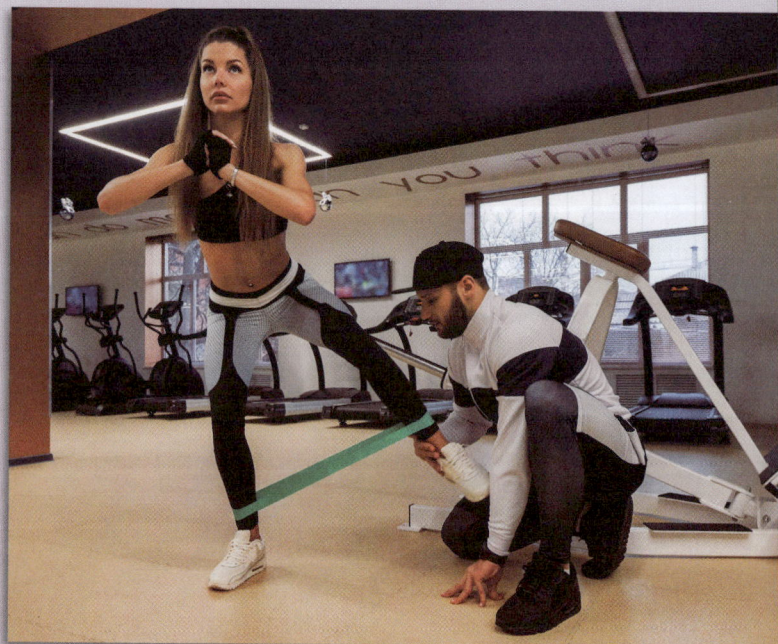

非竞争性协议

健身俱乐部会遇到这样的问题：它们雇用的私人教练会建立一个客户群，然后在街角开一个工作室，把这些客户带到新公司。因此，许多俱乐部要求私人教练签署一份非竞争性协议。此类协议通常会限制私人教练在新地点训练现有客户、训练离俱乐部有一定距离的人，或者使用俱乐部开发的任何信息、程序或表格。

尽管非竞争性协议主要解决了如果私人教练离开俱乐部时会发生什么，但也可能会影响到仍在俱乐部工作的私人教练。如果您所在的俱乐部会员基础太小，您无法谋生，那么您可能需要在其他俱乐部或工作室寻找额外的工作来维持生计。这种挑战经常出现在团体健身教练身上，也可能发生在私人教练身上。因此，这种可能性是在招聘过程中与俱乐部谈判的另一个要点。尽管非竞争性协议通常很难执行，因为雇主不能阻止您谋生，但仅仅是被告上法庭就可能会造成经济上的"瘫痪"。

政策与程序

政策和程序是必要的，它们本身并无坏处。当您不同意它们但仍然必须遵守它们时，它们可能是令人紧张的。当您不同意某项政策或程序时，您可以（并且也应该）向健身俱乐部管理者表达您的忧虑，以便了解是否可以对其进行更改、修改或废除。在大型组织中，比如多俱乐部连锁或特许经营店，很难改变政策或程序。例如，让我们考虑一下私人训练课程的预订，不断改进的预订软件意味着总有更好的程序可用，但是，不是简单地切换到更新的软件包，您必须等到连锁店或特许经营店更改其所有位置的软件包。在一家大型多俱乐部连锁店工作过后，我体验到了这样一个现实：证明软件更改的合理性并对所有地点进行软件更改可能是一个漫长而缓慢的过程。

设置费用结构和付款

健身中心通常会为您的服务设定标准费用，并规定您所收取费用的百分比。俱乐部提供私人训练并聘请私人教练来赚取利润，并以一定比例（雇主认为公平的份额）补偿私人教练。这是俱乐部向私人教练提供好处的动机。当然，对于您来说，您必须确定俱乐部提供的比例是否公平和充足。在某些情况下，您可能会认为可以对您的服务收取更多的费用，而不是采用俱乐部目前的收费标准，这样您和俱乐部就能赚更多的钱。如果是这样，那么您应该与自己的主管谈谈。

> **66** 俱乐部免费提供了这么多东西，因此很难推销和销售您的服务。为了解决这个问题，我需要提供更专业的服务。**99**
>
> 斯科特·拉金（Scott Larkin），ATC、CSCS、NSCA-CPT，Orangetheory Fitness工作室经理，亚拉巴马州奥本

工作时间和班次

有些俱乐部非常严格，要求您在某些班次或特定时间工作。它们还可能要求您提供工作时间，这需要在训练场周围走动以根据需要帮助会员，提供免费的设备定位，清洁和整理设备，

或执行您可能认为不是您想要做的其他任务。当然，请记住，与会员互动的机会可能会获得新客户，因此完成其他任务可能是值得的。

训练方式

一些健身中心遵循与客户合作的固定方式。例如，它们可能要求您执行某些评估，并且根据评估结果对客户进行特定的练习。我知道有很多地方使用这种方法；事实上，我最近采访了一位俱乐部的所有者，他的首席私人教练为所有客户编写计划。我也知道有很多私人教练离开了，因为这个系统没有给他们机会来利用自己的技能解决客户的问题。

强制性会议

会议几乎总是强制性的。有时它们也是必要的、有教育意义和激励性的。在其他时候，它们只是一件苦差事。我参加过许多会议，会上只是简单地重复了已知的信息。强制性会议也可能要求您在自己的私人时间或潜在的训练时间待在俱乐部里。

向客户推销产品的要求

偶尔，我会遇到一些俱乐部要求私人教练出售一定配额的各种物品，比如营养补充剂。对于许多私人教练来说，这一要求直接违背了他们为客户的最佳利益服务的愿望。

报告

报告可以提供有用的信息。例如，衡量和报告关键绩效指标（KPI）非常重要，比如您与潜在的客户进行的初期会议次数以及承诺参加私人训练计划的个人的百分比。同时，数据收集可能会需要做得更多。例如，关键绩效指标不应包括所有绩效指标，而应包括那些在建立业务方面产生最大差异的指标。然而，一些经理和管理者喜欢把所有的东西都记录下来，这就不必要地转移了私人教练的时间，把注意力从服务客户上转移开了。

一些健身俱乐部会要求私人教练在训练场地工作

无法选择与谁合作

在大多数情况下，您无法选择自己的同事，当与您认为难以相处的人一起工作时，您可能会感到压力和恼怒。您可能也无法选择所服务的客户。我曾经拒绝过客户，我可以告诉您，私人教练和客户之间的每一段关系都不是天作之合。有时您需要能够把客户交给另一个可能更适合的私人教练。因此，在开设私人训练课程之前，您最好找出一项关于拒绝或推荐客户的政策。

制服

我知道制服也包含在福利清单中。然而，如果一件制服不能让您感觉干净、时尚、专业，或者如果它不符合您的个人风格，您可能会害怕穿它。

仔细思考

其中一些挑战可能是成败的因素，而另一些则可能对您来说微不足道。对大多数人来说，许多的挑战似乎都微不足道，但有些对您来说可能很重要。我只是简单地列出了我能想到的许多优点和缺点，以便帮助您做出明智的选择，了解其他的健身中心是否适合您。

被雇用

在所选的俱乐部面试职位时，您可以使用前几节中讨论的信息——为健身中心工作的好处和挑战。请务必询问与您有关的任何事项。请记住，您也在面试您的潜在雇主，了解他们是否适合您。不要在与您观点不同的俱乐部中担任职务。如果您这样做了，从一开始就会产生分歧，在这种情况下没有人会赢。

招聘流程

为了最大程度地获得您想要的工作机会，请积极主动地接近潜在的雇主。您不需要等待招聘广告出现在在线求职市场中。相反，您可以在俱乐部放下一份简历，弄清楚谁负责招聘私人教练，并询问对方的联系方式。然后，用一封礼貌的、正式的电子邮件来介绍您自己，并要求有机会面试私人教练职位。

如果您获得了面试机会，请遵循以下建议。

- 守时。没有什么比面试迟到更糟糕的了。
- 打扮但要保持休闲风格；不需要西装，但您应该穿干净、有品位、熨烫过的衣服。
- 尊重和礼貌地对待所有的工作人员。
- 热情地问候面试官，握手要有力，保持眼神交流。
- 保持活力，坐正，说话吐字清晰，并持续进行眼神交流。
- 准备好询问有关组织的问题以及私人教练职位的详细信息。

● 在面试结束时，感谢面试官，并表示期待在不久的将来听到他的意见。

在招聘中寻找哪种健身中心

在我职业生涯的大部分时间里，我曾担任过一些职务，其职责包括雇用和管理私人教练。这项工作教会我一件事：一份简历只能告诉您一部分故事。事实上，我最不成功的一些招聘从简历上看起来很棒。在建立客户群时，从个性到自律，一切都会发挥作用。图2.1和图2.2显示了两个组织的调查结果，展示了健身经理和董事在未来的私人教练招聘中最看重的职位要求。图2.1主要关注先决条件。

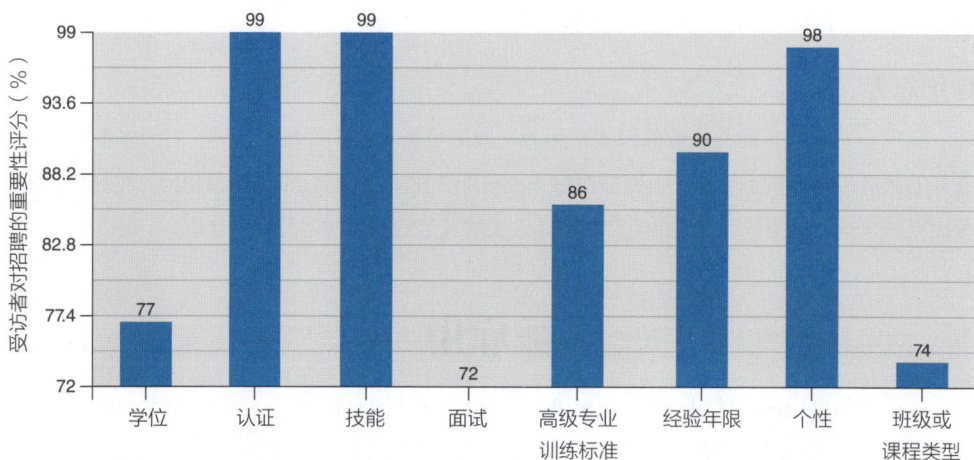

图2.1 雇用私人教练的标准

数据来自IDEA 2015。

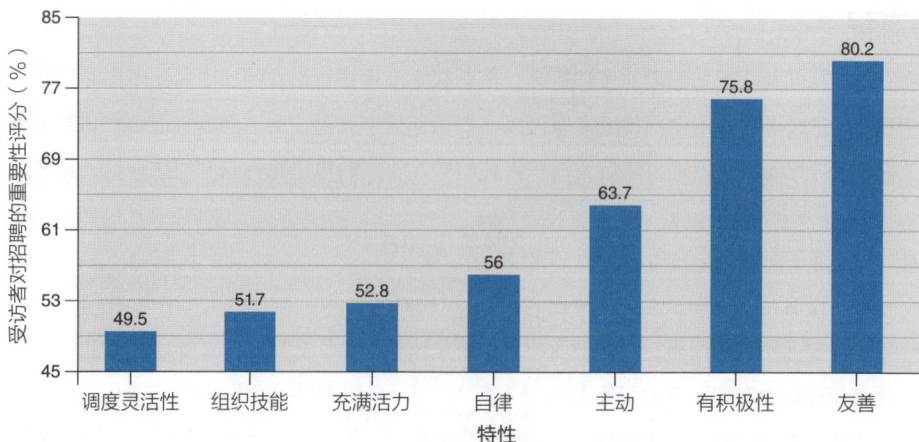

图2.2 除了健身专业人员的培训和认证之外所需的特性

经许可转载，来自IHRSA, 2012, *The future is bright, U.S. health club employment outlook*, ©2012 IHRSA International Health, Racquet & Sportsclub Association.

　　除了学位或认证之外，其他因素对许多俱乐部来说也很重要。根据俱乐部寻求每种特性的百分比，美国健康俱乐部就业展望报告（International Health, Racquet & Sportsclub Association, 2012）对这些因素进行了排名。

　　如您所见，最受欢迎的特质是友善的个性。如果您不开放和友好，那么即使您的技能优良，客户也不会想与您待在一起（事实上，如果您不是一个友好的人，那么您可能从事了错误的职业）。如果您将这种品质与雇主们所寻求的其他一些东西结合起来，比如成为一个热情、积极主动的干将，那么您就可以在俱乐部里为自己开创一番事业。

在企业中建立您的业务

　　当您在俱乐部工作时，俱乐部通常会做一些事情来帮助您获得、安排客户。例如，俱乐部可能会培训您使用其客户管理系统来处理诸如预订课程、付款、补偿客户课程和提交工资单等任务。或者如前所述，其中一些任务可能由其他工作人员处理。

　　有些健身中心为新会员提供免费训练或训练课程，您可能会也可能不会因为这项工作而获得报酬。没关系的，每当有人被安排在您面前时，您就有机会让那个人参与到私人训练中。事实上，当新会员加入时（即销售点，POS），俱乐部通常会尝试向他们出售私人训练或其他特定计划，因为如果他们与健身专业人士合作，他们更有可能获得成功（并保持会员资格）。然而，销售点也是大多数雇主为帮助您赢得客户而付出努力的地方。

　　因此，即使在您的雇主提供帮助的情况下，您自己仍必须成为建立业务的主要驱动力量。如果这项任务看起来令人生畏，请记住，只有一小部分俱乐部会员使用私人训练服务，这意味着大量潜在客户正在健身场上闲逛。他们是那些在销售点还没有准备好接受私人训练的人，因为他们认为他们可以自己做，或者因为他们当时没有看到您足够的价值。然而现在，他们可能会感到无聊，没有看到预期的结果，甚至受伤了。因此，他们可能愿意接受帮助以实现目标。

　　考虑到这些内容，您可能想坐下来并让他们知道您有空，让他们在准备好的时候来找您（我年轻时就是这样做的，因为当时不知道如何是好）。实际上，人们并不像您想象的那样直率。有些人会被私人教练吓到，或者因太害羞而不敢接近您，或者不想打扰您，甚至不知道该如何询问他们的情况。出于这些原因，您需要接近会员，看看他们是如何锻炼的。更具体地说，在健身场地获得新客户有两种主要方式：四处走动和在地板上锻炼。这两种方式都应该在您希望获得客户的时间段内实施——如果在俱乐部时可以与他们合作，那么您的日程安排可能会很好。

穿着制服在场内走动

　　无论您是在为俱乐部工作，还是在无偿的自我推销时间内，穿着制服行走都可以表明您是私人教练。在此期间，介绍一下自己，认识一下锻炼的人。在接近正确地进行锻炼的人时，要对他们的状态和努力表示赞赏。只有当他们确实不错时才进行表扬，因为您要真诚而不是做一个虚伪的销售人员。您可以询问他们在哪里学习了一项特定的运动，然后询问他们的健康和健身目标，以及他们是否觉得自己正在实现这些目标。如果他们正在实现目标，请祝贺他们并让他们知道如果他们有何问题，您很乐意为他们服务。如果他们没有实现目标，请询问他们认为可能阻碍其目标实现的因素。听听他们的回答，然后让他们知道您很乐意提供帮助，您可以安排半小时，坐下来与他们进行深入的交谈，之后提供更多个性化的建议。

接近似乎表现不佳的人时，要从积极的方面开始，认识到他们的努力。然后询问他们试图通过锻炼达到什么效果；如果合适的话，可以提供动作纠正以使锻炼更有效，或者提供一种完全不同的锻炼方式（在某些情况下，他们试图实现的目标证明了他们正在使用的方式是否合理）。从这一刻开始，就像您对待那些正确锻炼的人一样。具体来说，询问他们的目标以及他们如何实现这些目标。如果他们达到了目标，那就给他们加油吧；如果没有，请与他们坐下来讨论他们的计划可能发生的变化。

在帮助场内会员时，有两个理由来限制您与每个会员共度的时间。首先，如果您与一个人保持对话，其他人可能会认为不能接近您。您可以在四处走动后回到该会员处，把设备放回原位，并与其他会员进行互动。其次，与私人教练一起度过延长的专属时间是人们购买私人训练的原因。如果您把时间全用于非正式的互动，那么就降低了会员花钱雇用您的需求。

66 1994年我第一次创办私人教练公司时，我面试了作为潜在员工的私人教练。其中一个人有两个学士学位（体育和运动生理学）和CSCS认证。当他走进我的办公室时，我立刻就知道他不会得到这份工作。我注意到的第一件事就是其邋遢的衬衫半解开扣子、脏的运动裤和皮鞋，还有他的走路方式！他从未与我进行过目光交流。甚至当他向我介绍自己并与我握手时，他的目光也在四处游移，而不是看着我。他说话轻声细语，我几乎听不到他的声音，而他站立和行走的方式就像一个95岁的老人一样。我给了他一个书面测试来检查他的知识，他以满分通过。但由于他糟糕的沟通技巧和邋遢的外表，我无法雇用他。为了在我们的领域取得成功，您必须能够有效地进行沟通，并使您的客户希望与您在一起。99

吉娜·罗巴蒂（Gina Lombardi），NSCA-CPT、*D；Coach Lombardi LLC总裁，加利福尼亚州恩西诺

在训练场地锻炼

在俱乐部中进行自己的锻炼会为会员提供一个接近自己的机会，您应该利用此机会。当然，在地板上进行对话可能会影响您的锻炼，但您必须权衡该成本与增加获得新客户的机会的好处。当您穿着制服行走时，这些对话可以相同的方式进行。为了使对话顺利开展，请避免戴耳机，否则会向他人传达一个信息：您没有空。您所在俱乐部的会员是潜在新客户的最佳来源，不要让机会溜走。

为您的工作获得报酬

为俱乐部工作时，工资标准会因人口数量和其他因素而异。例如，城市与农村，高租金与低租金。这种差异会极大地影响私人训练课程的收费以及您的收入。您的薪水也会受到您所提供的服务产品类型的影响。例如，课程持续30分钟还是60分钟？它是一个单人课程还是双人课程，或者是一个小组形式的3人（或更多人）课程？

健身中心的规模也有影响。例如，在美国，在185平方米或更小的健身中心工作的私人教练，平均时薪约为35美元，而在465平方米或更大的健身中心工作的私人教练，平均时薪约为26美元（Association of Fitness Studios, 2015）。在这些变量中，有一个近乎不变的因素：在几乎所有情况下，您提供的私人训练课程越多，您的收入就越高。

服务时间

在美国，服务时间（即非训练时间，比如在训练场地工作的时间和参加员工会议所花费的时间）的时薪平均为12.25美元（IDEA, 2015）。一些俱乐部需要所有私人教练提供训练场地的时间。而另一些俱乐部则利用训练场地工作时间为新雇用的私人教练提供一些收入，这些俱乐部试图通过有偿训练课程填补私人教练的工作时间。

私人训练课程

总体而言，美国私人训练课程的平均时薪是30.50美元，但健身中心以各种不同的方式支付私人教练的费用，包括按小时和按参与者人数。近62%的俱乐部按课程支付私人教练的费用。其中，50%的俱乐部向私人教练支付一定比例的客户费用；12%的俱乐部支付固定费用，即每60分钟课程为一个特定的金额（IDEA, 2015）。

除了极少数情况，我强烈推荐您通过在健身中心工作开始您的私人训练生涯。尽管为别人工作既有积极的一面也有消极的一面，但几乎每一种工作情况都是如此。为健身中心工作，其提供的学习机会将帮助您了解私人训练业务，并使您能够与不同类型的客户合作，从而帮助您发现自己喜欢的客户。

更多内容

接下来的两章将介绍那些渴望为自己工作的私人教练应如何做。本书第2部分中的后续章节也主要针对那些希望自己创业的人，但后续章节的大部分内容也适用于作为俱乐部雇员的私人教练。35年来，我一直是一名私人教练，但在过去的10年里，我并不关心学习商业技能。这无疑是我职业生涯中最大的错误。但那时候，谁知道未来会怎么样呢？

对您来说，学习商业知识不仅可以帮助您获得更多的客户，还可以了解您的雇主为何做出那些决策，这种理解促使您成为一名更好的员工；此外，您还可以提供管理层可能没有想到的业务见解。最后的内容甚至可能会激励您有朝一日拥有并运营自己的健身中心。

选择成为自雇私人教练

第3章和第4章介绍作为一名自雇私人教练的角色和职责。自雇就意味着成为您自己的雇主，这可以有多种形式，其中包括成为独立承包商或独立私人教练（不是由俱乐部专门雇用来训练会员的），同时在其他的健身中心、客户的家里或办公室训练客户，以及通过远程通信进行训练。还可以在您自己拥有和运营的健身中心当私人教练。为了区分这些不同的可能性，第3章内容介绍的是在您没有提供服务的实际场所时如何拥有和运营私人训练业务。第4章介绍如何成为一名私人教练，同时经营一个您拥有并在您管理和控制下的实体企业。

您知道吗?

2009年，根据美国劳工局的报告得到以下数据：

- 约11%的美国工人是自雇者；
- 约4%的美国工人是自雇者并成立了公司（Hipple，2010）。

独立承包商与雇员

当您在俱乐部工作时，了解您的就业状况至关重要。具体地说，您是独立承包商还是雇员？答案会影响您在您的客户、健身中心以及企业都必须报告给政府机构（如美国国税局）方面的权利和责任。

如果符合以下条件，您是独立承包商。

- 您被雇用来做一份工作，但招聘方无法控制您如何做这项工作。例如，如果您在健身房训练客户，健身房对您如何训练他们、您的工作时间或您的穿着没有发言权。
- 您必须缴纳自己的所得税、社会保障和医疗保险税以及失业税；此外，俱乐部将不会做您的簿记工作。
- 您必须提供自己的商业服务，比如制作名片，获取客户的联系电话和电子邮件地址，以及与客户预约课程。
- 您不会获得任何员工福利，比如假期工资、病假和奖金。

简而言之，如果您被雇用来提供特定服务，但您可以自己构建、推广、销售、管理和交付，您就是独立承包商。

IRS对独立承包商的定义

有时，很区分定雇员和独立承包商之间的界限。美国出台了一个决定，所有工薪阶层和企业都必须遵守美国国税局（IRS）的规定。据美国国税局（2016年）所说："一般规则是，如果付款人有权控制或指导工作的结果而无法控制将要做什么以及如何完成，就是独立承包商。作为独立承包商工作的人，其收入必须缴纳自雇税。"

在确定控制程度和独立性时，IRS（2017年）考虑以下3类证据。

行为：公司是否控制或有权控制员工的工作以及员工如何完成工作？

财务：员工的工作业务方面是否由付款人控制？（包括如何支付员工的工资，是否报销费用以及谁提供工具和用品等。）

关系类型：是否有书面合同或员工类型的福利（即退休金计划、保险、假期工资）？这种关系是否会继续下去，并且完成的工作是否是业务的一个关键方面？

关键是"考虑整个关系，考虑指导和控制权的程度或范围，最后记录用于提出决定的每个因素"（IRS, 2017）。

决定成为自雇私人教练

自雇意味着所有的控制权和所有责任都在自己手中。这些现实的细节将在后面的章节中讨论。现在，请考虑以下列出的职责，以帮助您确定自雇是否是您想要的方向。为了成为自雇私人教练（以任何方式或形式），您需要执行以下操作。

❶ 创建您的企业结构。具体来说，决定您的企业是否会成为独资企业、合伙企业或公司形式的法人实体。

❷ 承担您自己的责任保险。在没有责任保险的情况下，私人教练工作可能会危及企业的财务未来，甚至可能危及您个人未来的财务状况。

❸ 确定您的服务。您会提供什么样的服务？例如，可能包括30分钟或60分钟的各种形式的课程，比如一对一、小组和健身训练营。

❹ 确定您的定价以及您将如何收款。此决定包含下列所有内容：您在套餐中销售的课程数量，您是否将通过每月结算接收付款，以及是否会提供在线支付的选择。

❺ 学会推销和销售服务。您的目标客户在哪里，以及哪些营销形式会得到最佳回复？可能包括直接邮件、社交媒体和出席当地会议等。

❻ 创建或获取业务表单。创建可持续的运营系统要求您拥有正确的表单来开展业务并保留记录。样本表单在本书的附录中提供，但您可能需要创建一些更适合您企业的表单。

❼ 在适当的时候雇用其他专业人员。包括簿记员和法律顾问。首先，我不喜欢记账，我也不相信自己做得对；因此，我雇了一个簿记员。要知道什么时候您应该雇用别人来完成特定的任务。

❽ 制订计划以发展业务。无论您是需要获得资金还是其他知识，都要制订计划来完成任务，以免错过或忘记重要的细节。

当您想从另一个企业的保护伞下走出来，自己掌控自己的时候，您需要考虑一下可以工作的场所类型和方法。在IDEA健康与健身协会（Schroeder, 2015）进行的一项调查中，健身专业受访者表明了健身专业人员的工作场所类型，以及每种场所的流行程度。大多数健身专业人员都在健身俱乐部和健身中心工作（见表3.1），但此统计数据并不一定意味着您应该在这种类型的环境中工作。例如，您可能会认为自己喜欢在户外训练客户。

表3.1　私人教练可能的工作场所

IDEA调查受访者工作的健身中心类型	流行程度（%）
多功能健身俱乐部	16
健身俱乐部	15
企业健身中心	13
YMCA、YWCA	10
私人健身中心	9
客户的家	8
普拉提或瑜伽工作室	5
小组练习工作室	5
私人教练的家	4
学院或大学	4
公园或娱乐中心	3
没有健身中心，非现场课程	3
医院健身中心	3
户外环境（私人训练）	1
虚拟训练或指导	1

致命的假设

在 *The Re-Myth Revisited* 一书中，迈克尔·格伯（Michael Gerber）引用了一些关于小企业失败的发人深省的统计数据，其中大约40%的企业在一年内失败，80%的企业在5年内失败。是什么导致了高失败率？

在格伯看来，许多人做出了"致命的假设"——因为他们了解某一特定工作的技术层面，所以他们认为自己非常有资格经营一家从事此类工作的企业。事实并非如此！就我们的重点而言，私人教练在私人训练中取得成功，然后确定他们已经准备好开始自己的事业，但他们往往没有意识到经营一家企业所需的承诺，而不仅仅是成为一名私人教练。几乎不可避免地，他们都失败了，因为他们没有着眼于公司本身。

在健身中心训练客户

您可以作为自雇私人教练工作，或者作为独立承包商被雇用，或者如某些健身房允许的那样，与健身房分开工作，根据每个客户或每天、每周、每月支付固定费用。无论哪种方式，您都可以通过训练客户（健身中心的会员）或训练非会员客户（您带到健身中心的人）来建立自己的业务。尽管大多数健身俱乐部已将其私人教练转为员工身份，但仍有28%的健身俱乐部将私人教练作为独立承包商（Schroeder, 2015）。因此，在这种模式下，您作为自雇私人教练工作的第一步是找到可能正在寻找独立承包商或允许独立私人教练的健身房、俱乐部和工作室。在网上搜索当地健身中心并致电它们，了解它们关于非员工进行私人训练的政策。

接下来，访问任何可以让您独立工作的健身中心。看看它是否提供您需要的空间和器械。如果有这样的健身中心，请询问管理层他们需要什么样的财务安排。允许独立承包商或独立私人教练的俱乐部通常会为他们使用特定的合同。以下是一些需要澄清的要点。

- 他们会向您收取固定费用（每小时或每月），还是会根据您训练的客户数量来收取费用？
- 他们会要求您成为会员以便在那里训练客户吗？
- 他们会向客户收取费用然后用于支付您的服务费用，还是您收取费用然后向俱乐部支付其份额？
- 是否有可以利用的会员基础来建立您的业务，或者您是否需要引入自己的客户？
- 您的客户是否需要成为俱乐部的会员？如果他们不是会员，他们是否需要支付会员费用，或者您的收费中是否包含会员费用？
- 您能否在健身中心内做广告？

优势

多年来我一直是一名独立私人教练，在波士顿和纽约的各种健身房训练客户。正如我所发现的那样，这种安排提供了一些明显的优势。

- 您可以使用各种器械，这样就可以将自己的开销保持在最低，因为您不需要自己购买器械。
- 您可以将会员作为潜在客户来源。即使没有招募，我也从会员中获得了许多客户，因为他们有机会观察我与其他客户的合作。
- 您可以将此健身中心作为您的基地，而不必从一个客户处转移到另一个客户处。
- 您可能会找到与其他独立私人教练联系的机会，这可以让您与其他独立私人教练讨论业务的最佳实践。

挑战

健身中心与独立私人教练打交道的方式差异很大。挑战可能包括与客户、器械和支付相关的问题。

- 挑战可能始于健身中心管理层想要向您收取的空间使用费用。我曾在纽约的一家俱乐部提供私人训练，最初只允许我通过支付会费来训练其他人。然后，随着行业的变化，它们按月收取费用，收取的费用高于会费；虽然高于我之前一直支付的费用，但似乎并非不合理。然而，很快俱乐部想收取我私人训练费用的40%。这与我作为俱乐部员工提供私人训练的费用大致相同，但却没有任何好处。为此，我和其他独立私人教练将我们的客户带到了另一家健身中心。

- 在一些健身俱乐部，可能不允许您向会员提供私人训练。这通常发生在本身有私人教练且不希望独立的私人教练侵蚀其潜在业务的俱乐部里。当然，这种限制大大降低了作为独立私人教练在健身中心工作的价值。因此，如果不允许您在一个看似是您的业务最佳选择的健身中心中训练会员，那么您将需要规划一个积极的外部网络和营销活动来定位潜在客户。

> 66 如果有任何疑虑或问题，可以通过查看记录、报表、存款等方便地处理。健身中心的所有者知道我一丝不苟、注重细节，并在每个支付期都保持无可挑剔的记录。主要是，开放式沟通能迅速解决任何小问题。99
>
> 瑞恩·卡弗（Ryan Carver），BS、CSCS；健身教练，Leverage Fitness Solutions，犹他州盐湖城（Salt Lake City, Utah）

- 在一些健身中心，客户向健身中心支付费用，然后健身中心会给您工资。在这种情况下，记账中的任何差异都会造成您和所在俱乐部之间的冲突。可以想象，这种冲突会令人感到不安。为了最大限度地降低您的风险，请务必保留您的记录，以便您知道俱乐部是否给您支付了正确的工资。

- 根据健身中心的大小，您可能会发现某些时间无法使用您要与客户一起使用的器械。在这种情况下，您必须避开该时段或通过使用不太流行的器械发挥创意。

在家里或办公室训练客户

一些客户非常重视在家中或办公室接受私人训练，因为这样可以节省他们往返于健身俱乐部的时间。他们对这种好处的欣赏使他们更有可能使用私人教练服务。

优势

我在私人训练生涯中担任过多个职位，包括各种健身中心的独立私人教练。一路走来，我的一个持续业务是在客户的家、办公室或公寓的健身房中训练。由于以下原因，在客户的空间进行训练可能是一个很好的选择。

- 您不必安排客户以外的任何人。您的日程安排是否合适？如果答案是肯定的，那就预约吧。

- 获得报酬简单易行：现金、支票或信用卡。要接受信用卡，您可以使用直接连接到智能手机或平板电脑的读卡器。

- 一些公寓或公寓大楼有自己的健身房，有些客户有自己的家庭健身房。这些选项可以在器械和相对隐私方面提供良好的选择，因为通常只允许居民使用它们。

在家中或办公室训练客户可以为您和您的客户
带来好处

挑战

在客户家中或办公室提供私人训练的挑战涉及空间、器械和出行时间。

- 如果您无法使用私人或半私人健身房，那么您可能需要通过在一些完全不同的空间工作来发挥创意。例如，我曾经在一位名人客户的家里进行指导，她的家里有一个宽敞舒适的空间。我还曾在需要移动咖啡桌以腾出空间的地方进行训练。当然，可用空间决定了您可以与客户一起做的各种练习。

- 如果您的客户没有健身器械，那么您可能需要购买一些器械来供预约客户使用。在这种情况下，您肯定不能使用很多传统器械。或者，在与客户一起练习时，您可以要求他们自己购买器械。以下是一些器械的选择，它们小巧、多功能且便携，适用于较小的空间。

  › 阻力带。

  › 瑜伽垫。

  › 悬挂式训练带或装备。

  › 跳绳。

  › 小健身球。

  › 哑铃（不便携，但小巧且多功能，因此客户可以购买它们在家里使用）。

- 另一个挑战是出行时间。单一位置可以让您在两个小时内完成4个30分钟的练习，而往返客户处可能会占用1小时，这样只能进行一个30分钟的练习。也就是说出行时间总共是一个半小时。考虑到这一点，您必须确定愿意为客户付出的出行时间，以及为出行时间收取多少费用，以便您的薪酬与在一个地方工作的薪酬相当。客户需要知道，为了方便您在他们所选的地方与他们见面，他们将支付更多费用。在制订这些细节时，请确认并计划您的出行时间因交通、公交或地铁延误而造成差异的可能性。

> **在客户家中进行训练的一大挑战是家庭生活的干扰（孩子、宠物、电话等）。我必须尽最大的努力去管理他们在家庭空间中发挥作用的情感和个性。**
>
> 乔·德雷克（Joe Drake），MS、NSCA-CPT；Gravity & Oxygen Fitness共同所有人，佛罗里达州波卡拉顿（Boca Raton, Florida）

即使在客户选择的空间工作，您仍然有责任确保所使用的空间和器械对客户是安全的。这项责任包括搬运不牢固的地毯，保护易碎物品，以及将动物和小孩放在安全距离。考虑可能发生的一切事宜并相应地调整空间。

使用在线平台训练客户

在线私人训练可能正在成为主流。这是来自皮特·麦考尔（Pete McCall，MS、CSCS、ACE CPT和ACE专家）的观点，他自2013年以来一直在做ACE的年度健身趋势报告。

教练将通过在线平台销售他们的计划，甚至不需要在实体健身房工作就能帮助客户。在美国和其他国家，我们都是一个需要选择的社会，通过在线平台向私人教练支付10至15美元的象征性收费，就可以进行为期30天或60天的锻炼。这是一种体验健身指导好处的经济、有效的方式（P.McCall, personal communication, January 26, 2017）。

一些健身专业人士可能不赞成在线私人训练，因为他们更喜欢与客户在一起。然而，视频技术已经改进，这种方法既安全又有效。在线形式中，您可以像在同一个空间一样进行私人训练。具体来说，您仍然要执行以下操作。

- 让医生签字批准。
- 浏览病史和生活方式问卷。
- 选择跟踪评估（在这种情况下，基于客户自己执行的适合性）。
- 审查并讨论评估结果。
- 帮助客户明确其目标。

- 推荐一个行动方案。
- 选择要使用的器械（基于客户可以使用的器械）。
- 制订一个可行和适当的锻炼计划。
- 实施（通过电子邮件和在线视频会话）。

课程的运行方式可能有很大差异，但最安全、最有效的课程与现场训练没有太大的差别（当然，在线私人训练包可以使用其他工具，比如文本提醒、活动追踪器和营养日志应用）。应该调试计算机或智能设备摄像头，以便您可以看到客户的全身（并且能够在客户移动时提供反馈）。客户还应该能够看到您的全身，以便您可以进行视觉演示。

以下是可用于视频会话的一些在线工具。

- Skype。
- FaceTime。
- Google+Hangouts。

您可能还要对视频设备使用三脚架或其他固定工具。这样做有助于确保以最佳方式固定相机以显示您和您的客户。

优势

技术的进步将继续为私人训练服务提供新的和更好的方式。我们需要保持开放的心态并准备好参与这些为客户和私人教练提供利益的新选择。以下是使用当前技术在线训练客户的一些优势。

- 由于您与客户不在同一物理空间，因此除非您选择使用器械进行演示，否则不需要提供器械。当然，在制订计划之前您需要知道客户可以使用哪些器械。
- 不需要占用出行时间。
- 您可以在任何地方训练任何人。即使您、您的客户或两者都在旅途中，只要您拥有视频访问权限，就可以进行训练。
- 为客户带来的好处包括轻松访问、节省出行时间以及不需要健身房的会员资格。客户还可以与最合格的私人教练合作，而不仅仅是本地最好的私人教练。

挑战

当然，没有一种在线私人训练方法适用于所有客户或所有的私人教练。这是一种相对较新的做法，双方都可能面临挑战。以下是一些挑战。

- 有些人使用视频（或镜子）时会产生空间混淆。如果出现这种情况，您可以要求客户面朝屏幕向右侧或左侧转四分之一，这样就不会产生视频混淆，但您仍然可以获得评估客户动作的适当视图。

- 面对面训练时，您的客户需要有一个安全的地方来锻炼。当然，当您无法实际访问空间时，就没有办法亲自检查空间，但您可以提醒客户选择一个安全的空间并向您展示它是安全的。

> **❝假设双方的互联网连接都很好，从私人教练的角度来看视频会议的最大挑战是保证时间。当现实情况是大多数客户不需要太多指导时，很容易就会被冲昏头脑。解决方法是精心准备，与客户进行预定时长的视频会议，并提前计划课程。您会教什么练习？您会通过视频评估客户吗？您还会做什么？对于每个部分，将它分解成最小的细节，并在开始之前准备好清单。这样可以避免您偏离计划。❞**
>
> 乔纳森·古德曼（Jonathan Goodman），Personal Trainer Development Center 的创始人和系统化的在线私人训练的领导者

- 在线私人训练不会让您有机会使用触觉提示来帮助客户找到正确的身体姿势。因此，如果您不擅长口头提示，则进行这种私人训练可能会很困难。更好地提供口头提示的一种方法是与朋友或家人一起练习。

- 适用法律因州而异。例如，在缅因州合法的，可能在佛罗里达州就是非法的。因此，您需要进行调研，确保您所做的任何事情（例如解释如何阅读食品标签）以及您使用的任何法律形式（比如合同和豁免）都适合您的客户所在地。

- 有时，互联网连接不稳定或信号太弱，无法保持清晰的视频图像。主要因素通常是连接类型：Wi-Fi、蜂窝数据或连接线。可能是（您或客户）位置的信号强度决定课程的时间或位置。

通过电话、电子邮件或短信指导客户

鉴于您在通过电话、电子邮件或短信进行交互时无法看到客户，因此您也无法看到他的姿势是否正确。那么，您如何自信地分配练习并让客户取得进步？

我认为您做不到。但是，如果调整自己的想法，那么您可能还有另一种可行的选择。例如，通过电话、电子邮件或短信进行行为指导时，您可以建议客户在附近的健身中心寻找私人教练，执行健康或健身计划的练习。行为指导包括充当引导者、帮助客户对其做出的健身和生活方式选择负责，使他们能够实现其目标。

行为指导需要与典型私人训练有着完全不同的技能。要使行为指导最有效，请通过以下来源之一寻求专业训练。

- 美国运动协会。
- 国际教练协会。
- 国际教练联盟。
- Wellcoaches。

无论您关注什么领域（健身、健康或生活方式指导），都可以面对面或通过电话、电子邮件或短信进行行为指导。在所有这些方法中，它依赖于发起公开诚实的对话；提出开放式问题并使用积极的倾听技巧；澄清或重述他们的问题或陈述；合作制订目标并制订行动计划，以及建立客户问责制。

优势

14年前当我通过Wellcoaches获得认证时，它改变了我对整个私人训练行业的看法。获得行为指导技巧影响了我与所有客户的合作方式，无论是面对面还是远距离合作。我多倾听少说话，引导客户制订自己的每周目标，并让他们自己承担负责。

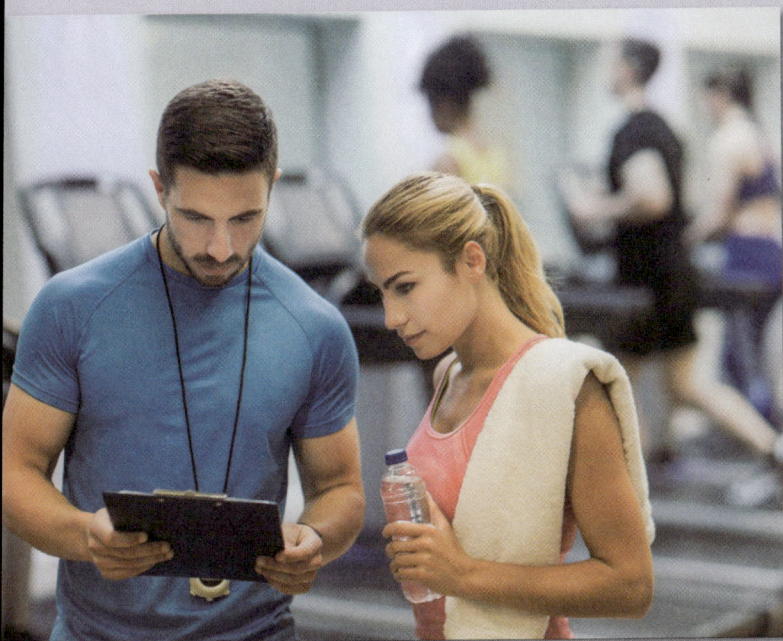

行为指导技巧可以增强您帮助客户获得成功的能力

通过电话、电子邮件或短信进行的行为指导提供了与在线私人训练相同的许多优势，比如不需要出行并允许您与任何地方的任何人一起工作。它还提供了以下额外的好处。

- 有些人发现看不到行为教练时他们更容易完全放松，因此与现场指导相比，这些选择更适合他们。

> 66 根据国际教练联盟的说法，指导最重要的就是提问。'纯粹的指导'是信任客户知道答案。因此，我们不必提供建议。如果私人教练能让自己变得感兴趣，他们将会提供更强大的行为指导。99
>
> 马乔里·盖泽（Marjorie Geiser），MBA、RD、BCC总裁

- 让客户辅助设计行动计划（以客户为中心的方法）的行为指导技巧增加了他遵守计划的可能性，从而能获得更好的结果。

- 您可以穿着睡衣，没有人会在乎。说真的，您不需要穿任何特别的衣服，因为没有人会看到您。

- 为客户带来的好处包括易于访问、不需要出行以及与他们选择的教练合作。

挑战

我建议获得行为指导认证，因为这项工作涉及一些明确的挑战，而通过适当的培训可以最大限度地减少这些挑战。以下是您可能遇到的一些挑战。

- 如果您无法看到客户移动，则无法创建适当的锻炼计划（至少在我看来是这样的）或者发现或纠正客户。因此，为了确保客户获得正确的健身计划并正确执行此计划，您需要依靠她或他从附近的认证私人教练那里获得适当的指导。

- 对许多私人教练来说，行为指导可能是陌生的，特别是通过电话进行指导时。因此，一开始您可能会感到尴尬。如果是这样，通过与朋友和家人一起练习来磨炼自己电话进行指导的技能。

- 远距离互动时将产生许多细微的差别。与私人训练客户面对面合作时，我可以通过观察肢体语言和面部表情来了解他是如何做的。当然，您无法通过电话或电子邮件和短信看到客户。此外，使用电子邮件和短信时，您还会错过有关情绪和情感的即时反馈，这些反馈可以通过电话中对方的声音甚至暂停来察觉到。因此，您可能会错过或误解沟通信息。尽管有这些限制，一些私人教练和行为教练只使用电子邮件或短信，但我认为它们更适合在基于电话中用作一种客户签到的方式。弥补听不到或看不到客户感受的关键是提出开放式问题，这些问题需要的不仅仅是"是"或"否"的回答。当您发现书面文本可能存在某些问题时，此方法为您提供了一种深入研究的途径。

与其他任何训练方法相比，通过电话、电子邮件或短信进行行为指导要求我们以不同的方式解决问题。我们不能仅仅依靠锻炼来解决问题。相反，我们关注的是行为矫正，在某些情况下，这种行为会对人们的生活产生更大的影响。

　　在私人训练和健身领域，行为指导通常被称为生活方式健身指导。要了解有关行为指导的更多信息，请参阅*Coaching Psychology Manual*或*ACE Health Coach Manual*等书。

更多内容

　　如果您认为自己已经准备好并且能够成为一名自雇私人教练，您可以选择各种各样的方式来建立一个企业，帮助客户变得更健康、更强壮。您可能会发现自己在任何特定时刻都使用了这些方法中的一种或多种。就我而言，我总是至少使用两种不同的私人训练方法。

　　也许您在俱乐部作为独立承包商进行客户训练时感觉最好。如果您不再适应这种类型（或者您只是喜欢其他选择），那么您可能希望在客户的家中进行私人训练；提供在线私人训练，或者作为教练通过电话、电子邮件或短信进行指导。您还可以提供所有这些选项或混合搭配这些选项，为您的客户制订最佳解决方案。例如，您可以当他在城里时在家里训练客户，并在客户外出时通过电话提供在线私人训练或行为指导。

　　准备更进一步了吗？第4章将介绍作为私人教练和健身中心所有者时自己工作所需的条件。

第4章

选择成为私人
教练兼健身中
心的所有者

决定成立一家健身中心以开展私人训练是巨大的一步。您不仅要履行独立承包商或自雇私人教练的责任（如第3章所述），还要解决比这项事业更具挑战性的其他关键因素。

该角色的挑战

您现在已成为自己所拥有的健身中心的私人教练。接下来怎么办呢？就您的私人训练而言，没有任何改变。是的，您可以自由选择工作时间、制服、器械以及如何为客户制订计划。与为其他人工作一样，您还需要以同样的方式建立业务。但是现在，您向自己（也就是私人教练经理）报告。当您拥有健身中心时，您是一个私人教练、经理、销售员、营销总监和管理者等，您负责所有这些事情。因此，您必须能够管理自己的时间，以便承担每个角色应尽的责任。下面我们来详细了解一下每个角色。

私人教练

我们大多数人都是作为私人教练开始自己职业生涯的。您是私人教练，并且您希望继续成为自己健身中心的私人教练。您已经了解了私人教练的所有事务，渴望自由设定自己的时间表，并按照自己的意愿为客户制订计划。事实上，当您知道自己编写的每个计划、帮助的每一个客户，都是在建立公司的品牌时，您会感到非常欣慰。

最初您可能是企业中唯一的私人教练，但您必须获得足够的收入来支付您的营业费用。您知道所有费用是多少吗？这就是撰写商业计划书的一个原因。例如，如果您决定为自己支付50%（平均值为40%~60%）的课程费用，您需要收取多少费用，并且每周需要提供多少节课才足够支付自己的费用和其他营业费用？

我们假设生意很好，您的日程安排是全职工作，也就是说，每周提供40小时的私人训练课程（我知道很少有私人教练每天工作这么长时间，但我们这样做是为了最大限度地提高您的收入）。现在，我们来快速计算一下。如果您每小时收费50美元，每周工作40小时，那么每周就是2 000美元。听起来不错是吧？平均而言，1个月有4.33周，所以您的每月总收入为8 660美元。五五分意味着您和企业各获得了4 330美元。

现在，我们考虑您的营业费用，包括租金、保险、公用事业、供暖和空调以及话费等。您是否可以用每月分配给企业的4 330美元来支付所有这些费用？也许可以，这一切听起来都很合理。但问题是，在您准备好接受第一个客户之前，您需要重新装修空间并购买器械以使其成为健身中心。那么，您的启动费用是多少？如果您贷款来支付这些费用，那么就需要将贷款还款添加到每月支出中。您还必须留出时间来将客户关系建立到最佳水平。鉴于这样做可能需要6个月到一年，那么在吸引到足够的客户之前，您会承担什么样的债务？

本部分的内容目的不是为了劝阻您，而是为了确保您理解所需的技能和担负的责任（而不仅仅是作为私人教练工作所需的技能和担负的责任），以使您的企业投资获得成功。具体来说，您需要具备业务规划、预算和簿记等方面的技能，并且除私人训练时间以外，还需要时间来完成这些任务。您什么时候开始打造企业呢？在 *The Re-Muth Revisited* 一书中，迈克尔·格伯（Michael Gerber）认为许多企业之所以失败是因为创业的人想更自由地做自己的工作（在本例中，就是指私人训练），但忘记打造企业本身了。

经理

作为经理，您必须确定企业的运营方式。在某些时候，您可能需要雇用更多的私人教练，以使企业盈利或满足您帮助更多人的愿景。那时，您需要聘请合适的人（与您拥有共同愿景的人），培训他们在您的企业中所需要做的工作的技能，并保证他们在企业保护之下发展自己的业务时管理他们。您可能还需要雇用其他工作人员，比如前台人员或清洁人员。

有了员工之后，作为经理，您需要定期与他们见面，以确保他们清楚地了解自己的工作，他们拥有完成工作所需的一切东西，并且他们的工作让您满意。为此，您需要制订的所有制度以确保其清晰明了，并使其他人了解您希望如何完成工作。本文档可能涵盖广泛的职责功能范围，比如私人教练如何评估客户并为其制订计划。如果您关心如何完成这些工作，则可以向员工说明做法。

作为经理，另一个需要考虑的问题是，您是否可以找到其他收入来源。增加收入的常见零售选择包括食品、饮料、补充剂、服装和某些器械。此外，下班之后，您能否将空间租给其他人？例如，如果有教室，您可以将它租出去，用于召开会议、聚会或开展与自己课程不冲突的课程。一个警告是：检查您的保险，以确保您有此类安排的保障；或者确保承租人自己购买了相关保险。

66 对于决定成立健身中心的私人教练来说，我能给出的最好建议可能是在此之前请做好功课。对我来说，这意味着3件事：一是妥善管理资金。要了解健身中心可能需要数月才能盈利；二是获取适当的建议。聘请商用房地产经纪人、律师和会计师等专业人士有助于避免您做出糟糕的商业决策，从而提高创业成功概率；三是调查您的竞争对手。您必须知道其他人针对类似服务收取的费用。收取很高的费用没有问题，但如果过高收取费用，您很快就会发现健身中心无人光顾，而债务在不断增加。99

查德·兰德斯（Chad Landers），BS、CSCS、国际奥委会运动营养学学位证书；Push Private Fitness所有者，加利福尼亚州北好莱坞作为经理，职责可能还包括市场营销，至少一开始是这样。具体而言，您需要定义自己的市场，找出所需客户获取信息的位置，并使用这些途径来定位潜在客户。示例可能包括社交媒体、报纸和社区活动。

公司所有者、CEO、COO和CFO

如果成立的是一家小公司，您的角色将与首席执行官（CEO）、首席运营官（COO）和首席财务官（CFO）合并。因此，在进行私人训练和日常管理任务之前，作为首席执行官，您的工作是成为具有远见卓识的企业家，并确定企业的使命和长期目标。在这一点上，这和您与客户合作的方式没有什么不同，都是从长远的角度出发，重新开始。您希望自己的企业在10年后是什么样的？同时，作为首席运营官，您负责企业品牌和文化（这些是由作为首席执行官的您确定的）的日常运营。此外，作为首席财务官，您可以制订保持企业发展壮大的财务决策。通过接受这些角色和职责，您将成为自己企业的掌舵者。

所需的技能

如您所见，您需要发展各种技能来经营自己的企业。具体而言，您需要制订业务计划并确定企业结构、雇用和管理员工、确定您的服务和价格，以便您可以实现盈利，了解财务状况（包括损益和现金流）、学习销售和营销的艺术、学习如何发展您的业务。所有这些技能在后面的章节中都会进行介绍。

除了在本书中学到的知识外，您还可以通过在社区大学或商学院上课来发展其中一些技能。您还可以在线免费获得高质量的商业课程。此外，您还可以参加与业务相关的行业会议。当然，还可以找到许多相关的书籍。有关业务资源，请参阅附录C。

哪种类型的健身中心最适合您的市场

当您考虑成立健身中心时，您必须回答第1章中提出的问题：您为什么想成为私人教练？换句话说，您希望自己的企业为哪些客户提供服务？您打算通过开公司来解决什么需求或问题？为了帮助您考虑各种可能性，请思考第2章中讨论的健身中心类型。您认为自己适合拥有和运营哪种类型的健身中心？或者您对自己有哪些完全不同的定位？

与帮助对象和填写内容相关的决策会影响您需要建立的健身中心类型。每种类型的健身中心在寻找和翻新空间以满足需求方面都有自己的机遇和挑战。以下简单地介绍了一些健身中心类型。

大型俱乐部

大型俱乐部通常分为两类：多功能俱乐部和健身俱乐部。这里的目标市场是所有人。而这

计划成立自己健身中心的私人教练必须得先确定其目标市场

些俱乐部确实为每个人提供了一些服务——这是重点。他们经常会到人口稠密的地区进行调查，希望能够满足每个人的健康需求。虽然这在概念上可能听起来不错，但试图帮助每个人需要很贵的器械、建筑租赁、公用设施和维护成本。这些成本需要更大的金融投资，并会为您和您的潜在投资者带来更大的金融风险。

多功能俱乐部

多功俱乐部提供力量训练器械（固定器械和自由重量）、有氧运动器械、健身房和一些运动环境（例如，游泳池、篮球场或壁球场）。我知道一个多功能俱乐部，它包含了一个完整的水上乐园！始终牢记投资事宜，添加到俱乐部的元素越多，购买或租赁房地产、建造设施（即完成原始空间）并维护它的成本就越高。事实上，大型多功能俱乐部的初始投资很容易达到数百万美元。除此之外，很难提供所有费用的准确数字。例如，攀岩墙的价格可能会因高度、宽度、材料和形状的不同而有很大差异。游泳池、球场和其他设置也是如此。价格还取决于您的地理位置。在缅因州花费5万美元可能在纽约市就需要花费50万美元。

估算俱乐部扩建成本的一种方法取决于其建筑面积。正如布鲁斯·卡特（Bruce Carter）2014年在*Optimal Design Systems*一书中所描述的那样，"一般来说，低价俱乐部的成本是每0.09平方米30至50美元。大型俱乐部连锁店和特许加盟店的成本是每0.09平方米40至60美元。高端俱乐部的成本超过了每0.09平方米60美元。"麦迈尔·斯科特·斯卡德（Michael Scott Scudder）也认可了这种观点，他将租赁空间的建设成本固定在每0.09平方米40至100美元之间。表4.1清晰描述了根据卡特的估算扩建可能需要的费用。

健身俱乐部

与多功能俱乐部一样，健身俱乐部通常提供力量和有氧运动器械。他们有可能包括健身房。与多功能俱乐部相比，他们需要的启动和维护成本更少。

表4.1　**按会员费用和建筑面积计算的扩建成本**

俱乐部等级	232平方米	465平方米	929平方米	2 322平方米
低成本（$323/平方米）	$75 000	$150 000	$300 000	$750 000
中等（$431/平方米）	$100 000	$200 000	$400 000	$1 000 000
高端（$646/平方米）	$150 000	$300 000	$600 000	$1 500 000

特殊人群健身中心

特殊人群健身中心包括老年健身中心和青年健身俱乐部。许多私人教练拒绝选择某个训练专业，因为他们害怕失去潜在客户。他们希望人们知道，他们可以训练大多数人。然而，当每个私人教练都是全才时，没有人会脱颖而出。相反，如果您选择在某个领域（或小型细分市场）中工作，那么您可能成为那些在该特定领域需要帮助的人们的首选私人教练。

例如，如果您有心脏问题，您是否会信赖全科医生的最终意见？不会，您会想要咨询一位心脏病专家。同样，如果您选择成立一个健身中心，专门服务老年人、青少年或有减肥问题的人，这不是在限制自己，相反，会将目标人群都吸引到您的健身中心。

一旦您选择了自己的特定市场，就应该建立合适的健身中心并提供相应的器械。

私人训练工作室

私人训练工作室可能是大小和器械差异最大的健身中心类型。这些健身中心的面积从19~929平方米不等。器械的选择和大小取决于健身中心的类型和风格，以及您对公司的发展有何看法。例如，如果您想把重点放在体重和悬吊训练方面，并且一个团体最多只有6个人，那么只需要很少的器械或空间。

团体健身工作室

团体健身工作室提供开放空间，可能有一个舞台，并且侧面放置一些器械（即哑铃、训练垫和踏板等）。这种类型的健身中心，筹备和运营都非常便宜。

精品健身工作室

精品健身工作室可以提供私人训练、小组训练、团体健身或所有这些选择。它们通常拥有与精品店类似的高端感觉。例如，他们可以非常专业，只提供团体骑行训练课程或健身训练营。事实上，在我写这篇文章时，我的妻子希瑟和我正在开设一家名为Jiva Fitness的精品健身工作室，这个工作室具有艺术气息。

> 66 我们的精品健身工作室的目标之一是提供私人训练和亲密的团体健身，并专注于为会员们建立一个亲密的社区。99
>
> 希瑟·施蒂纳·纳丁（Heather Stirner Nutting），NSCA-CPT、ACE CPT、AFAA CPT；Jiva Fitness的共同拥有人、教练和讲师，宾夕法尼亚州伊斯顿

运动员训练健身中心

为运动员提供私人训练的市场很大，特别是如果服务对象是孩子时。许多父母都希望他们的孩子成为下一个体育名人，并愿意支付专业训练费用。大多数此类健身中心都有开放式空间，它们通常配备人造草坪的区域。它们还可以提供雪橇、沙袋、健身球、轮胎和梯子之类的器械。更高级的运动员训练健身中心可能包括升降平台和奥运举重区域。

小型健身房

此类别包括从车库到仓库的一切空间，提供最少的器械，通常包括哑铃、壶铃、引体向上器和健身球。这些健身房通常很少装饰，简洁的运动器械可以最大限度地降低设计成本。事实上，我的第一个健身房就是一个肃静的、没有多余装饰的健身房。

地理位置最重要

我知道您以前听过这种说法，由于种种原因，位置真的很重要。例如，看到一些健身中心时我会想到："租金肯定非常便宜。"产生这种反应的原因包括破败的建筑外观、肮脏的环境和停车位缺乏。选择健身中心的位置时，这些因素都很重要，因为它们对您的潜在客户很重要。

交通

由于健身不是一个"游览地"业务（提供值得寻找和旅行的独特体验，比如冰场或跑酷中心），因此您应该寻找一个驾车或步行的人可见的位置。最简单的营销策略是让别人看到您的位置，然后说："哇！这正是我在寻找的！"

通达性

人们总会找借口避免去健身房。如果健身房太远，那么其中一个借口就是通勤时间。一般来说，健身中心应该位于一个方便的位置，距离第一类目标人群不超过8分钟的车程，距离第二类目标人群不超过12分钟的车程（Plummer, 2007）。

停车场

如果会员开车到达您的位置（如果您的位置不在市区），那么您必须提供充足的停车空间。无法找到免费停车位可能是会员的主要烦恼，并且会让潜在会员离开。您还必须考虑当地的停车规定，因为健身俱乐部的停车规定可能会有很大的不同。一些市政当局要求每93平方米的健身中心拥有最少4个停车场（Santa Rosa City Code, 2012），而另外一些城市则要求相同规模的健身中心拥有13个停车场（Plummer, 2007）。当然，最好提供更多的空间，因此最安全的选择是追求更高的目标。此外，美国残疾人法要求每25个停车位中有1个是无障碍停车位（U.S. Department of Justice, 2002）。

人口统计数据

您需要了解目标市场以及您希望成立健身中心的区域的人口统计数据。如果不这样做，可能会对您的企业造成灾难性的影响。想象一下，在一个人们无法负担健身费用的社区成立一个高端健身俱乐部会带来什么结果。

竞争

一些企业故意在竞争对手旁边开门营业。在这种情况下，他们故意在玩背靠背游戏。此类竞争包括家得宝与劳氏、塔吉特与沃尔玛、金拱门与汉堡王等。如果店铺聚集在一起，每个商店在此特定位置都能获得最大的市场份额。此外，由于地理位置接近，消费者更有可能前往这两家店铺，因为他们不需要额外的出行时间。如果一个店铺没有您想要的东西，那么您可以去隔壁或街对面的店铺。

虽然这种方法适用于某些企业，但对于健身中心来说，这可能不是最佳选择，因为大多数健身中心都不会通过开在另一家提供非常相似产品或体验的健身中心隔壁来直接瓜分市场。但是，如果您提供其他健身中心没有的东西，这种方法可能会起作用。例如，如果其他健身中心没有提供团体骑行训练课程并且您决定开设一个骑行训练工作室，那么您可以独占鳌头。有健康意识的人已经在您的社区，可以轻松地进入您的工作室来获得不同的体验。寻找理想的位置时，请确定竞争对手的位置，将它提供的服务与自己服务的对比，以及它可能对您的业务产生的影响。

特许经营和许可证

运营连锁企业涉及与已建立的企业签订合同以使用其业务模式、操作系统、设备、徽标和商标。您还可以在持续的合作关系中获得指导，以帮助您的企业获得成功。特许经营从各种初始投资开始，其中Jazzercise的价格从3 530美元到12 900美元不等，而Planet Fitness的价格从853 390美元到3 669 150美元不等，并且通常会继续按月或按年收费。例如，Snap Fitness的初始特许经营费为29 500美元（初始投资为148 188~458 458美元），每月特许权使用费为509美元。此外，您可能还要向特许人支付一定比例的利润；这个数字从5%（Planet Fitness）到20%（Jazzercise）不等（Franchise 500, 2017）。

> 66 作为持牌俱乐部的好处包括名称认可和品牌推广，缺点是作为一家持牌俱乐部而非特许经营，我们必须创建自己的运营系统和营销计划。 99
>
> 迈克·马蒂诺（Mike Martino），PhD、CSCS；Bodyplex Fitness 共同所有人，佐治亚州米利奇维尔（Milledgeville, Georgia）

优势

整体而言，健身连锁加盟正在蓬勃发展。在*Entrepreneur*杂志发布的2017年度美国特许经营500强排名中，Anytime Fitness排名第14，从2007年全球445个特许经营地点发展到2017年3 617个特许经营地点。另一个例子是排名第19的Orangetheory Fitness，它于2010年成立了第一家工作室，并在2017年之前扩展到全球668个特许经营地点。正如这些数据所示，开设特许经营店确实有好处。

- 最明显的好处之一是大多数健身连锁加盟附带的品牌知名度。例如，Curves、Jazzercise和Gold's Gym等品牌即使是不锻炼的人也知道。对于那些想要加入健身俱乐部的人来说，品牌知名度可以让您的企业名列前茅。想一想：大多数人会根据名称选择Gold's Gym而不是从未听说过名字的健身俱乐部。
- 除了品牌知名度外，特许经营授权方通常会提供公司品牌的材料和营销工具，以帮助您促进业务发展。
- 当您不确定如何规划、设置或发展自己的业务时，特许经营授权方会提供所需的支持。
- 一些特许经营授权方甚至会帮助您找到适合的俱乐部地点。
- 运营企业面临的最大挑战之一是创建和记录业务系统。特许经营授权方可以为您提供这些系统，从而使您可以专注于需要注意的其他领域。

- 授予特许经营权者拥有良好的业绩记录，否则，不必考虑连锁加盟！良好的业绩记录会使您更容易获得企业融资。
- 由于特许经营授权方通常拥有许多特许经营单位，因此他们通常拥有巨大的购买力，而您作为特许经营企业，可以将这些传递给您。

挑战

既然特许经营有这么多好处，为什么还有人会做其他事情呢？拥有特许经营权也涉及一些挑战。

- 大多数特许经营都遵循严格的运营规则，这会减少您的创新机会。当然，这些规则的存在是有原因的。在不同的健身俱乐部以同样的方式做事，可以确保人们的期望在每个地方都得到满足。例如，Curves健身中心将始终提供常用的Curves器械和计划，因为特许经营权所有人不会选择任何其他设备或创建自己的计划。因此，在选择特许经营权时，要确保您认同其品牌的各个方面。此外，在研究特许经营前景时，请注意许多人并未将健身专业人士作为目标特许经营者。许多公司所有者只是在投资一个已被证实是行之有效的商业模式，这将使他们赚钱，而您作为私人教练拥有的知识甚至可能会使您更难遵循标准指导方针。
- 如前所述，每个连锁企业都有自己的启动资金，有些需要的资金可能相当多。与您自己的企业不同，连锁企业不允许削减某些项目以使其服务更便宜。

成熟企业的指导有助于您的
连锁企业获得成功

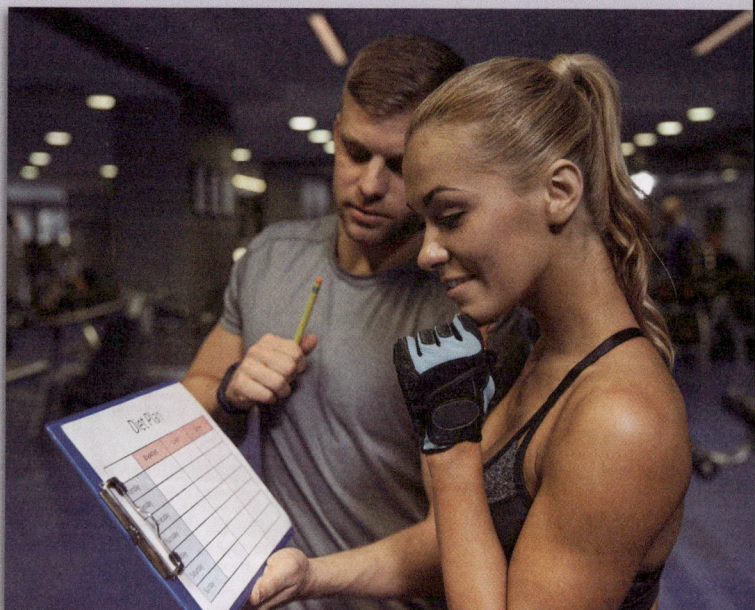

- 大多数连锁企业每月都会收取一定的费用，他们也可能会从您的收入中抽取一定比例。
- 一些连锁企业在全国范围内开展营销活动，所有特许经营企业都必须为此付费，尽管有些营销活动可能并不适合您的特定市场或人群。
- 拥有特许经营权可能需要一段比您想要的更长的合约时间。有些需要签订10年或更长时间的合同（Goldberg, n.d.）。

如果您在网上搜索顶级健身特许经营授权方和许可方，您会发现目前的机会和初步成本。这是一种很好的方法，可以看出是否有您想要投入时间、金钱和精力的项目。

与供应商签订合同

许多新成立公司的多技能健身专业人士不愿意雇用其他人来做自己能做的事情。我被聘为一个俱乐部的健身总监，但是因为我还会做很多事情，我还建立和维护俱乐部的网站，每月写两份电子新闻稿，编写俱乐部条款和指南，管理私人训练部门，并且（至少在理论上）每周至少提供20次私人训练课程。正如您想象的那样，我筋疲力尽，所有这些任务都没有做好，最后辞职了。事实上，您会做某事并不意味着您应该这样做。仔细考虑您的时间最好花在哪里。

鉴于此，虽然在努力降低成本时选择使用外部供应商可能并不理想，但合适的供应商可以让您作为公司所有者的生活变得更加轻松。希瑟和我完全有能力开发健身课程，但这不是我们需要花时间的地方。高质量的健身系统或计划通常在选定的俱乐部预先进行效果测试，并使参与者享受音乐和运动。此外，他们通常提供员工培训，以确定课程的结构和时间表，并指导推广和销售项目。

为企业选择外部供应商时，请询问自己以下问题。

❶ 这会让我的工作生活更轻松吗？
❷ 提供服务的公司是哪家？它的发展史如何？谁能提供推荐信？
❸ 服务费用是多少？它符合我的预算吗？投资回报率怎么样？

积极的答案通常指向一个高质量的供应商，它将改善您的业务和您提供的计划。

更多内容

在选择追求创业的过程中，首先要询问自己一些问题。首先，您希望通过成立公司来帮助谁？答案将帮助您确定最适合该人群的场所。

接下来，您希望在公司中扮演哪个角色？请记住，作为公司所有者，您无法将所有时间都花在业务上。您还扮演着经理和管理者的角色，这两者都需要花相当多的时间和精力，并且还需要拥有管理和业务技能。您有这些技能吗？如果没有，可以通过为一个成熟的俱乐部担任管理角色，来培养管理和业务技能；您也可以在线或在当地的学院或大学学习商业课程。此外，您还可以找到许多有关商业和管理的书籍。

这个策略实际上是我个人的最爱：在过去的 10 年里，我已经阅读了 100 多本关于商业的书籍，他们对我的帮助很大。

最后，对您来说，开连锁店的优势是否大于挑战？如果是这样的话，是否有一个与您想要实现的目标相匹配的连锁企业？开连锁店可以简化启动和管理过程，有助于您更快地启动和运营企业，与尝试自己的计划相比，这种方法更有可能获得成功。

第 2 部分

学习和应用商业技能

第 5 章

撰写商业计划

确定了想要创业的原因以及帮助对象后，您需要记录企业运营所需的条件。写下目标会使您更有可能获得成功，而撰写出一个具体计划可以帮助您考虑所有可变的因素，从而更有效地做好准备。简而言之，商业计划起着至关重要的作用，它帮助您了解如何开始，然后作为未来发展的指南。

撰写商业计划的重要性

商业计划详细描述了您的公司及其概念、运营方式、运营成本和发展目标。随着您对商业世界的了解，对于如何撰写商业计划，或者是否值得撰写此计划，您可能会遇到各种不同的意见。您可能会听到怀疑论者说，如果您做了功课，商业计划只是一种有根据的猜测，但仍然是一种猜测，所以它到底有多准确和有用呢？更重要的是，我们无法确定任何将要发生的事情。灾难可能会在明天开始，不会给您的商业计划带来麻烦吗？

另外，所有的科学都是从一个有根据的假设形式的猜测开始的："我想当我_____时将发生_____。"然后，您测试一下这个假设，如果它确实可靠，那很好！如果假设不成立，就建立一个新的假设，然后再试一次。这就是商业计划必须要做的事情。一旦企业启动并运营，您可以回头查看它，如果事情没有按照计划进行，那么可以修改计划以反映您更新的最佳（有根据的）猜测。

一些关于如何撰写商业计划的讨论得出，建议您预测未来10年的业务。但是，预测的时间越长，就越有可能偏离目标。出于这个原因，我倾向于将商业计划扩展到您可以开始、建立和确定发展方向的程度。

能简单地跳过撰写商业计划吗？如果您随意更改商业计划，为什么还要花费时间和精力来撰写它呢？以下是两个重要原因。

❶ 商业计划能让您很好地了解自己的优势和劣势、竞争或经济因素可能带来的挑战以及您获得成功的机会。如果您无法撰写出商业计划，那么它在现实生活中就不能实现。

❷ 如果您需要获得额外融资，商业计划将向潜在投资者表明您已经做了调查，并且愿意为企业成功而努力。没有精明的商人会投资于一个不考虑所有细节的随意想法。

开始前的最后一个问题：商业计划应该有多长？答案相差很大。一些人说，一份典型的计划书有15~20页，而另一些人说至少应该有50页。我个人认为，相对内容来说，页数是次要的。商业计划需要在每个部分中包含足够的详细信息，以表明您已经考虑了此时知道的所有相关变数。页数取决于您在每个部分中想说的内容。例如，如果在您建议的场地周边车程8~12分钟半径范围内没有其他健身中心，那么您的竞争分析部分就会非常短。

您可以在附录A和网络资源中找到商业计划模板；可以使用模板来制订自己的商业计划。此外，本章的每个部分都充实了模板内容。如果您正在考虑成立自己的私人训练公司，请考虑在阅读本章时做笔记，并记下关于自己商业计划的想法。

如第 4 章所述，我的妻子和我（在我编写本书时）正在开设一家精品健身工作室。因此，在接下来关于撰写商业计划细节的讨论中，我使用了一个与我们非常相似的业务模式。

商业计划的组成部分

商业计划包含以下 9 个关键组成部分。

❶ 申请信（可选）。

❷ 执行摘要。

❸ 业务或公司描述。

❹ 市场分析和人口统计。

❺ 竞争分析。

❻ 管理计划。

❼ 财务计划。

❽ 所需资金。

❾ 营销计划。

收集撰写商业计划所需的信息时，您可以随时收集任何部分的材料。换句话说，它不必按顺序编写。您也可能同时处理几个部分，这也是可以的。

撰写正式的商业计划之前，请先为公司命名。希瑟和我花了很长时间才就名字问题达成一致。您可以尽早思考公司的名字。

为公司命名

我和我的妻子就我们自己公司的名字问题在我经营的 LinkedIn 论坛中进行了一些有趣的讨论。以下是我遇到的一些选择。

使用自己的名字

有些人喜欢在公司名称中使用自己的名字。例如，我的一个朋友 Vince Mini 将他的公司命名为 Mini's House of Pain。在公司名称中使用您自己的名字，会将您和您的信念作为对公司期望的标准。这可能是一件好事。但是，如果您决定出售公司，会发生什么呢？在许多情况下，公司的名称和声誉是买方在交易中所注重的一部分。例如，乔·戈尔德（Joe Gold）于 1965 年开设了第一家 Gold's Gym，然后在 1970 年将其出售之前建成了连锁店。在他卖掉了连锁店后，他无法控制 Gold's Gym 的运作方式了。然后，在 1976 年，当他决定回到健身房领域时，他不得不想出一个新名字，就是 World Gym。因此，为公司命名时，请考虑一下是否想让别人的公司使用您的名字。

使用您的位置

如果在公司名称中包含位置，则可以更轻松地找到您的公司。我住在纽约，对我来说，一个很明显的例子就是92nd Street Y和Sports Center at Chelsea Piers。这种方法的缺点是，如果您搬到或扩张到其他位置，公司名称可能会让消费者感到困惑。

编造一个名字

这种命名方法是开放的。公司名称可能是完全没有意义的，或者是一个不相关的词或短语，而您的希望是它成为一个家喻户晓的名字。虽然这种方法能够创建一个唯一的名称，但却需要花费大量精力来让公众了解您的业务。该行业目前的例子包括Blink、Kosama和Trumithree 3家健身俱乐部，仅凭名称，您不会知道到它们是什么公司。

选择一个能描述自己的名字

另一种方法是将目标市场整合到名称中。例如，如果您正在打造一个专门与前运动员合作的俱乐部，您可以将其命名为Athletes Again或Back in the Game Fitness。您也可能决定根据训练理念为自己的公司命名，例如，Full Function Fitness。最好的选择是与目标市场的会员交流，吸引他们的注意力，让他们想要了解更多信息。

为我们的工作室命名时，希瑟和我尝试了许多表示能量的词，发现大多数已经在使用了。然后，我们研究了其他语言中的相关词汇，并确定了一个名字，这个名字虽然难懂，但对我们和我们的客户都有意义。Jiva（发音为jeeva）在印度语中意为"生命的重要能量"。我们在Jiva之后添加了Fitness，这样我们的业务就不难理解了：Jiva Fitness LLC。

确定了名字后，就可以建立您的企业结构，将该名称声明为网站域名，并在所在州或当地进行注册。

申请信

理想情况下，您应该亲自向潜在投资者展示商业计划。如果无法做到这一点，那么您可以使用申请信作为介绍或作为电话的后续跟进。如果使用申请信，那么申请信应该以个人的名义寄给做出决定的人（而不是"致有关人士"），并且如果您愿意，可以提供一份商业计划的摘要。以标准商业信函格式写信，并附上公司关键人员的联系信息。

可以在附录A和网络资源中找到申请信模板，并根据自己的目的对其进行修改。

商业计划示例

申请信

Mark A. Nutting Jiva Fitness LLC
230 Ferry St., Suite 8
Easton, PA 18042
(555) 555-5555

John Smith
Business Loan Officer Smith Bank and Trust 128 Somewhere St.
Easton, PA 18042

尊敬的史密斯先生，

　　根据我们最近一次的通话，我提交了 Jiva Fitness LLC 的商业计划，希望能从贵行获得 10 万美元的资金。这笔资金将用于设施建设、器械和每月支出，直到我们达到收支平衡为止。正如您将在商业计划的财务部分中看到的那样，我们希望在第 9 个月实现此目标。

　　大约 70% 的美国人超重或肥胖，只有 20% 的人达到了要求的运动量。我们在调动和保持人们的体力活动方面存在问题。

　　在 Jiva，我们相信我们出色的计划制订、人际关系、周到和关怀的指导以及愉悦感将帮助那些努力变得更强壮和更健康的人。具体来说，他们会发现开始和坚持锻炼方案更容易。

　　谢谢您在百忙之中抽时间考虑我的申请。希望您能够对我们的商业计划做出评论。我很乐意听到任何反馈，并回答有关 Jiva Fitness LLC 的任何问题。

　　顺祝商祺

Mark A. Nutting
Mark A. Nutting

执行摘要

　　执行摘要通常被认为是商业计划中最重要的部分。如果它不能引起投资者的注意，那么他可能就不会再读下去了。执行摘要应该提供 1~3 页的商业计划概述，首先介绍您的个人专长和公司愿景，然后突出显示计划的每个部分。

　　注意：因为它是摘要，所以应该是最后写的部分，即使它是第一个被呈现的部分。可以在附录 A 和网络资源中找到执行摘要的模板，并根据自己的目的对其进行修改。

执行摘要

我们的公司

Jiva Fitness LLC 是一家私人训练和团体健身工作室，位于宾夕法尼亚州伊斯顿市中心。在 Jiva Fitness，如果我们能与那些努力变得更健康、更强壮的人建立联系，让他们参与进来，他们就会发现这种体验既有趣又能改变生活。

由马克·纳丁（Mark Nutting）和希瑟·纳丁（Heather Nutting）担任公司所有者、经理、私人教练和团体健身教练，Jiva Fitness 由独具才华、技能高超的教练领导。他们长期成功的业绩记录将吸引并留住那些需要帮助以实现目标的人。

我们的服务

Jiva Fitness 将提供由 MOSSA（团体健身解决方案的领先提供商）授权的团体健身课程。这些课程将包括 Group Power、Group Core、Group Centergy 和 Group Active 等。

Jiva Fitness 还将提供特色课程，包括健身训练营和健康生活。我们的其他健身计划将包括一对一训练、小组训练、减肥和企业健身计划。

与 Jiva Fitness 团体的工作人员以及其他成员建立个人联系将有助于每个人感受到更大的运动魅力，这将有助于每个人保持正轨并达到他的个人目标！

我们的市场

Jiva Fitness 的目标市场将包括所有年龄段的男性和女性，他们需要或想要高水准的个人健身计划，以帮助他们达到其健康和健身的目标。Jiva Fitness 位于伊斯顿市区，它的目标客户是市区社区，包括住宅和企业。

鉴于大约70%的美国人超重或肥胖，但只有20%的人达到了推荐运动量，普通的健身俱乐部并没有吸引到最需要帮助的人群。大型俱乐部缺乏亲密感，低价位的替代品是低监管、只提供器械的健身房，这对那些已经知道该做什么的人来说可能还不错，但对缺乏经验的人来说就不够了。尽管 Jiva Fitness 一定会吸引有经验的锻炼者，但我们的愿望是吸引那些不敢进入健身领域的人。我们想帮助那些最需要帮助的人。

我们的竞争

Jiva Fitness 健身中心距离5个健身中心有不到11分钟的车程。其中两个是大型多功能俱乐部，两个是中型健身俱乐部，另一个是小型健身工作室。所有这些健身中心都提供私人训练，并且其中3个提供团体健身。除了小型健身工作室之外，其他4个俱乐部的每月费用均低于 Jiva Fitness。

我们的优势

Jiva Fitness 与竞争对手的区别在于我们的位置、我们的员工和我们的课程。

我们的位置

Jiva Fitness 位于伊斯顿市中心。距离市政厅、主要办公楼、商店和餐馆仅有几步之遥。

我们的员工

马克·纳丁（Mark Nutting）是一位屡获殊荣的私人教练，曾获得2016年度私人健身教练传承奖，并被美国国家体能协会评为2009年度最佳私人教练。希瑟·纳丁（Heather Nutting）是MOSSA集团中心计划的国家级培训师。两人都在团体健身、私人训练和健身俱乐部管理方面拥有60年的行业经验。

我们的课程

Jiva Fitness将与国际知名的MOSSA合作，提供MOSSA专业制订和测试的健身计划，这将是伊斯顿地区的独特服务。我们还将提供我们自己的特色课程，在之前的位置，每个班吸引了40到70名参与者。所有课程都是为参与者的安全、成果和乐趣而设计的。

财务摘要

Jiva Fitness正在寻求获得10万美元的贷款，以便建造工作室，购买器械并维持现金流，直到月收入超过月支出。预计将在第9个月实现此盈亏平衡点（详情请参阅表5.1 Jiva Fitness的财务预测"所需资金"部分）。

表5.1 **Jiva Fitness的财务预测**

财务因素	第1年（$）	第2年（$）	第3年（$）
收入	124 563	301 898	310 082
开支	155 936	241 686	246 595
净赚	−31 373	60 212	63 487
Jiva Fitness的启动费用：			$56 244.00
达到盈亏平衡点之前的累计债务：			$37 275.42
所需资金：			$93 519.42

市场营销

由于公司将专注于创建一个互联社区，因此Jiva Fitness将主要依靠各种方法来帮助与潜在会员建立关系。所有选项都是低成本或免费的。

- 社交媒体：Jiva Fitness已经在Facebook、Twitter、YouTube、Instagram、LinkedIn和Snapchat上占了一席之地。
- 当地活动和慈善机构：Jiva Fitness将赞助慈善活动和志愿者活动。我们还将参加当地活动，比如女性健康展会等。
- 联络：Jiva Fitness位于伊斯顿市中心，预计当地企业员工将成为我们会员的重要组成部分。我们将通过商会、伊斯顿商业协会和Easton Main Street Initiative等团体与其他企业建立联系。
- 其他：其他可能的营销途径包括为当地报纸撰写健康和健身专栏以及录制在线视频节目。

业务或公司描述

本部分应详细介绍贵公司、目标市场、您希望解决的问题（您的理由）、打算如何解决问题、贵公司的与众不同之处，以及您带来什么样的专业知识。简而言之，这是一个陈述您的公司使命和口号的地方。

使命陈述简要概述了驱动您和公司的原因。例如，Google的使命陈述是："Google的使命是组织全球信息并使其普遍可用和有用。"美国国家体能协会的使命陈述是："作为全球体能领域中最具权威的专业组织，我们支持和传播基于研究的知识，来提高运动表现和体能的实践应用。"对于一个假设的健身公司，我们称它为Fit Together，其使命陈述可能如下："我们通过提供最好的健身教练和计划，在一种令人愉快的积极氛围中，改善我们社区的健康和健身状况。"

口号比使命陈述更简洁。它是一个声明，公司中的每个人都可以轻松地记住并以支持公司希望的方式采取行动。Google的口号："不要做坏事"，推动公司所做的一切事宜。以下是其他几个公司口号的例子："快速行动，稳定架构"（Facebook）、"非同凡想"（Apple）。我们假设的健身公司Fit Together的口号可能是"通过计划和人来改变生活"。

为您的公司创建一个使命陈述，然后看看您是否可以直截了当地说并找到适合您公司及其使命的口号。可以在附录A和网络资源中找到业务或公司描述的模板，并根据自己的目的对其进行修改。

商业计划示例

业务或公司描述

Jiva Fitness简介

大约70%的美国人超重或肥胖，只有20%的人达到了推荐的运动量。当下，我们在调动和保持人们的体力活动方面存在问题。在Jiva Fitness，我们相信，如果我们能与那些努力变得更健康、更强壮的人建立联系，让他们参与进来，他们就会发现这种体验既有趣又能改变生活。

Jiva Fitness将提供由MOSSA（团体健身解决方案的领先提供商）授权的团体健身课程。这些课程将包括Group Power、Group Core、Group Centergy和Group Active等。我们还将提供特色课程，包括健身训练营和健康生活。我们的其他健身计划将包括一对一训练、小组训练、减肥和企业健身计划。

与Jiva Fitness社区的工作人员以及其他成员建立个人联系将有助于每个人感受到更大的运动魅力，这将有助于每个人实现其目标！由马克·纳丁（Mark Nutting）和希瑟·纳丁（Heather Nutting）担任公司所有者、经理、私人教练和团体健身教练，Jiva Fitness由独具才华、技能高超的教练领导。他们长期成功的业绩记录将吸引并留住那些需要帮助以实现目标的人。

Jiva Fitness 的使命陈述

　　我们的服务对象是那些需要通过关心、共同会员联系和专业指导来改善健康和健身状况的人。

Jiva Fitness 的口号

　　促进健身、娱乐和团队合作!

市场分析和人口统计

　　本部分内容尽可能详细地定义了您的市场。服务对象是谁? 行业统计数据表明您的市场与您的产品或服务有什么关系? 您所在地区的人口统计特征是什么? 以及您对进入该市场可以做出哪些切合实际的预测?

　　City–Data 网站是最全面的在线资源之一。它提供了大量的人口统计信息,比如人口、教育水平、家庭收入中位数,甚至社区特定数据。它让我可以查看 Jiva Fitness 所在的特定市区。如果您在本网站上找不到您所在的城市,仍然可以通过美国人口普查局获取信息。

　　可以在附录 A 和网络资源中找到市场分析和人口统计部分的模板,并根据自己的目的对其进行修改。

商业计划示例

市场分析和人口统计

　　Jiva Fitness 的目标市场是帮助那些需要或想要高水准的个人健身计划以达到其健康和健身目标的个人。Jiva Fitness 位于伊斯顿市区,它的目标客户是市区社区,包括住宅和企业。

　　宾夕法尼亚州伊斯顿市人口为 27 073,平均年龄为 32 岁。市区面积为 1.8 平方千米,人口为 5 296(截至英文原版书在美国出版前的数据)。伊斯顿还拥有拉斐特学院(Lafayette College)。Jiva Fitness 距离伊斯顿警察局以及价值 3 200 万美元的新市政厅和停车场只有一个街区。距离伊斯顿商业区的中心(包括银行、报纸出版商、商店和餐馆)仅有几个街区。

　　由于美国社会普遍存在肥胖和缺乏运动的现象,普通的健身俱乐部并没有吸引到最需要其服务的人群。大型俱乐部缺乏亲密感,低价位的替代品是低监管、只提供器械的健身房,这对那些已经知道该做什么的人来说可能还不错,但对缺乏经验的人来说就不够了。尽管 Jiva Fitness 一定会吸引有经验的锻炼者,但我们的愿望是吸引那些不敢进入健身领域的人。我们想帮助那些最需要帮助的人。

　　通过团体健身课程、社交活动以及健身专业人员的培养,Jiva Fitness 将创造一种社区感,以及吸引和留住会员和客户的具体体验。它小而亲密的空间将提高个人的归属感。

竞争分析

列出您所在地区的所有竞争对手，以及他们的特定目标市场。然后针对这些公司陈述您的优势、劣势、机会和威胁（SWOT）。此部分内容不适合贬低竞争对手，美化自己的服务。投资者会看穿这种做法，他们预计您将面临挑战。考虑到这一点，提供一个诚实的比较，说明您的企业的优势和机会如何超过其劣势和威胁。如果您发现情况并非如此，那么是时候重新评估您的业务方法了。您能做些什么来克服您的劣势和威胁？在企业运营并失败之前生成潜在的解决方案至关重要。

可以在附录A和网络资源中找到竞争分析的模板，并根据自己的目的对其进行修改。

商业计划示例

竞争分析

在方圆1.6千米的范围内，只有两家俱乐部，因此我们相信会找到大部分客户。当然，直线距离与驾驶距离不一样。当我们使用GPS设备绘制从我们潜在位置到竞争对手位置的路线时，我们发现五分之四的距离是9分钟，第5个俱乐部到我们的距离是11分钟。驾驶距离为4~5.8千米。表5.2比较了Jiva Fitness与这5家最近俱乐部的服务。

表5.2 Jiva Fitness及其竞争对手的服务和费用

	Jiva Fitness	YMCA	Joe Fitness	Club Fitness	Middle Fitness	Big Fitness
健身中心类型	工作室	多功能俱乐部	工作室	健身俱乐部	健身俱乐部	多功能俱乐部
入会费 ($)				59	99	99
月费 ($)	69	45	65~129	10	19.99	29.95
开放健身房使用		√		√	√	√
有氧器械	√	√	√	√	√	√
力量训练器械		√	√	√	√	√
自由重量器械	√	√	√	√	√	√
私人训练	√	√	√	√	√	√
私人训练费用 ($)	42（半小时）或65（1小时）	35（1小时）	75（1小时）	68（1小时）	65（1小时）	78（1小时）
团体健身	√	√	√			√
儿童看护		√			√	√
篮球场		√				√
游泳池		√				√
在线支付	√				√	√
在线调度	√					√
		9分钟	9分钟	9分钟	9分钟	11分钟
与Jiva Fitness的距离		4千米	4.3千米	4.2千米	5.8千米	4千米

在考虑其他健身中心时，Jiva Fitness 的优势、劣势、机会和威胁分析如下。

优势

- Jiva Fitness 将提供一个私密空间，并优先考虑个人关心的问题。
- 我们的使命之一是在我们的成员和客户之间创造一种归属感。这种归属感会增强他们的体验，让他们不断回归，帮助他们实现目标。
- 我们将提供 MOSSA 的高端授权团体健身课程。
- 在锻炼时，所有客户和成员都将受到监督。
- 我们的私人教练和讲师是行业的领导者。
- Jiva Fitness 将是市中心商业区步行距离内唯一的非瑜伽健身中心。

劣势

- 小、无法容纳大量会员。
- 没有额外的服务，比如游泳池或儿童看护。
- 有限的营业时间（仅限课程或预约）。
- 器械选择有限。
- 比大多数健身中心价格更高。
- 在街道上看不到我们（可以在建筑物上放置标牌，但由于历史状况需要城市批准）。

机会

Jiva Fitness 健身中心位于市区，距离许多企业仅有几分钟的步行路程。这使我们能够创建各种各样的企业健身方案。第一种也是最简单的方法是为企业提供服务折扣。其他可能的企业服务包括有关健康和健身的午餐时间讲座、减肥计划、健康恢复计划和工作现场课程。

一些竞争对手健身中心为他们的会员提供了大量服务，但却很少与社区以外建立联系。因此，我们有机会与许多当地企业合作并交叉推广。例如，我们可以与当地的农贸市场（只有 3 个街区的距离）建立联系。健康活动＋健康饮食＝健康生活！这项工作可能包括通过社交媒体进行交叉推广，设立展位以展示健康的烹饪技术（使用市场上的新鲜农产品），或展示各种健身和运动方案。

还有机会建立健康和保健服务的推荐网络，包括按摩治疗师、注册营养师、脊椎按摩师和整形外科医生。

由于 Jiva Fitness 管理者的卓越品质和经验，他们有机会成为当地的权威，可能会为当地报纸撰写健身专栏，并在当地电视频道上出现。他们也擅长制订企业健身计划，这将是一个优势，因为该健身俱乐部位于商业区的中间。

威胁

全国各地每天都会成立新的健身中心，没有办法知道下一个健身中心何时何地会出现。只有保持我们与客户的个人联系，并提供最好的服务，我们才有希望抵御任何新的健身中心到来的威胁。尽管与 MOSSA 签订的合同不允许该地区的任何其他俱乐部提供其计划，但其他几家声誉良好的组织也提供类似的计划。如果我们当前或未来的竞争对手选择提供这些计划，我们将更难以让我们的课程服务脱颖而出。

管理计划

本节概述了您企业中的关键人员和关键职位。谁是您的俱乐部经理？他的经历是什么？正如我们所讨论的那样，这位经理很可能就是您。但是，您仍需要阐明自己的角色和资格，既是明确自己的责任，也是满足潜在投资者的需求。您的企业结构中还存在（或将存在）什么其他职位？例如，其他经理或维护人员？您还雇用了谁或者您打算雇用谁？他们带来了什么？

可以在附录A和网络资源中找到管理计划的模板，并根据自己的目的对其进行修改。

商业计划示例

管理计划

管理团队

最初的管理团队由马克·纳丁（Mark Nutting）和希瑟·纳丁（Heather Nutting）组成。

马克·纳丁（Mark Nutting），CSCS*D、NSCA-CPT*D、ACSM HFD、ACSM CEP、RCPT*E、美国举重运动表现教练

Jiva Fitness 共同所有人、首席讲师和教练

马克·纳丁（Mark Nutting）拥有35年的私人训练和健身俱乐部管理经验。事实上，他正在为行业出版商 Human Kinetics 撰写关于私人教练业务的书籍。

马克是一名国际演讲家，他的大众健身训练营已经成为美国和国际会议的特色演讲。

作为一名技术娴熟的团体健身教练，马克也是一位屡获殊荣的私人教练，曾获得2016年度私人健身教练传承奖和美国国家体能协会2009年度最佳私人教练奖。

下面是马克在 Jiva Fitness 的一些职责。

- 全面管理。
- 社区推广。
- 市场营销。
- 私人训练。
- 私人训练管理与发展。
- 团体健身指导。

希瑟·施蒂纳·纳丁（Heather Stirner Nutting），NSCA-CPT、ACE CPT、AFAA CPT、康复后和高级健身专家

Jiva Fitness 共同所有人、首席讲师和教练

希瑟·纳丁（Heather Nutting）20年来一直是私人教练，并且已担任了15年的健身俱乐部经理。作为一名技术娴熟的主持人，她还是 MOSSA 集团中心国家级培训师，她举办的研讨会不仅涵盖了集团中心的材料，还涵盖了商业、营销和品牌的基本原则。

下面是希瑟在 Jiva Fitness 的一些职责。

- 团体健身管理。
- 社区推广。
- 市场营销。
- 私人训练。
- 团体健身指导。
- 团体健身计划管理和开发。

希瑟和马克拥有创业所需的大部分能力。将被雇用的人员是会计和薪酬人员。

会计和薪酬

PBC Services LLC 将以每月 100 美元的费率进行会计和薪酬核算。

设施维护

希瑟和马克将免费负责 Jiva Fitness 的设施维护。

财务计划

您需要制订一个包罗万象的财务计划。它应该包含所有的启动费用，比如翻新、器械、办公用品、计算机、保险和执照。它还应包括日常开支，比如工资、租金、公用事业、营销、清洁和维护用品。

除了预期的开支外，您还要包括预期利润。您的收入来自哪里？您期待什么样的利润增长？损益分析表明了什么？您预测月收入何时会超过月支出？3 年后的前景如何？

帮助我组织关于收入、费用和计划的想法的一个工具是思维导图（参见图5.1）。您可以像

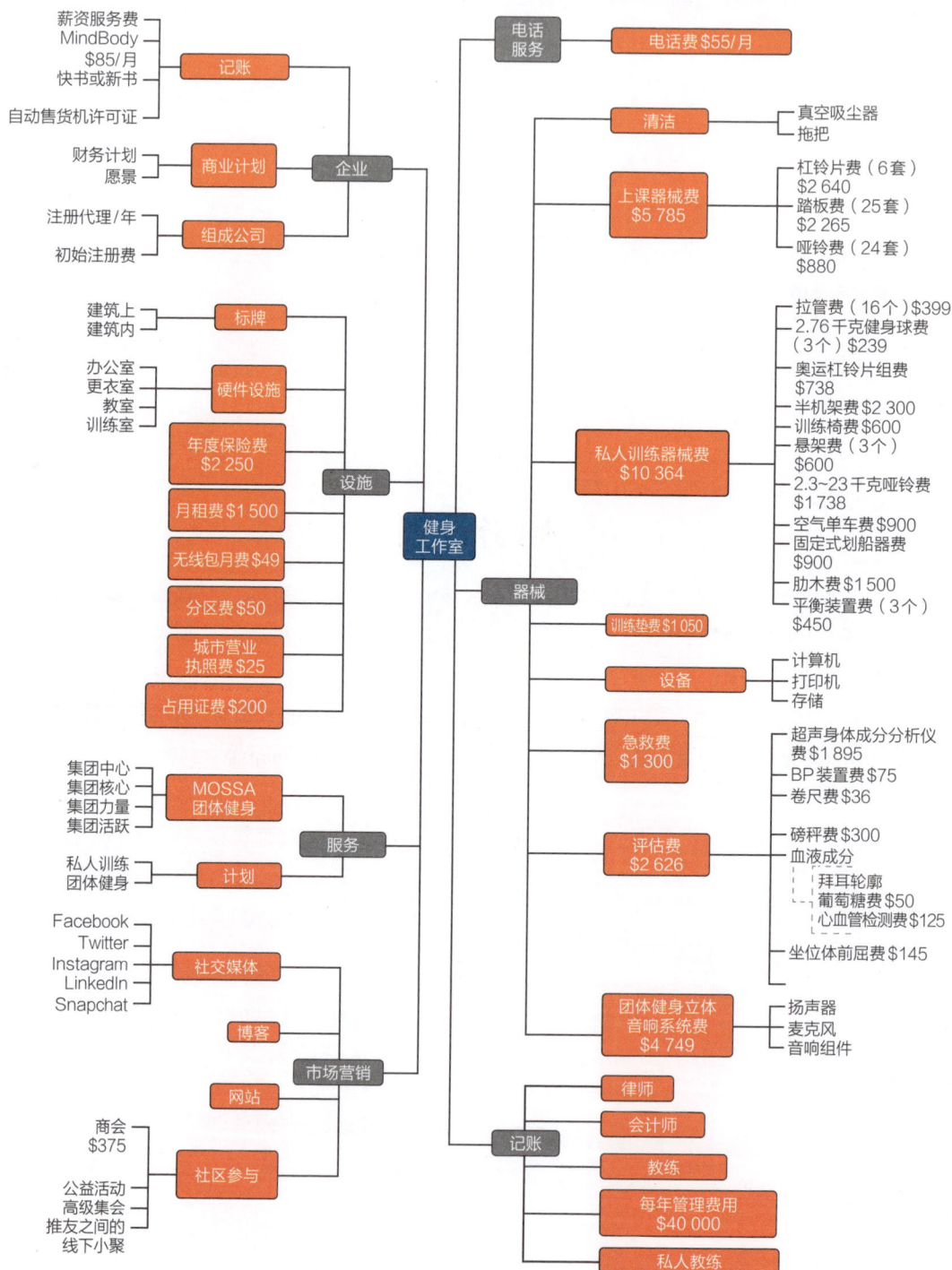

- 记账
  - 薪资服务费
  - MindBody $85/月
  - 快书或新书
  - 自动售货机许可证
- 商业计划
  - 财务计划
  - 愿景
- 组成公司
  - 注册代理/年
  - 初始注册费
- 企业

- 标牌
  - 建筑上
  - 建筑内
- 硬件设施
  - 办公室
  - 更衣室
  - 教室
  - 训练室
- 年度保险费 $2 250
- 月租费 $1 500
- 无线包月费 $49
- 分区费 $50
- 城市营业执照费 $25
- 占用证费 $200
- 设施

- MOSSA 团体健身
  - 集团中心
  - 集团核心
  - 集团力量
  - 集团活跃
- 计划
  - 私人训练
  - 团体健身
- 服务

- 社交媒体
  - Facebook
  - Twitter
  - Instagram
  - LinkedIn
  - Snapchat
- 博客
- 网站
- 社区参与
  - 商会 $375
  - 公益活动
  - 高级集会
  - 推友之间的线下小聚
- 市场营销

健身工作室

- 电话服务
  - 电话费 $55/月
- 清洁
  - 真空吸尘器
  - 拖把
- 上课器械费 $5 785
  - 杠铃片费（6套）$2 640
  - 踏板费（25套）$2 265
  - 哑铃费（24套）$880
- 器械
  - 私人训练器械费 $10 364
    - 拉管费（16个）$399
    - 2.76 千克健身球费（3个）$239
    - 奥运杠铃片组费 $738
    - 半机架费 $2 300
    - 训练椅费 $600
    - 悬架费（3个）$600
    - 2.3~23 千克哑铃费 $1 738
    - 空气单车费 $900
    - 固定式划船器费 $900
    - 肋木费 $1 500
    - 平衡装置费（3个）$450
  - 训练垫费 $1 050
  - 设备
    - 计算机
    - 打印机
    - 存储
  - 急救费 $1 300
  - 评估费 $2 626
    - 超声身体成分分析仪费 $1 895
    - BP 装置费 $75
    - 卷尺费 $36
    - 磅秤费 $300
    - 血液成分
      - 拜耳轮廓
      - 葡萄糖费 $50
      - 心血管检测费 $125
    - 坐位体前屈费 $145
  - 团体健身立体音响系统费 $4 749
    - 扬声器
    - 麦克风
    - 音响组件
- 记账
  - 律师
  - 会计师
  - 教练
  - 每年管理费用 $40 000
  - 私人教练

图5.1　Jiva Fitness 最初的头脑风暴思维导图和服务

在餐巾纸上书写或使用各种在线应用程序一样制作思维导图；例如，我使用了MindMeister。如果完成这个，您将很好地掌握您的费用。尽可能为图中的每个分支提供详细的信息。然后，可以将此内容传输到您为费用和收入创建的电子表格，如表5.3所示。

可以在附录A和网络资源中找到财务计划的模板，并根据自己的目的对其进行修改。

商业计划示例

财务计划：启动费用

表5.3　**Jiva Fitness** 的启动费用

预算项目	费用 ($)
一次性费用（不再支付）（N）	
注册费	534
分区批准申请	50
城市营业执照费	25
占用证	200
设备费	
团体健身杠铃片（4个6件套）	2 640
组健身哑铃棒（24套）	880
固定重量，各种手柄（10个4kg和10个6kg）	3 800
有氧健身踏板（25）	2 265
壁挂式肋木	1 500
哑铃（2.3~23千克）	1 738
可调式训练椅	600
悬挂设备	600
拉管	399
健身球	239
圆顶平衡装置	450
半机架	2 300
奥运杠铃	738
健身脚踏车	900
划船器	900
带麦克风和扬声器的立体声音响系统	5 000
训练垫	1 050
清洁工具	500
健康评估设备（例如，体重秤、身体成分分析仪）	1 300

（接下一页）

（接上一页）

预算项目	费用 ($)
一次性费用（不再支付）（N）	
设施搭建	
电话系统	2 000
HVAC	200
刷油漆	2 000
拆墙	5 000
更衣室	5 000
照明	2 000
升降台	500
标牌	300
风扇	800
家具	500
计算机、打印机、Wi-Fi、备份存储	3 500
年度费用（此处显示第一年的年度费用）	
LLC代理费	235
保险	2 250
音乐许可费	350
商会会员费	375
总启动费用	56 244

现在您已经弄明白开店会花多少钱了，但保持它们持续运营需要多少钱？要确定答案，您需要把每月的支出和收入都列出来。大部分费用都是固定的；其他费用，比如工资，在企业运营之前是不存在的。通过致电相关提供商进行研究，了解每个项目每月的成本。另外，收入预测需要您对业务将如何增长做出最好的猜测。建立您的业务需要一段时间，您需要预测每个月会看到多少增长。

在这里不要操之过急。如果不能保守一些，那就要现实一点。作为一名私人教练，您知道让客户将日程表排满需要几个月的时间。您的企业也不例外。每个企业管理者梦寐以求的第一个里程碑是盈亏平衡点：当您的月收入与您的每月开支相匹配时。换句话说，就是您的企业现在可以开始赚钱了！

制订此财务计划时，请询问自己每个月会有多少个新成员或客户。离盈亏平衡点有多远，每个企业的答案都不同，这取决于企业的每月日常管理费用。

以下是盈亏平衡分析的公式，该公式可以计算出您的收入与支出相同时所需的私人训练课程或会员数量：

盈亏平衡点 = 每月固定费用÷[1个单位的价格（课程或会员）-可变费用（比如支付给私人教练的%）]

或

$$BEP = FMC \div (P-VC)$$

例如，如果您的每月固定费用为4 233美元，课程的平均价格为65美元，而您支付给私人教练的报酬为50%（32.50美元），那么您的BEP为4 233÷（65–32.5），简化为4 233÷32.5，这表明每月需要大约130节课才能实现收支平衡。

我意识到，大多数私人教练倾向于根据每周而不是每月来计算他们的课程数。按每周计算，将每月130节课除以每月平均周数（每年52周÷每年12个月=每月4.33周）。使用该数字计算每周所需的课程数：每月130节课才能实现盈亏平衡，除以每月4.33周，等于每周30次课程才能实现盈亏平衡。

接下来，为您的企业制订预算时，对您需要多长时间才能达到盈亏平衡（每周30次课程）做出一个有根据的猜测。就Jiva Fitness而言，我们预计如果增长预测按计划进行，并且我们在支出方面没有遇到重大意外，那么我们将在9个月结束前实现盈亏平衡（前3个月见表5.4）。请记住，每个企业的盈亏平衡点是不同的。

商业计划示例

财务计划：每月支出和收入

表5.4　**Jiva Fitness** 的每月支出和收入

预算项目	第1个月	第2个月	第3个月
每月支出			
设施和运营费用			
租金	$1 500.00	$1 500.00	$1 500.00
电费	$200.00	$200.00	$200.00
贷款支付（基于100 000美元）	$2 000.00	$2 000.00	$2 000.00
有线和互联网	$49.00	$49.00	$49.00
电话	$150.00	$150.00	$150.00
记账和薪资服务	$100.00	$100.00	$100.00
水冷却器	$40.00	$40.00	$40.00
在线调度和支付服务	$85.00	$85.00	$85.00
日杂用品（比如纸张和卫生用品）	$50.00	$50.00	$50.00
网站维护	$59.00	$59.00	$59.00
薪金支出			
薪酬管理	$3 333.33	$3 333.33	$3 333.33
讲师薪酬（$25/课×# 次课/周×4.33周/月）	$1 082.50	$2 165.00	$2 165.00
私人训练薪酬（50%的私人训练收入）	$363.72	$909.30	$1 363.95
总月支出	**$9 012.55**	**$10 640.63**	**$11 095.28**

（接下一页）

（接上一页）

预算项目	第1个月	第2个月	第3个月
月收入			
会员收入			
班级会员费	$69.00	$69.00	$69.00
班级会员上限	200	200	200
每周的课程数	10	20	20
预计的班级会员人数	10	20	30
预计每月会员收入（会员费 × 会员人数）	$690.00	$1 380.00	$2 070.00
私人训练收入			
私人训练费用	$42.00	$42.00	$42.00
每周私人训练课程上限	40	40	40
每周的课程数	4	10	15
每月的课程数（平均每月为4.33周）	17.32	43.30	64.95
预计每月的私人训练收入（私人训练费用×课程数）	$727.44	$1 818.60	$2 727.90
总月收入	$1 417.44	$3 198.60	$4 797.90
每月净收入总额（收入−支出）	−$7 595.11	−$7 442.03	−$6 297.38

现在让我们看看表5.4中使用的一些数字是如何确定的。团体健身上限是通过考虑教室的大小来设定的，每次每班允许20名学生参加。因此，如果我们每周提供20节课，那么我们每周就有400个名额；由于每个人平均每周上两节课，因此我们有200个会员名额。

收入增长的预测始于每周提供10节课，并在第一个月获得10个团体健身会员。是的，每个班平均只有一个人。虽然我们可以提供更少的班并按班收费，但我们希望从一开始就推广会员理念。因此，我们选择从10个班开始并从此开始努力。然后，我们在第2个月又增加了10个班，还增加了10个会员名额。在第3个月，班级数保持不变，并预计再增加10个团体健身会员名额。

每周的私人训练上限基本上是每周每位私人教练20节课（这是我们想要做的最大数量），仅从希瑟和我开始。这种方法让我们每周最多上40节课。当然，随着我们增加班数和私人教练，上课次数和会员数都会增加，但在头几个月内不会出现这种情况。

私人训练的目标收入从第一个月我们两个人每周上4节课开始。我们在第2个月每周上10节课，第3个月每周上15节课。这些目标实际上有点偏高，因为我们想要挑战自己以实现这一目标。如果您认为降低预期成果有助于您做好财务准备，则可以选择在预算中更加保守一些。无论哪种方式，您都需要意识到很容易高估或低估实际数量。许多人会说您必须要有一个高的目标，但是预测较低的结果并不意味着当您达到目标时就会停止。相反，您可以挑战自己，询问自己，"我怎么能证明此数字是错误的？"

您的计划有哪些假设？当然，您的增长计划与您的营销计划紧密相关，我们稍后会讨论这个问题。作为收入增长的一部分，您还必须考虑员工的增长。有了摆在您面前的一切，您就可以开始管理了，看看在哪些方面可以削减开支，哪些方面可以增加收入。例如，您可以提供哪些其他产品或服务？

所需资金

有了财务预测，并且知道您个人能带来多少资金，您需要多少额外的资金？请记住，您不仅仅是在寻找能够开店的钱。仅包含启动费用是不够的，因为在一段时间内您将无法支付每月费用。例如，就Jiva Fitness而言，启动费用总计为56 244美元（见表5.3），并且前几个月每月净收入为负（见表5.4）。我们预计，在业务运营的前8个月里，这笔额外的债务将累计达到37 275.42美元。如果我们不处理这笔债务，公司的财务就会出问题。

正如这个例子所示，您需要获得足够的经济援助，以启动您的企业，并帮助您完成企业的自我维持（可能需要一点时间缓冲）。这就是为企业提供成功机会所需的资金。对于Jiva来说，所需资金是56 244美元+37 275.42美元=93 519.42美元（见表5.5），这就是为什么要求的贷款额是100 000美元。下面是公式：

启动费用+累计债务＝所需资金

如果一切按计划进行，每个月的收入都会让您更接近成功应付每月开支。例如，您可能还记得，Jiva Fitness计划预计在第9个月成功应付每月开支。表5.5显示了前9个月的月度预测，您可以看到每个月的赤字减少。在考虑您的预测时，您可能会重新考虑您需要多少资金才能启动企业。您能找到更多削减开支的地方吗？

可以在附录A和网络资源中找到所需资金的模板，并根据自己的目的对其进行修改。

> **商业计划示例**
>
> ## 所需资金
>
> 表5.5　业务增长期间每月累计净亏损
>
> | 月 | 净赚($) |
> |---|---|
> | 1 | −7 595.11 |
> | 2 | −7 442.03 |
> | 3 | −6 297.38 |
> | 4 | −5 152.73 |
> | 5 | −4 008.08 |
> | 6 | −3 404.68 |
> | 7 | −2 260.03 |
> | 8 | −1 115.38 |
> | 9（成功应付每月支出！） | 29.27 |
> | **第1个月至第8个月的总额** | **−37 275.42** |
>
> | | |
> |---|---|
> | 启动费用： | $56 244.00 |
> | 达到盈亏平衡之前的累计债务： | $37 275.42 |
> | 所需的总资金 | $93 519.42 |

营销计划

　　为了建立您的业务，您需要获得目标市场的支持，因此，营销计划对您的成功至关重要。为了制订计划，请仔细考虑您的目标市场，然后有的放矢地把您的时间、精力和金钱花在那里，以便与该市场建立联系。例如，您可能会决定使用社交媒体，创建网站，邮寄印刷品以进行直接营销，拿出报纸广告时间宣布重要事件或新计划，出现在电视上（可能是专门用于突出显示新业务的本地节目），在高峰时段购买广播广告，赞助或举办社区活动或会议，或使用这些选项的组合。确定营销活动的时间以及您将花费多少钱，您的一些促销活动可以安排在节日、假期、重要的当地活动或与非营利组织筹款人合作的时候。

　　可以在附录A和网络资源中找到营销计划的模板，并根据自己的目的对其进行修改。

> **商业计划示例**
>
> ## 营销计划
>
> 　　由于Jiva Fitness专注于创建互联社区，因此我们将主要依靠有助于我们与潜在会员建立关系的方法。所有方法都是低成本或无成本的。它们包括以下内容。

- 社交媒体：Jiva Fitness 已经在社交媒体上创造了一席之地。可能的途径包括 Facebook、Twitter、YouTube、Instagram、LinkedIn、Snapchat、Pinterest、Tumblr 和其他。在与潜在客户建立联系时，创建信任并成为他们的宝贵资源非常重要。我们将通过向他们提供信誉良好的有关健康和健身文章等资源，让他们参与对话以及回答他们的问题来实现这一目标。建立信任后，Jiva Fitness 将发布有关私人训练和团体健身课程的优惠。这些广告帖将每周发布一次，而互动和信息共享将持续进行。
- 公司网站——Jiva Fitness 将建立一个在线网站，提供我们服务的描述和有关我们公司的重要信息。
- 盛大开幕式和剪彩仪式——本次活动将得到当地商会和伊斯顿商业协会的支持。
- 季度开放参观日——Jiva Fitness 将于每年 1 月、4 月、7 月和 10 月邀请社区成员参加我们的免费课程、赠品和特别奖品，因为这几个月正好是 MOSSA 每季发布新团体健身材料的时候。
- 一年两次的减肥挑战——这个为期 8 周的免费挑战将于 4 月和 11 月开始。奖品将由当地企业捐赠。这项工作将需要很少的管理时间。因此，它提供了在社区中提高 Jiva Fitnes 知名度的简单方法。
- 主办福利训练营——在万圣节前夕或临近的时候，Jiva Fitness 将为全家人举办一个训练营，并向当地的慈善机构提供入场费。
- 联络——Jiva Fitness 位于伊斯顿市中心，预计当地企业员工将成为我们会员的重要组成部分。我们将通过商会、伊斯顿商业协会和 Easton Main Street Initiative 等团体与其他企业建立联系。
- 假期——假期是家庭活动日，Jiva Fitness 将在特定假期为会员亲属提供免费的课程通行证。
- 女性健康展会——Jiva Fitness 将以 200 美元的价格在当地的女性健康展会上租用展位。

预测未来

　　正如本章开头所述，商业计划是一种有根据的猜测。因此，一旦您制订了计划，就需要意识到事情不会总是按照计划进行，不管您想的多么仔细。例如，以下是我看到的两个不可预测的发展。

- 在一位企业家成立健身中心两个月后，就在几个街区之外开了一家类似的健身中心。您可以想象，意外的竞争削减了他的市场，并减缓了俱乐部的增长。
- 另一家健身中心的所有者预计，她自己的私人训练将在她的业务增长中占很大比例。然而，她忙于经营业务，没有足够的时间来承担她预计的客户数量。

　　在第 2 个例子中，公司的所有者需要雇用额外的私人教练或外包她的企业任务。关键问题是企业任务是否可以外包。一些任务，比如数据输入、会计和设施维护，确实可以提供给其他人。但是，如果让您忙碌的事情涉及有关贵公司品牌的决策，那么您可能是唯一一个对公司有足够了解且能够胜任此职责的人。如果是这样，那么就该聘请另一位私人教练了。

与此同时，事情与计划的不一样并不总是件坏事。以下是我看到的一些惊喜。

- 一家新开的工作室发现了一位大公司所有者的粉丝，他把所有高管都派到工作室接受训练。这笔意外收获使工作室的增长率远高于业主的预期。
- 另一家俱乐部因其最大的竞争对手意外倒闭而获益，因为其全体会员都在寻找新的锻炼场所。剩下的俱乐部一下子就增加了数百名新会员。

更多内容

我希望您从本章中学到的是，撰写商业计划是您业务准备的必要组成部分。它使您充分了解自己的商业想法。每个部分都会提示您深入了解详细信息，这些信息将作为您构建业务的指南。

以下是这些部分的摘要。您的业务描述为您将做出的关键决策设定方向。它解释了为什么要创建此业务，您将解决的问题以及解决方法。市场分析和人口统计部分记录了您的目标市场在当地存在的数量足够大，以使您的业务可行。竞争分析会检查您的竞争对手，并与市场中的类似业务进行比较，分析您自己的优势和劣势。管理计划针对贵公司的主要参与者，您是否有合适的人员来帮助您建立业务？

接下来，财务计划会给出明确的数字，表明您开店所需的内容以及未来收入的预计数字。此分析在所需资金部分继续进行，在该部分中，您将综合财务计划中包含的信息，以确定在向盈亏平衡点努力的过程中，您需要多少投资才能履行财务义务。然后，营销计划解释您如何进入潜在市场。具体而言，它表明您的市场在哪里，您将使用什么策略来提高您的服务意识，如何与您的市场成员建立关系，以及您将如何说服他们成为会员和客户。最后，执行摘要将所有内容整合在一起，确保您能够清晰简明地解释您的计划。

一旦您的商业计划完成，您已经完成了尽职调查，并且尽可能做好准备。当然，与此同时，您无法预测未来，这意味着您应该随着情况的变化准备好调整您的计划。如果您允许计划是动态的，那么它就可以在整个企业生命周期中继续为您服务。

第6章将讨论您的企业结构。这包括来自合法业务实体的所有内容，以及您是否应该合并以创建报告层次结构和设置业务系统。拥有合适的企业结构可确保您的业务在法律上安全并高效地运行。

第6章

确定企业结构

就像房子一样，如果没有坚固的底层结构，企业就会崩溃。因此，本章涵盖了为企业运营奠定基础的决策，无论您是独立承包商还是业主。这些决策涉及您企业的法人实体类型、您将建立的人员配置层次结构以及您将用于运营企业的系统文档。如果您是一名在健身中心工作的私人教练，那么本章讨论的大多数与企业相关的主题将不适用于您的日常工作。但是，我仍建议您阅读本章，以了解雇主的业务是如何建立的。

选择一种企业实体

您为企业选择的法人实体类型将影响您在法律事务中如何受到保护、如何纳税以及如何经营您的企业。因此，您需要考虑所有这些方面，以便明智地做出决定。表6.1总结了独资企业、合资企业、小型公司、常规公司和有限责任公司实体类型及其主要优势和劣势。

表6.1　**企业实体类型**

实体类型	描述	主要优势	主要劣势
独资企业	企业与业主是不可分的	• 它是最简单的建立与运营方式 • 它的税率最低	如果企业产生债务，业主将对此负责
合资企业	该企业有两个或更多的业主	• 建立与运营方式简单 • 它的税率最低 • 责任是共享的	如果企业产生债务，业主将对此负责
常规公司	这种结构使业主免于承担财务责任	• 它可以通过出售公司股份来筹集资金 • 它允许轻松转移所有权 • 公司的生命可能是持续的	建立和运营成本更高 它需要双重征税 公司履行义务可能既复杂又耗时
小型公司	这种结构使业主免于承担财务责任	• 它可以通过出售公司股份来筹集资金 • 它允许轻松转移所有权 • 它是一个"传递"实体（不作为公司征税）	它的股东人数限制在100人以内 股东必须是美国公民或永久居民 股息必须按所有权分配
有限责任公司	这种结构使业主免于承担财务责任	• 与常规公司和小型公司相比，建立更简单且成本更低 • 它涉及较少的持续文书工作 • 它允许灵活分配利润 • 它很容易终止	它本质上是不可转让的 业主必须缴纳自雇税，并按季度向美国国税局支付款项

独资企业

许多私人教练是独立承包商或独立的私人教练，他们自己独立工作，而不考虑其作为一个独立实体的企业。他们认为，"我要出去在他们的家中训练他们，他们给我开支票，我只是在照顾生意。"在这种情况下，您就是您的企业，您的企业就是您。这是独资企业，是最简单的创业方式，因为您和企业之间不分彼此。此外，它还须缴纳各种企业中最简单、最低的税款。在提交纳税申报表时，您的收入、费用和损失将在美国国税局附表C中与个人表格1040一起报告。

设立和运营独资企业的便利性使其成为最常见的企业实体。但它是最适合您的吗？这是一个大问题，答案取决于您想要提供的服务以及您希望提供服务的位置。作为独资经营者，您必须亲自投保以免受伤害责任索赔。对于私人教练，通过您的认证机构或保险机构获得责任保险可以满足这一需求。假设没有此类保险，如果有人受伤并对您提起诉讼，您可能会马上破产。

其他一些情况可能需要额外的保护。例如，如果作为独资经营者，您可能要签署一份抵押贷款、长期租赁合同，或者以赊账的方式购买设备，考虑这样一个事实：您可能会发现自己无法满足商定的付款时间表。在这种情况下，您可能要为剩下的债务承担个人责任。在这种情况下，独资企业可能不是最佳选择；相反，公司可能是一个更好的选择，因为它提供了金融负债保护。

一些独资经营者为了让自己的企业听起来更专业，他们会给自己的企业起名为Mark's Fitness而不是Mark Nutting，并以某公司或商号的名义在该州注册该名称。创建DBA使您能够更有效地建立公司品牌，并允许您开立商业银行账户以支付账单和获得收入。但是，请注意，仅仅注册您的名字并不会以任何方式保护您。作为独资经营者，您仍然需承担所有债务。

您还必须申请州或地方政府要求的任何营业执照或许可证，这些要求因州而异。有关此主题的更多信息，请参阅美国小型企业管理局的在线资源。您可能需要的表单示例包括DBA应用程序、州营业执照和城市营业执照。

合资企业

也许您不想自己经营一家公司，想让一个朋友、同事或配偶加入您的企业中。由两个或更多人共同经营的企业称为合资企业。通过这种安排，您可以分享责任，并从多个观点中获益，了解如何开展业务。

无论您对其他人有多了解，都应通过建立合伙协议来正式确定合伙关系。在合伙协议中，您必须准确地说明如何处理企业的各个方面。例如，谁负责企业的哪些部分，如何处理财务和利润，如果您破产或一个合伙人离职会发生什么，以及如何分配企业债务。

伙伴关系有以下3种基本类型。

- 普通合资企业的几个业主对经营和债务负有同等责任。
- 有限合资企业至少有一个有限或"沉默"的合作伙伴，他作为投资者向企业提供资金，但不承担任何企业运营或债务。

- 合资企业的经营方式与普通合资企业相似，但仅限于有限的时间，比如一个特殊项目的期限。

与独资经营者一样，所有合伙人（有限合伙人除外）均对所有债务承担个人责任。

无论您是独资经营者还是合资企业的一部分，您都要对自己的收入以及社会保障和医疗税负责。根据美国国税局的说法，"作为一个自雇人士，一般来说，您需要提交年度申报表并按季度缴纳估计税。自雇人士一般必须缴纳自雇税和所得税。自雇税是一种社会保障和医疗税，主要针对为自己工作的个人"（Internal Revenue Service, n.d.）。注意遵守规则。

公司

公司是独立于业主而存在的实体。因此，尽管您可能是为企业做出法律决策的人，但从技术上讲，是企业进行雇用、解雇、贷款和签订协议。换句话说，公司与其业主是分离的。因此，与独资企业和合资企业不同，公司为其业主或股东提供有限责任保护。这种分离意味着业主仅对他们在公司投资的金额负责。

例如，我的妻子希瑟和我在Jiva Fitness投资了30 000美元。假设Jiva Fitness无法支付其商业贷款和违约金。希瑟和我的损失不会超过我们投资的30 000美元。公司将负责其余部分并可能需要宣布破产，但这一结果不会影响到我们的个人财务状况。

公司通过出售股票也有更大的筹资能力。

您有什么损失？

通过有限责任公司、小型公司和常规公司限制您的责任能保护您的个人财务和财产免受公司的责任索赔。这些方法将企业创建为与所有者、成员或股东分离的实体。如果没有这种合法的分离，那么针对您的企业提起诉讼，您可能面临的损害赔偿不仅包括您公司拥有的任何财产，还包括您个人拥有的任何有价值的财产，比如您的存款、车或住宅。强烈建议您不要冒这个风险；相反，将公司设置为最符合您需求的受保护实体类型，并保护您的个人资产。

常规公司

虽然常规公司类别可能被认为是"大型"公司，因为它包括微软、苹果、谷歌、通用磨坊和埃克森美孚等公司，但当任何人决定加入公司时，它也是默认的类型。换句话说，"所有公司都是常规公司（在税法的第C节下），除非他们申请小型公司。如果您不采取行动，您的公司就是常规公司"。

许多健身俱乐部，特别是连锁店，都是常规公司。其他一些俱乐部则是小型公司或有限责任公司。您是否以常规公司的身份开展业务，应该基于您对公司的长期愿景。您打算如何融资？您希望如何管理它？

下面是常规公司的一些优点。

- 它允许您通过出售公司股票（可能数百万美元）来筹集资金。
- 它允许通过出售股份轻松转让所有权。
- 公司的生命可以持续（因为它不仅限于业主的生命）。

下面是常规公司的一些缺点。

- 与其他企业实体相比，其建立和运营成本更高。
- 此类公司被双重征税；也就是说，在将所有利润分配给股东之前都要对其征税，而当股东们收到股息时（同样的钱）又要对其征税。单是这一方面，对于小型企业来说，常规公司通常不是一个好选择。
- 履行公司义务可能既复杂又耗时。例如，董事会维护、定期会议（记录会议记录）和大量文书工作。

小型公司

小型公司是根据美国国内税收法典第S章的规定而命名的。像有限责任公司一样，小型公司在征税之前将利润转给业主，从而避免了常规公司的双重征税劣势。当然，小型公司业主的收入需要缴税。

小型公司有以下优点。

- 与常规公司一样，它能出售股票来筹集资金。
- 它可以轻松转让所有权。
- 它是一个"传递"实体，意味着它（通常）不作为一个公司征税。股东可以为他们所做的工作支付薪水，而且他们只需要支付通常的所得税。然后，小型公司可以将剩余的净收入作为股息支付，这些股息的税率低于常规公司。

下面是小型公司的一些缺点。

- 仅限100名股东。
- 股东必须是美国公民或永久居民。
- 股息必须按所有权百分比分配。例如，如果您拥有10%的股份，您只能获得10%的利润，无论您在公司的参与程度如何。

有限责任公司

与常规公司和小型公司一样，有限责任公司有权保护其业主不承担财务责任。与小型公司相似但没有所有权限制，自1988年美国国税局首次批准有限责任公司以来，有限责任公司已经出现了大幅增长。例如，2013年在一些州，超过一半的新企业注册是有限责任公司（Nickels, McHugh, & McHugh, 2013, p.128），这可能是因为有限责任公司更易于组织和管理。但是，它是一种混合方式，能以公司或合资企业的形式向国税局提交申请。

下面是有限责任公司的一些优点。

- 与常规公司或小型公司相比，成立更简单且成本更低。
- 它需要较少的持续文书工作。
- 它允许灵活分配利润。例如，如果一个业主在公司中做的工作更多，那么此人可以获得更多的利润。
- 这种企业类型容易终止。

下面是有限责任公司的一些缺点。

- 在没有转换为常规公司的情况下，有限责任公司在本质上是不可转让的；因此，如果其中一个业主死亡或离开，有限责任公司可能必须解散。
- 业主必须就所得收入缴纳自雇税，并每季度向美国国税局缴纳税款。

对于小业主来说，有限责任公司和小型公司都是可行的选择。我推荐大多数与健身相关的初创公司采用有限责任公司的形式，因为它提供了所需的有限责任，更容易成立和解散，也不需要更多的公司文书工作和繁文缛节。但是，在选择企业实体时，请咨询律师，以确保所选类型最适合您的特定需求、负债水平以及您对公司的愿景。

发展组织结构

除了选择合法的企业结构外，您还需要对组织结构做出决策。您可以在此定义员工职责并建立清晰的报告。企业的组织结构通常在很大程度上取决于其规模。

多年来，人们已经认识到建立有效组织结构的重要性。亨利·法约尔（Henri Fayol）被公认为管理过程学派的创始人，他于1916年首次用法语出版了他的公司结构原则，并于1929年和1949年被翻译成英文。值得注意的是，法约尔在1916年所写的内容至今仍在使用。

让我们了解一下法约尔的公司结构原则，并考虑它们如何适用于我们作为私人教练的工作。这些原则中有许多似乎是显而易见的，但那是因为它们在商业世界中根深蒂固，以至于我们现在认为它们是理所当然的。了解这些原则之后，我将扩展一些更现代和更灵活的选项。无论您在哪个级别工作，是否在健身中心工作，您都会认识到这些原则中的一个或多个，并且可能每天都会看到它们。

❶ 工作分工：当员工被分成小组或团队并分配特定任务时，他们会变得更加熟练和高效。因此，当您作为全职私人教练工作时，您可以施展更高的技能，并更高效地与客户合作。当然，兼职私人教练不会积累多少小时的经验，因此可能不太熟练。

❷ 权威：授权经理必须告诉员工该做什么，经理必须承担责任并对完成任务负责。在健身环境中，私人训练经理或主管必须能够要求员工接受私人培训师的某些东西，以帮助公司实现其目标。

❸ 纪律：对我而言，纪律归根到底就是每个员工都应该尽其所能。当这种情况没有实现时，应该采取适当的惩罚措施。我曾经为一个健身中心公司管理者工作，当我的员工迟交工资单时，我无法管教他们。结果，我不得不估算他们的工资，然后在下一个工资期间进行调整。这种情况表明了两件事：我做了更多工作，并确定不按时交工资单是可以的。其实这个问题很容易解决，只要说："没有工资单，就没有工资！"就可以了。

❹ 命令统一：俗话说"人多误事。"员工必须只向一位直接经理或主管报告，以便清楚地了解谁领导他们。当然，这个问题会让我们的行业蒙上阴影。我以前在健身中心担任健身指导，负责所有的私人教练。我的妻子希瑟是团体健身经理，她负责所有的课程和教练。因此，当她进行私人训练时，她在我的指导下工作；同样，当我教团体健身课时，我在她的指导下工作。这里的关键是，如果您在多个部门工作，则您现在的职责决定了您向谁汇报工作。

❺ 统一方向：在一个经理或主管的领导下，组织或部门应该追求一个共同的目标。正如您可能已经猜到的那样，这种统一源自于企业的使命陈述和口号（参见第5章），它们使每个人都朝着同一个方向前进。

❻ 个人利益服从公司利益：简单地说，公司的利益是第一位的。您想做的任何事情都不得取代公司的优先事项或与公司的优先事项发生冲突。当您作为健身俱乐部的员工工作时，您必须始终明确俱乐部的使命，不做任何破坏它的事情。如果您是一个独立承包商或独立私人教练，

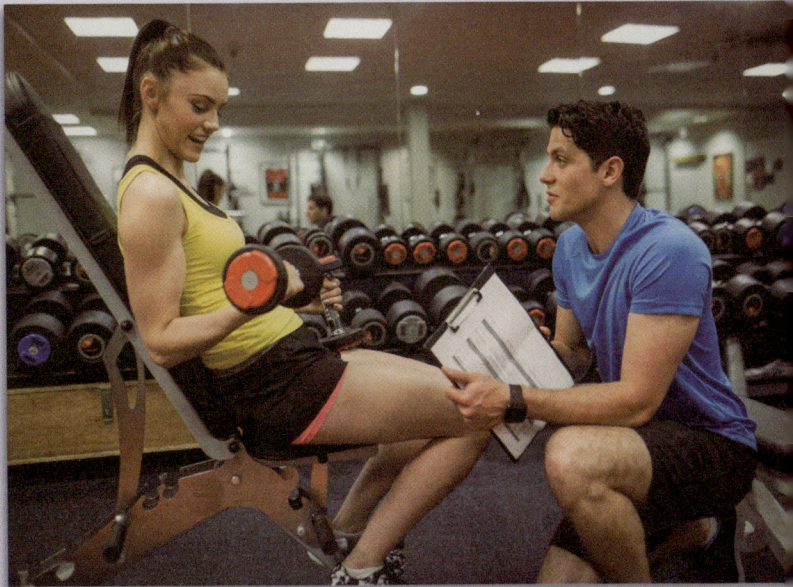

明确的组织结构可以带来自治、团结和团队精神

在多个健身俱乐部工作，那么您需要遵循目前正在训练客户的特定健身俱乐部所设定的规则和指导方针。

❼ **薪酬**：员工薪酬必须公平，并充当提高生产力的动力。薪酬并不总是以金钱的形式出现，但为了留住一名员工，薪酬必须是合理的。当然，如果您自己就是一名雇员，那么这个原则就能支持您获得公平的工资。

❽ **集中化**：这个概念指的是员工与决策过程的距离。法约尔赞成集中化，或者让员工远离决策过程。这种方法可以比作经典的自上而下的管理方式，其中所有决策都在层次结构的顶层进行，并通过等级制度向下传递。这种"我说了算！"的制度为顶层人员提供了一定的优势，但对一线员工或公司本身来说这可能不是最好的，因为这让员工无法决定如何完成工作。如今，许多公司采用一种更加分散的结构，允许所有员工更自由地交流想法和解决方案。对我来说，最好的方法是让您的员工充分参与进来，让您了解他们必须处理的事情，然后做出对所有相关人员（包括公司及其员工）最有利的决定。如果您是一名员工，当您觉得自己有什么有价值的事情要说的时候，大胆地说出来，发表自己的观点。

❾ **等级链**："等级"一词只是指建立一个明确的指挥链或层次结构，并确保员工了解他们在该链中的位置。换句话说，他们必须知道，如果俱乐部会员发生了他们无权处理的问题，他们应该去找谁。下一节将进一步讨论这个主题。

❿ **秩序**：这个项有不同的翻译方式。它包括了从保持工作场所清洁和安全到尽量减少努力和材料的浪费的一切。就我们的目的而言，这意味着应密切关注健康俱乐部中的操作系统，以便最大限度地提高安全性和效率。

⓫ **公平**：管理者应该平等对待所有的员工，既善良又公正，所有的员工都应该礼待和尊重上司。

⓬ **人员的稳定原则**：员工流动耗费了企业的精力和资金，管理层应该努力留住有生产力的员工。事实上，由于新员工的培训需要花费大量的时间、精力和金钱，因此离职是一笔巨大的开销。这种情况既发生在服务台员工身上，也发生在私人教练身上。

⓭ **主动性**：管理层应积极调动员工的主动性，因为这样做有利于组织。这一原则似乎与法约尔的集中化理念有点矛盾，但被赋予权力的员工对自己的工作感觉更好。因此，他们可以帮助提高公司效率，并帮助更多人。希瑟和我在附近的俱乐部上课时看到了一个反面例子，原来俱乐部的网站列出了错误的时间，我们到达的时候已经开始上课了。此外，服务台的工作人员说我们在上课前要先见一名销售人员，但当时这名销售人员很忙。当我们询问能否在上完课后见面时，服务员说："我不能让你们这样做。我会有麻烦的。"我们离开了。

⓮ **团队精神**：法约尔明白公司的成功取决于公司精神和员工之间的团结。如今这个原则更受重视。

每个公司都希望员工是快乐的团队成员，每个员工都希望在一个积极的环境中工作。实现这一愿景，在很大程度上取决于建立一个强有力的使命陈述和口号，以及聘用具有相同价值观的个人。这样做会创建一个具有一致目标和同志情谊的团队，让成员朝着同一个目标努力。

设置指挥链或报告链

配置人员层次结构本质上是一个既定的指挥链或报告结构。用法约尔的话来说，它就是等级链。对于规模较大的公司而言，经典的层级结构包括业主或总裁与一线员工（即直接与客户打交道的员工）之间的许多等级。相比之下，在扁平的组织结构中，从业主或首席执行官到一线员工之间的等级较少。有一种观点认为，最好使用一个比较扁平化的组织，这样更容易与员工接触。这实际上取决于公司的规模。我曾经在一家健康俱乐部公司工作，该公司雇用了1 700多名私人教练。如果所有人都直接向首席执行官报告（更不用说其他部门的所有员工了），您能想象一下有多混乱吗？这是行不通的，必须有一个等级制度。

话虽如此，与一线员工保持联系的想法很棒。有谁比一线员工更清楚我们的客户是否喜欢我们的计划、课程和设备呢？听取这些员工意见的一种方法是鼓励他们提供关于客户和会员的真实反馈。您还可以让这些员工为出现的问题提供解决方案。采用可行的想法，并称赞提出这些想法的员工。

另一种与一线员工保持更多联系的方式是采用"走动式管理"，这种做法因1982年出版的《追求卓越》（*In Search of Excellence*）而出名。许多部门经理、总经理和业主都使用此方法。这样做的目的是为了走出办公室，让为您工作的员工更容易接近您。与所有级别的人交谈，询问他们的建议，并回答他们的问题。要使此方法有价值，您必须将其作为常规例程，而不是一次

无论您的俱乐部规模如何，员工指挥链都很重要

性交易。如果您是一名员工，经理或主管会以这种方式接近您，那么您要表现得外向、有责任心。这是一个给人留下好印象并表明您是公司重要成员的机会。

常见的层次结构

图6.1~图6.4以健康俱乐部为例，列出了一些常见的企业结构：部门结构（图6.1）、目标市场细分结构（图6.2）、地理区域结构（图6.3），以及Jiva Fitness的扁平结构。这些例子相当简单，但在实际操作中，公司的结构可能涉及各种类型的组合。例如，想象一下一家具有全球影响力的公司，它可能包括分配到特定地理区域的部门，还包括每个区域内某些产品类型的单独管理部门。例如，健身设备公司通常具有区域代表，如果他们具有多个设备线，他们可能在每个地区的每个生产线都有不同的代表。公司还可以对每个细分市场中的营销和销售等功能使用单独的管理（美国的营销工作可能在亚洲不起作用）。关键是要找出最适合贵公司的结构。

图6.1显示了按部门划分的健身俱乐部的经典分级报告结构。

相比之下，图6.2显示了按目标客户划分的健身俱乐部的层次结构。这种方法不太常见，但我在一些俱乐部见过这种层次结构，其中每个客户群体或会员类别都有自己的主管、营销团队和项目协调员。

图6.3显示了按地理区域划分的健身俱乐部连锁的层次结构。这种模型在大型组织中更常见，通常在层次结构的层次中集成图6.1所示的经典结构。

图6.4显示了Jiva Fitness的扁平组织结构。这种模式在小型工作室中很常见。我的妻子希瑟和我共享所有权，但为了避免混淆谁做什么，我们各自承担责任。我们的企业没有经典细分，因为我扮演各种角色，包括共同业主、业务经理、私人训练经理和设备维护处理员。希瑟也担任共同业务，同时扮演各种其他角色。因此，我们业主直接与一线员工接触，有时我们自己就

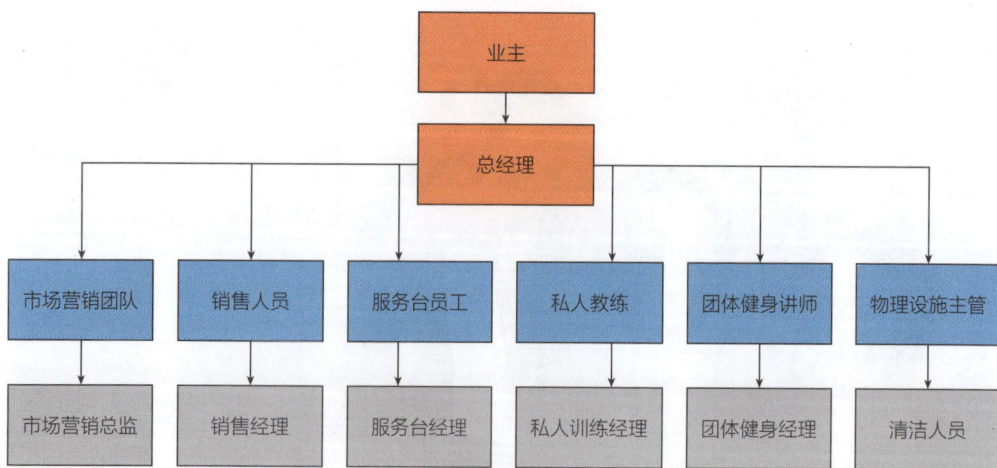

图6.1 按部门划分的健身俱乐部的经典的分级报告结构

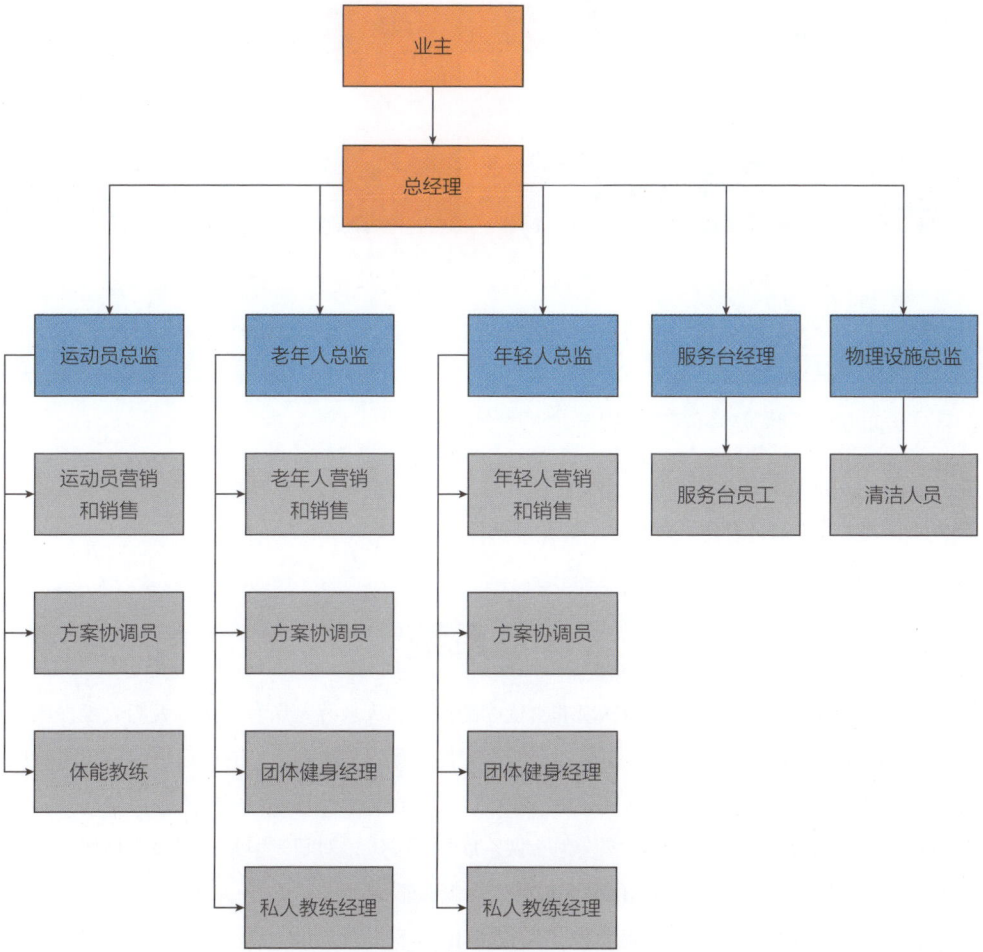

图6.2　按目标客户划分的健身俱乐部的分级报告结构

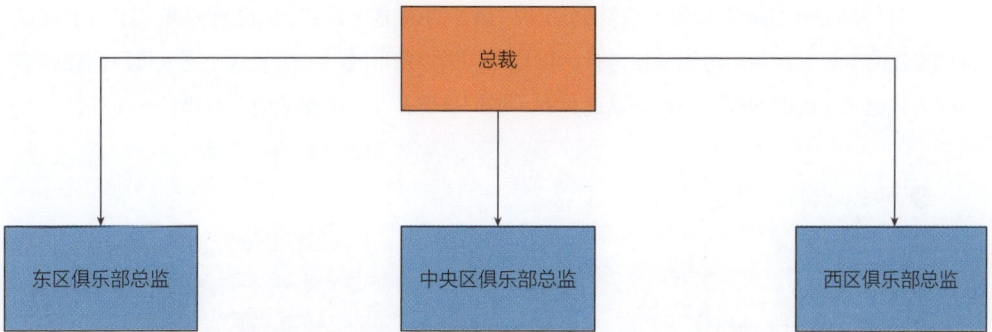

图6.3　按地理区域划分的健身俱乐部连锁的分级报告结构

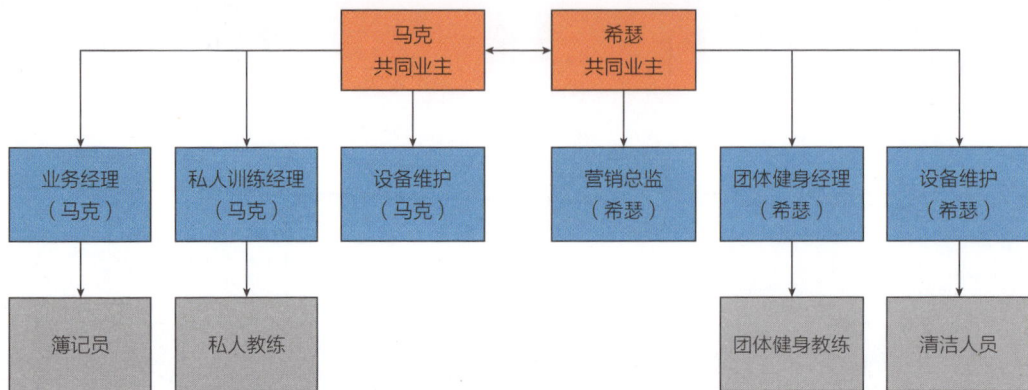

图6.4 Jiva Fitness 的扁平组织结构，其中每个人都身兼数职

是一线员工。如果您决定创办一家健身初创公司，您可能会发现，这种由一个人同时担任多个职位的管理方式也最适合您，至少在一开始是这样。

开发系统

假设您已经花了数年时间成为一名非常优秀的按需私人教练。您有办法让人们放松，从他们那里得到最坚定的承诺和努力。因此，您的客户往往更容易达到他们的健康、健身和绩效目标。这是您的名声，这是真的（您只是诚实而已！）。现在您想要帮助更多的人，但是您在白天只有这么多时间与他们一起工作。您会怎么做？雇用更多人，对吧？但是，如果您是唯一可以按照您想要的方式去做想做的事情的私人教练，您怎么能做到呢？

在过去，商人会安排一个学徒来学习工作的细微差别并帮助做生意。然后，在学徒期结束后，学习者可以自由地继续与同一个管理者工作或启动一项新的业务。学徒制的问题在于，他们对老师来说非常耗时；因此，如果您已经快没时间了，那么您需要找到另一种方法。

一种解决方案是开发教导他人复制您所做事情的系统。事实上，您已经开发了用于完成自己工作的系统。您明确地知道该做什么以及如何做。您可能没有做的是让别人可以消化和学习的方式记录您所做的事情。要开始此过程，请记录您在一天内完成的所有事情。下面是一个例子。

❶ 早上5点45分到达工作室开门。

❷ 打开前门。

❸ 打开灯。

❹ 关闭电话的自动应答。

❺ 打开计算机。

❻ 将标志从"休息"翻转为"营业"。

❼ 接电话。

❽（重新）安排私人教练的客户。

❾ 其他。

这是一个很好的开始，但是为了从新员工那里得到您想要的东西。以下是带有问题的相同列表，可帮助您充实文档。

❶ 早上5点45分到达工作室开门。这时候到达您能做什么？这个时候去那里很重要？

❷ 打开前门。还有什么其他人需要知道的吗？例如，我曾经有一套双开门，要求我用钥匙打开第一扇门，然后翻转顶部杠杆和底部杠杆以打开第二扇门。

❸ 打开灯。它们在哪里？

❹ 关闭电话的自动应答。它在哪里？怎么把它关掉？

❺ 打开计算机。它在哪里？怎么打开它？

❻ 将标志从"休息"翻转为"营业"。在前门？为什么要在一切都完成后才这样做？

❼ 接电话。您希望员工使用什么问候语？他们的语气应该是什么样的？（答案似乎很显而易见，但并不是每个人都清楚。请写出来。）

❽（重新）安排私人教练的客户。您怎么做到这一点？步骤是什么？

❾ 其他。

最终，您将创建一本操作手册。记录的越多，提供的详细信息越多，培训新员工或帮助现有员工转移到不同角色的工作就越容易。如果您愿意，还可以获得更多创意。例如，用纸和视频记录您的工作。让人们尽可能轻松地做您想做的事。如果步骤中的某些内容发生变化，请在手册中进行更正，并将相应的工作人员作为一个小组进行重新培训，以便他们能够听到彼此的问题和答案。

大多数公司都有一份一般员工手册，讨论公司的历史、使命、一般规则和福利等问题。此外，每个部门都应有自己的操作手册。例如，服务台使用的程序与团体健身教练使用的程序大不相同，这些差异应反映在各自手册的内容中。

创建部门手册的一个良好作用是陈述部门在公司内部的目的以及它与公司使命的关系。接下来，为该部门的每一位员工提供一个职位或职位描述，记录该职位的具体职责和期望。本手册的其余部分应主要讲述如何在该部门完成必要的任务。例如，如何着装（如穿着制服），如何打招呼，或如何组织锻炼。您希望以特定的方式完成的事情越多，您就应该在手册中包含越多的细节。

更多内容

如果您在想，"这不是我想做的。"别担心！这有时是一个繁琐的设置过程，从长远来看是值得的。选择正确的企业实体会让您保护自己并尽可能多地保留自己的收入。明确组织结构定义了您的职责和汇报内容。开发和记录程序系统简化了培训新员工的过程，让他们按照您希望的方式去做事情。所有这些工作都为更轻松的创业生活奠定了基础。但是，不要就此打住，前面还有很多其他的挑战！

确定了公司结构后，是时候考虑您的员工了。也许您一开始就需要充足的员工，也许公司的规模小到您可能不需要或者不想雇用员工。但自己做这些事情只能持续很短的时间。成立企业需要您将时间花在企业而不是业务上。在某些时候，您必须将日常任务委派给其他人，以便您可以全面了解您的企业发展。下一章将带您了解招聘员工的过程。

第 7 章

筛选和雇用员工

您有没有在商店、餐厅或健身中心时遇到工作人员不专心，甚至粗鲁？您对这家公司有什么看法？这样的经历让我想知道企业管理者是否知道他们的员工有多糟糕。我也不想再去那里了。现在回想一下您和一家公司的员工有过的一次愉快经历。例如，每次走进一家 Apple 商店，离开的时候，我不仅想要回去，还想去那里工作。

正如这些情景所示，雇用和培训合适的人从事合适的工作是您作为一个企业主所扮演的最重要的角色之一。让合适的人从事合适的工作可以为您的客户创造积极的体验，并帮助他们回归。

但是如果您没有自己的员工怎么办？如果您是别人下属的一员呢？本章仍然适合您！如果了解雇主对新员工的要求，那么在求职和面试过程中您就会有优势。这里提出的指导方针将让您深入了解未来的管理者是如何定义您的目标工作的，以及如何在面试中使用特定的标准来评估您。这个视角将使您能够预测问题并规划答案。因此，您会让雇主轻松地选择最适合这份工作的人：是您！

确定人员需求

第6章关于常见层次结构的讨论，所描述的具体职位恰好是我们行业中常见的职位。但是，这并不意味着您必须为这些职位招聘人员。招聘人员不是为了填补标准职位空缺，而是为了满足自己的特殊需要。换句话说，如果您正在考虑雇用某人，那么就已经确定了一些您不能做、不想做或者没有时间去做的任务。因此，您需要别人来做这些任务。这些任务到底是什么？把它们列出来。需要什么样的能力或专业技能才能把它们做好？将这些信息添加到您的列表中。

需要做的典型任务

以下是一些常见的职位和任务。

- 所有权、一般管理、确定目标：除了罕见的例外，这就是您的任务。您的工作就是确定公司的基础和方向，并确保公司按照您的意愿行事。
- 营销：如果人们不了解您，也不关心您，您就不会有销售业绩。为您工作的营销人员应对您的公司有兴趣，并且对营销媒体（包括社交媒体）有很好的理解。他也必须彻底了解您的公司及其使命。
- 销售：销售人员需要有风度、热情、有爱心。他们还需要了解公司的价值观和产品，并擅长帮助人们发现您的健身中心如何帮助他们解决问题。

- 会员服务：在某种程度上，为会员提供服务是每个员工的工作，但提供会员服务的具体角色通常是前台或服务台经理及其员工。在我看来，这个角色最重要的作用是在会员进入时问候他们，并在他们离开时祝福他们。这些员工是企业的守门人，他们决定了会员和客户对健身中心的第一印象和最后印象。因此，用热情、友好、外向的人来完成这项工作是非常重要的。他们还应该能够顺利地处理会员可能遇到的任何问题。

- 私人训练管理：一开始，您可能是企业唯一的私人教练，但只要您有多名私人教练工作，就需要有人负责其持续教育和表现。这个人不仅要了解私人训练，还要能够指导私人教练，帮助他们在俱乐部和职业生涯中充分发挥自己的潜力。

- 团体健身课程计划：如果提供课程，那么您应聘请了解俱乐部人口统计、团体健身方案以及如何构建平衡计划以满足会员需求的人。这个人还应该擅长指导团体健身教练的技术和演示。

- 设施护理和保养（操作）：保持设施干净、设备正常运行以及所有走廊干净和安全至关重要。为了满足这些需求，您可能决定与运动器械维护服务和HVAC服务签订合同。即便如此，您还需要一个人来处理设施护理和保养。这个人应该以设施的外观为荣，能够解决常见的设施问题，关注细节，热情友好。是的，就像健身中心里的其他人一样，这个人也应该是热情友好的，部分原因是这些品质让他与任何人都能轻松共事，还有一个原因是这个人会和会员互动，从而影响他们与公司的关系。

- 儿童照管：如果您提供托儿服务，那么负责儿童保育的人必须爱孩子，爱父母，并能够巧妙地兼顾两者。是的，还要热情友好！

- 记账（会计）：这个人可以在现场或非现场工作。无论哪种方式，他都应该精通企业会计事物，最好有健身俱乐部会计方面的具体经验。

根据您的员工和健身中心的规模，一些人可能会担任多个职位。例如，图6.4（第6章）显示了我如何扮演共同业主、业务经理、私人训练经理和设备维护经理的角色，同时还担任私人教练和团体健身教练。我的妻子，另一个共同业主，也扮演着多重角色。随着公司的发展，我们将聘请其他人来接管其中的一些角色。开始时，您可能会发现自己需要尽可能多地独立完成任务。但是，不要试图去做一些您还没准备好或者需要您牺牲时间和精力去完成其他重要任务的事情，比如赚钱。简而言之，在需要时雇用其他人。

全职、兼职或合同工

另一件需要考虑的事情是，该职位是需要一名全职或兼职员工，还是最好由独立承包商处理。如果您想以某种方式完成某件事，因为这是企业成功的关键，那么就雇用员工吧。至于全职或兼职的问题，只需确定完成工作所需的时间。雇用一名全职员工通常意味着您同意每周支付30小时或更长时间的工资。您需要这么长时间吗？您能负担得起全职员工的费用吗？

只有您自己才能回答这个问题。我对私人教练的标准是雇用兼职人员，再把有潜力的兼职培养成全职。这种方法使您最初可以选择限制人员的工作时间（从而最大限度地减少开销）。然后，当私人教练建立客户并工作更长时间时，他可以获得全职工作。对于其他员工职位，您可以根据需要让他们兼职工作。这些可能是管理社交媒体或管理客户关系（或任何您需要的事情）的人。

因此，如果您不是企业主但是被聘为私人教练，那么您可能会发现您最初是作为兼职工作的。但是，如果您表现出色，那么立刻就可以变为全职工作。

通常情况，尤其是新俱乐部成立的初期，雇用第三方公司以兼职的方式（例如，每隔一天）提供清洁服务，或每两周或每月为员工办理工资支票，都是很常见的。独立承包商可以成为这类任务的理想选择，因为他们只是做他们被雇用去做的事情（通常是在俱乐部之外，在他们自己的办公室里），您不需要管理他们如何去做。此外，您的企业仅为员工（独立承包商不包含在内）支付就业税，这样就节省了资金。

定义员工职责和角色

对于企业中的每个职位，您必须定义其特定的角色和职责。以这种方式明确期望使新员工能够自信地为您提供所需的帮助，以使您的企业获得成功，这让每个人都更快乐。例如，如果您需要一位能够提供一对一训练并教授团体健身的私人教练，那么就以这种方式定义职位。为了避免潜在的混淆，您可以给这个职位取个名字，例如"健身全明星"，而不是通常的私人教练。然后，精确地列出希望被雇用为健身全明星所做的工作，此工作描述应清晰、诱人、有说服力。下面是一个例子。

> 健身全明星是自信、外向、才华横溢的健身专业混合人才，擅长私人训练、团体健身、人际交流和团队合作。希望他们每周能为私人训练客户至少上20次课，并且每周至少教3次团体健身课程。全明星会预留出每堂课开始前10分钟和结束后10分钟，以便与课堂参与者建立联系并回答他们的问题。他们还要主动安排每周3次半小时的见面会。这些会议旨在欢迎会员进入俱乐部，询问会员近况，并回答会员提出的任何问题。

职位描述应解释与公司职位所扮演的角色相关的职责。然而，它不应该太过深入。您雇用的人员将在相关的操作手册中找到如何完成工作的具体细节（如第6章所述）。此详细说明将帮助员工按照您希望的方式完成每日、每周和每月任务。

至于"健身全明星"职位名称和描述，我只是编造了它们（我喜欢这个主意并且可能会使用它。如果您也想使用它，请尽管用）。关键是您可以用自己喜欢的方式定义每个角色或职位，然后随便给它起个名字。例如，罗珊妮·芭尔（Roseanne Barr）将她的电视角色称为"国内女神"。您可以用自己喜欢的名字称呼自己或任何您创造的职位；事实上，许多公司正在探索这种创造力的名称。只要您明确定义相关的角色和职责，您甚至可以使用疯狂的头衔，比如"成长黑客"或"梦想实现者"。

雇用适合企业文化的员工

您的使命陈述和口号应该为员工设定方向，但这两个因素本身并不能构成公司的文化。这种文化或风格更多的是您希望自己的企业拥有什么样的"感觉"。如果这种想法让您觉得太过于情感化，不要害怕，它不仅仅是如此。事实上，在招聘过程中，这是一个主要的考虑因素，因为任何一个新员工都应该提升公司的品位。

在罗琳·格拉布斯·韦斯特（Lorraine Grubbs–West）在关于西南航空公司的书《忠诚的功课》（2005, p.11）中，她引用了一份西南航空公司就业广告："如果您想获得乐趣，这就是您工作的地方！在这个地方，您可以做自己，可以受人尊敬，您会被爱和重视，还可以看到猫王［穿着戏服的赫布·凯莱赫（Herb Kelleher）］！"西南航空公司广告让人们了解到为这家航空公司工作是什么样的，并表明其文化价值观是自由享受，以及受到公司的喜爱和重视。当然，西南航空公司希望其员工将这种乐趣、爱心和价值扩展到客户身上。

为空缺职位做广告

此时，您已经定义了需要完成的工作，确定了正确执行工作所需的专业知识和时间，确定了负责执行此工作的职位，并制订了明确的职位描述。现在是时候通过广告把这些信息传达给潜在的员工了。您越清楚地表达自己的期望，您花在那些不合适的面试者身上的时间就越少。

雇用符合企业文化的员工很重要

一些发布场所限制了可以提供的信息或者按字数/行数收费。对于这些渠道，创建一个简短但仍具描述性的广告版本。其他场所提供价格合理的全版广告，可以让您提供大量信息。这些信息包括完整的工作描述和公司概况，以便让潜在雇员很好地了解为您工作的方式。

短广告和长广告

在为一个空缺职位做广告之前，先制订一个简短的职位描述和一个较长的职位描述。在 Jiva Fitness，我们可以这样描述一个空缺的"健身全明星"职位。

简短的广告

Jiva Fitness正在寻找自信、外向、有才华的健身专业人士，他们擅长私人训练、团体健身、人际沟通和团队合作。希望他们每周能为私人训练客户至少上20次课，并且每周至少教3次团体健身课程。我们希望员工觉得我们是一个大家庭。我们希望他们享受乐趣，玩得开心，感觉被重视和受支持，并为我们的会员传递同样的感受和体验。

长的职位描述

如果您是一位经验丰富、充满激情的健身专业人士，想成为令人兴奋的健身公司的一员，请加入Jiva Fitness团队！

我们的故事

Jiva（发音为"Jeeva"）Fitness是一家精品健身工作室，位于宾夕法尼亚州伊斯顿市中心的Easton Arts大楼内。它由全国经验丰富的健身主理人马克•纳丁（Mark Nutting）和希瑟•施蒂纳•纳丁（Heather Stirner Nutting）创立。我们是一对拥有近60年健身经验的夫妇。我们曾在大型俱乐部的健康俱乐部管理部门工作，现在正在构建一种健身解决方案，专注于人与人之间的联系和培养支持，同时提供最新、最有效的计划。

在Jiva Fitness，我们创造了一个让成员得到指导、鼓励和挑战的环境，同时让他们玩得开心！如果人们享受他们的锻炼并获得良好的健身指导和支持，他们更有可能继续下去，并获得他们所追求的结果。Jiva Fitness提供高接触的锻炼体验，让一切变得大不相同。我们现在正在寻找"健身全明星"来帮助我们发展健身参与者社区。健身全明星需要自信、外向、才华横溢、擅长私人训练、团体健身、人际交流和团队合作。我们希望员工觉得我们是一个大家庭。我们希望他们享受乐趣，感觉被重视和受支持，并为我们的会员传递同样的感受和体验。

关于多样性的注意事项

　　筛选和雇用员工的过程将受到多样性问题的影响。如果您的员工过于同质化，有些人可能会觉得不太舒服。例如，如果您的员工都是男性，那么那些愿意与女性共事的潜在客户就会考虑加入另一个俱乐部。如果您的工作人员都非常年轻，情况也是如此，您明白我的意思吧。因此，为了吸引更多的客户和会员，您可能会考虑从弱势群体或一个能反映目标受众的人群中招聘。幸运的是，制订商业计划时，您已经在这方面做过研究。在您的市场分析中收集的信息生成了有关

一个合格的 Jiva 健身全明星具备以下条件。

- 是经验丰富的私人教练，目前持有第三方认证证书。
- 是经验丰富的团体健身教练。
- 获得了心肺复苏术（CPR）和自动体外除颤器（AED）培训认证。
- 一个健身"传教士"，喜欢与他人分享健康和健身。
- 在一大群人面前说话自然。
- 有条理，注重细节。
- 寻找机会帮助队友的团队合作者。
- 一个天生的销售人员，他知道销售是我们帮助别人的机会。
- 擅长亲自和通过社交媒体建立人际关系。
- 轻松有趣！

Jiva 健身全明星能做到如下事项。

- 每周至少给客户上 20 次的私人训练课。
- 每周至少教授 3 次团体健身课。
- 留出每堂课开始前 10 分钟和结束后 10 分钟，以便与课堂参与者建立联系并回答他们的问题。
- 主持每月一次的介绍课程。
- 主动安排每周 3 次半小时的见面会，欢迎会员进入俱乐部，询问会员近况，并回答会员提出的任何问题。
- 参加每两周一次的员工会议。
- 每年获得 8 个继续教育学分（Jiva Fitness 优先考虑的是持续教育）。

薪酬

健身全明星可以获得丰厚的时薪、继续教育津贴，并获得奖金。

如果这个描述听起来很像您，那么加入 Jiva Fitness 团队，成为一个健身全明星！

当地社区和您的目标受众的人口统计数据，这些数据应该有助于确定您的人员配置决策。

传播信息

现在是时候让别人知道您在寻求帮助了。在过去，我们只要在当地报纸的招聘版面上登一则招聘广告就行了。您仍然可以这样做，但是，一般来说，现在人们很少看报纸了（尽管这取决于当地社区）。相反，大多数人倾向于从网站和社交媒体获取信息，求职者尤其如此。也就是说，现在大多数人都在网上搜索。

如果您正在寻找的人员可能不在健身领域工作，那么您可以使用一般的工作网站，比如Monster、Indeed、CareerBuilder或Simply Hired。如果您正在寻找与健身相关的人员，那么您可以使用GymJOB、FitnessJobs、ExerciseJobs或Healthclubs（IHRSA的消费者网站，其中包括工作部分）。我还看到越来越多的俱乐部在Craigslist上投放广告，因为这样做是免费的，该网站吸引了当地的求职申请者。最后，如果您希望员工持有特定的健身证书，您可以在认证协会维护的职位公告板上发布列表。例如，美国运动医学会和美国国家体能协会各自都有一个职位公告板。

我最喜欢的是社交媒体领域。例如，LinkedIn虽然比过去更具社交性，但仍主要关注商务联络。其他可以免费发布空缺职位的渠道包括Facebook、Twitter、Google Plus、Instagram和Snapchat。与之前介绍的西南航空公司广告一样，创意广告能引起了人们的兴趣，可能会吸引一位原本不考虑此空缺职位的特殊候选人。此外，如果您描述的公司具有特色，招聘启事会在潜在客户和会员中引起好奇。社交媒体的使用将在市场营销一章中将进一步讨论。

面对面交流

当然，还有其他方式可以与未来的员工建立联系。这些方式（比如，招聘会、实习生和最终成为员工的俱乐部会员）通常更耗时，并且通常对新创公司没有用处。但是，如果业务继续增长，您将继续需要雇用更多的员工。因此，您应该一直寻找能够填补未来职位空缺的优秀新人。这里讨论的方法提供了为您的公司开始招聘流程的好方法。

通常在大学和学院举办的招聘会可以成为满足潜在雇员的有效手段。一些招聘会缩小了关注领域的范围，例如，关注健康专业人员，但它们通常针对所有职业。典型大学招聘会的组织者可能会在平均展会时间（3~6小时）向您收取150美元的展位费。除了桌子或空间，费用通常包括Wi-Fi和电源接入。要询问确定一下，您的费用购买的详细内容因展会而异。博览会的主持人通常会推广参与企业的名单，这本身就可以为求职者提供良好的知名度。

如果您的健身中心位于学院或大学附近，请考虑为学生提供实习机会。此选项不仅可以让您通过为崭露头角的健身专业人士提供在职培训来回馈行业，还能让您直接接触到潜在的员工。我接待了不少实习生，可以这么说，这是一个"先试后买"的好方式。一些实习生不适合我们公司，但一些实习生则成为优秀员工。

虽然这看起来有点落后，但我们也邀请了一些符合条件的成员，他们聪明，善于社交，喜欢俱乐部及其会员，热爱健身领域，希望毕业后成为俱乐部的一员。您可以指导这些人获得正确的认证，指导他们通过学习过程，并在他们获得认证后雇用他们，他们往往会成为敬业、忠诚的员工。

面试候选人

面试潜在雇员是让合适的人员处于合适职位的关键步骤，以使您的公司能够按照您的意愿成长。根据我的个人经验和美国各地经理的报告，我还可以告诉您，雇用和留住合适的员工是健身中心定期面临的最大挑战之一。这一挑战部分源于这样一个事实，即潜在的雇员可以在面试中表现出最好的一面，然后，在被聘用后放下戒备，让自己的本色展现出来。负面结果可能包括习惯性迟到，以及不加掩饰地向成员和客户展示自己的所有情绪。也有一些雇员具有良好的潜力，但却离开了，是因为（在他们看来）建立自己的业务需要太长时间了。当然，这让雇主不得不再次填补这一职位。

我用于面试的循序渐进的过程旨在应用越来越具体的标准，以确定一个潜在的雇员是否适合这份工作。如果您已经完成了本章前面所述的职位描述流程，那么您将会在面试中清楚地了解合适的人应该知道什么并且能够做什么。

在招聘新员工时，有一个清晰的面试流程是非常重要的

查看简历和求职信

您可以使用的第一个筛选工具是申请人的简历和求职信。用它们来了解这个人的教育背景、专业经验和与前任雇主相处的时间。求职信还能显示一些基本技能水平，比如用良好的词汇表达自己的能力，使用适当的语法，以及以正式和尊重的方式交流的能力。

此外，申请人应提供3~5份专业推荐信（如果申请人刚毕业，他可以提供来自导师的推荐信）。您可以在与候选人交谈前查看推荐信，但我通常会等到我们现场面试之后再看。这种方法节省了时间，否则您就会花时间查看那些最终没能进入面对面面试阶段的应聘者的推荐信。

进行电话面试

通过第一步面试的应聘者将有资格接受简短的电话面试，以确定他们是否具备个性和口语能力，以便让他们进行面对面的面试。询问您阅读申请人的简历和求职信时脑海中浮现的任何问题。我还喜欢询问，"您最喜欢的工作是什么？为什么？"和"您最不喜欢的工作是什么？为什么？"这些问题的答案能让您了解、激发和激励这些人的动机以及让他失去兴趣的因素。您还应该确认申请人是否对您的薪资表感到满意，在面试结束时才发现候选人因薪水问题而不为您工作是非常令人失望的。

安排和准备面对面的面试

如果求职者通过了电话面试，那就安排一次面对面的面试。通过创建一个能够展现个人知识、技能和能力（KSA）的问题列表，开始为本次会议做准备。在Jiva Fitness，下列知识、技能和能力很重要。

- 自信。
- 外向。
- 有私人训练天赋。
- 有团体健身指导天赋。
- 人际沟通技巧。
- 团队合作精神。
- 拥有快乐的心态。

当应聘者到来时，最初几秒就能说明很多事情。他准时吗？没有什么比面试迟到更能说明问题的了。那个人是否带微笑，看着您的眼睛，走向您，主动进行介绍，然后伸出手？做这些事情意味着主动、自信和与他人沟通并使他们放松的能力。

接下来，这个人穿的怎么样？它的外观应至少符合装扮休闲的标准。对于男性来说，不需要穿西装打领带（尽管这样做确实给我留下深刻的印象）；干净、熨烫过的裤子搭配礼服衬衫、毛衣或马球衫就很好。对于女性来说，职业装或套装看起来不错，但肯定不是必需的。这里的指导原则和男人的是一样的，那就是知道外表的确很重要，要有足够的心思去付出努力。相比之下，我见过面试者穿着背心和宽松的运动裤出现，就好像面试是去锻炼的路上顺便做的事情。对我来说，这就排除了第2次面试的可能。

在与应聘者打招呼之后，邀请他到您为面试指定的房间或其他地方进行交谈。准备一份书面的问题清单，避免被随意的谈话打断。对于Jiva Fitness来说，KSA列表能让我轻松提出相关问题和场景。接下来，带应聘者到健身训练场检查他作为私人教练和团体健身教练的技能。其他软技能，比如，判断力、洞察力、决策能力和客户服务能力，往往更难评估。

如果您想获得这方面的帮助，请访问Monster网站获得一系列面试问题，这些问题将帮助您全面了解应聘者（Peterson, n.d.）。这里有一个例子："您不想让我知道的一件事是什么？"

这个问题给面试者带来了一个挑战，那就是暴露一些让他感到不舒服的事情，这让他很脆弱。与此同时，这也是展示自己学习和成长能力的机会（Conlan, n.d.）。如果需要的话，把Monster的问题改得更具体一些。例如，"您将如何迅速在团队中建立您的信誉？"这个问题，对于私人教练来说，则可以更具体地询问，"如何在我们的会员中快速建立您作为私人教练的信誉？"

但是，无论您提出什么样的问题，都要在面试时准备好。对应聘者的每个答案进行评分，评分为1~6分（缺少中间分数会迫使您选择高于或低于中间数的分数）。如果您打算使用实际的评估方法，比如让应聘者教您如何做一个完美的下蹲，也要准备好。同样，以1~6的等级评分给应聘者的表现打分。

谨防非法问题

美国平等就业机会委员会（n.d.）表示，"雇主歧视求职者是违法的。"法律规定，面试时不能问违法问题。查看您的面试问题列表，并消除可能引发违法的任何问题。

联系推荐人

从面对面的面试中选出最优秀的候选人后，我会联系他们的推荐人。您可以选择在招聘过程中更早地采取这一步，或者在招聘前将其作为最后一关。请务必在给应聘者提供这份工作之前完成这件事。

一些公司除了确认他在那里工作之外，不会对过去的员工发表评论。如果前雇主愿意谈论候选人，那么要问的一个重要问题是，"如果有机会重新雇用他，您会这样做吗？"如果答案是肯定的，请继续询问"为什么？"您想要听到所有人的积极品质。如果答案是否定的，请询问："为什么不呢？"可能不是这个人不擅长这份工作。也许他只是不适合那家公司，但适合您的公司。询问候选人与同事和会员之间的关系也很有用。我们是一个社会职业，建立良好的人际关系意味着应聘者的人际交往能力很好。

再面试一次

不管您有多喜欢一个候选人，至少要再进行一次面对面的面试，并再增加一个面试官以从不同的角度了解候选人。有一次，在我们之前工作过的一个俱乐部，我和一个潜在的雇员相处得很好，但当我让希瑟他们面试时，她告诉我，那个人不敢直视她的眼睛，或者和一个成熟的女人交谈时，他会显得很不自在（我现在就说清楚。希瑟并不老！但她确实比我们雇用的许多人年纪都大）。因为我们的会员中有一半是女性，而且很多人都很成熟，所以这是个问题。参加第2次面对面面试的人可能包括经理、私人教练、团体健身教练和其他高级职员。这些人可以提供关于候选人的额外意见，他们在面试中的出现给了您一个观察候选人如何与他人互动的机会。

面试求职者的可靠过程

这个循序渐进的过程应是个越来越具体的标准，以帮助您找到该职位的最佳人选。

① 定义您的需求（即需要完成的任务）。

② 根据这些任务，写一份详细的工作描述和一个简短但诱人的招聘广告。

③ 通过各种媒体，包括社交媒体、求职公告栏和其他合适的渠道，宣布职位空缺。

④ 收集简历和申请。

⑤ 对符合条件的候选人进行电话面试。

⑥ 缩小范围。

⑦ 准备可记分的问题和评估，以供面对面面试时使用。

⑧ 对通过电话面试的候选人进行面试。

⑨ 缩小范围。

⑩ 联系推荐人。

⑪ 缩小范围。

⑫ 与每个剩余的候选人进行第2轮面试，并加入其他员工以获得有关候选人的更多信息。

⑬ 缩小范围。

⑭ 必要时再进行一次面试（如果有多个优秀候选人的话）。

⑮ 缩小范围。

⑯ 将此职位提供给最佳候选人。

选择合适的人选

在商业界里有一种哲学理论，"雇用慢，解雇快。"换句话说，尽可能花时间确保自己找到合适的人选。不要让错误的人（能够降低他人士气的人）停留在一个位置。

假设您把搜索范围缩小到两个人。仔细检查您在这个职位上所需要的绝对条件，并确保两者都能满足。接下来，比较面试问题和完成任务的总分，并把工作交给获胜者。这可以很简单。

但在我看来，如果分数接近，而您对得分更高的候选人感到失望，那么就应该雇用另一个人。为什么？因为您对分数较低的候选人的偏爱可能是由一个重要的无形因素所驱动的。听从您的直觉。两种方式都没有保证。

一旦您雇用了一个人，在工作的各个方面对他进行培训，以确保他拥有成功所需的所有技能。请记住，成功的员工会帮助您取得成功。

竞业禁止协议

许多健身企业管理者担心员工建立自己的业务，然后辞职，带着他们的客户，在街对面开辟一个新地方。因此就产生了要求新员工签署竞业禁止协议的想法。您是否应该要求员工签署竞业禁止协议？

当然，这个想法是为了保护您的业务，这并没有什么害处。但是，在采取此步骤之前，请考虑以下因素。在某些州竞业禁止协议很难执行，因为您无法阻止某人谋生。因此，如果您要求私人教练签署竞业禁止协议，阻止他5年内向俱乐部32千米范围内的任何人提供私人训练，这在法庭上是站不住脚的，因为这要求个人为了谋生而搬家或更改职业。

因此，如果您要使用竞业禁止协议，则协议保护的内容、试图保护的位置和保护持续时间都必须是合理的。通常，对于一家健身企业来说，竞业禁止的目的是为了保护自己的客户或会员不会离开自己的俱乐部，并保护专有信息（商业机密）的安全，只有经过自己的许可才有权使用这些商业机密。这些优先事项（以及为支持这些优先事项而制订的协议）需要律师的参与和指导。此外，竞业禁止协议必须适合您的具体业务，不要只是在网上找一个通用的表格，或者换掉另一个俱乐部使用的表格上的商业名称，然后认为它已经完成了。

关于竞业禁止协议，我的专业意见是，如果您照顾自己的员工，那么他们就不会离开。如果由于某种原因他们离开了，他们就不会想要伤害您的生意。从这个角度看，除非您真的有一个能带来很多收入的秘方，否则要求您的员工签署一份竞业禁止协议似乎是一种不信任他的行为，同时，他们就不太可能信任您。

更多内容

我希望本章能让您对雇用员工有更多的信心。或者，如果您是一名员工，那么这种洞察力将有助于您在申请工作时脱颖而出。招聘过程从定义公司的需求开始，将这些需求转化为工作或职位描述，并利用各种媒体向潜在的求职者传达信息。下一步是审查简历和申请，以确定哪些候选人有资格进行电话面试，并在准备好包括一般问题和特定任务的问题和评估的面试格式后，让合适的人参加面对面的面试。使用可记分的面试流程，至少进行两次面对面的面试（再一次面试中包含其他员工），为您挑选新员工做出最终选择。在您的企业大家庭中加入新成员可能是一个激动人心的时刻。祝好运！

　　当然，在您开店之前，另一件重要的事情是保险。每个私人教练、健身教练和企业主都需要保护自己不受可能削弱谋生能力的事件。这可能包括客户或会员受伤并提起诉讼，也可能是大雪导致设施屋顶坍塌。第8章将介绍您的企业需要考虑的保险种类。

第8章

获得合适的保险

第2章讨论了私人教练责任保险的重要性，无论保险费是由私人教练支付还是由俱乐部支付。如果您有自己的健身公司，您将需要更多不同类型的保险。做出正确的决定需要您了解拥有一个俱乐部的潜在风险以及您可以选择的保险。

为什么保险很重要

可以对健身俱乐部、私人教练和教练提起诉讼。如果您想了解各种可能性，简单的网络搜索将为您提供许多示例（例如，参见Eickhoff-Shemek, 2013）。无论某项诉讼是否有效，都会让您卷入法律诉讼，而不能正常运营企业。即使您从来没有因为任何事情被起诉过，也没有预料到您会面临法律诉讼。对您来说，像考虑健康保险一样考虑企业保险是至关重要的。

有一段时间我没有医疗保险。我保持健康，从未生病，而且医疗保险很贵，所以我决定不购买它。最终，我找到了一份工作，不仅提供医疗保险，而且还支付了100%的保费（这是一笔不小的数目，尤其是现在）。现在我有了保险，我开始使用它，我意识到每个人都应该拥有它，以防万一。例如，我最近需要做一个全肩置换手术。我的肩伤已经到了连胳膊都抬不起来的地步，这对健身专业人士来说是个大问题。花费了25万美元之后，我有了一个全新的肩膀。想象一下，如果我没有健康保险，我的肩膀置换可能会让我在经济上破产。改变您的生活只需要上医疗保险一件事。

责任保险同样也是如此。您从未被起诉这一事实并不意味着明天就不会被起诉。更重要的是，诉讼很少有低于25万美元（和我肩部手术的费用相同）的。获得责任保险的另一个原因是："也许您疏忽了，也许您不是疏忽了。无论哪种原因，为自己辩护的代价都将超过您拥有的资产"（Leve, 2015）。甚至为自己辩护的成本都可能让您破产，您真的想冒没有保险的风险吗？

因此，应获得保险的理由有很多，以下是重要理由。

- 政府机构（美国）有时要求这样做。
- 它有助于抵消拥有一家企业或为他人提供服务的风险。
- 它保护您的物理资产，如健身器械和家具。
- 它可以防止因专业错误导致的伤害和损害索赔。
- 它能帮助您从戏剧性事件中恢复过来，并保护您免受由此造成的收入损失。
- 它吸引并留住高素质的员工。

保险类型

有许多种类的保险可供选择，您选择哪种类型的保险取决于您的角色：健身中心的私人教

特别感谢Sports & Fitness Insurance Corporation的詹尼弗·厄姆斯顿·罗威（Jennifer Urmston Lowe）提供本章中使用的见解。

是的，您需要保险

如果您发现在没有责任保险的情况下开始业务运营很有诱惑力，请考虑以下示例。

- 在曼哈顿健身俱乐部的一次团体健身课上，一名35岁的女性因脚部固定的运动管滑落，折断并击中她的脸而导致眼睛受伤。她起诉要求100万美元赔偿，声称破碎的运动管有可能使她失明（Ross, 2014）。
- 在针对康涅狄格州布兰福德一家健身房的诉讼案中，一名62岁的女子获得了75万美元的赔偿（Schoenfeld, 2015）。第4次训练时，她的私人教练让她站在一个半圆形平衡装置的平台一侧，结果她摔断了臀部和手腕。
- 一名58岁的女子声称，在健身训练营的第一次训练中，她被迫从3米高的墙上跳下去，导致前交叉韧带撕裂（Boniello, 2015）。
- 加利福尼亚州一家健身俱乐部支付了290万美元来解决与加班工资和用餐时间相关的员工诉讼（Turner, 2015）。

练、自雇私人教练或健身中心所有者。如果您拥有健身中心，则您的决定还取决于所雇用的私人教练和指导的类型。

无论您以任何身份与客户合作，您都需要上职业责任险。是否购买额外保险的问题（以及需要多少费用）取决于您的个人情况。但是，在所有情况下，您应该始终考虑政府（美国）所需的保险类型。

现在让我们看看您可能需要的不同类型的保险。

职业责任

虽然前面已经提到过，但让我们简要回顾一下职业责任险，它也被称为"过失与疏忽责任保险"。就像医生的医疗事故保险一样，职业责任险涵盖了您作为健身专业人员所从事的行为。您可能要对因展示、教导或解释的运动、动作或行为造成的任何伤害负责。您也可能对本应该做但未做的事情承担责任，例如，没能发现受伤的客户。由于这些原因，职业责任险是私人教练和团体健身教练为了保护自己必须拥有的一种保险类型。

一般责任

一般责任可以被视为环境责任。我们的环境中，物理设施及其所有器械都有可能造成伤害。为了涵盖这种可能性，一般责任保险可以保护企业管理者免于支付因设备故障、滑倒或坠落或其设施中与人的周围环境有关的任何其他原因而导致的伤害。事实上，所谓的场所责任索赔是迄今为止"最常见的人身伤害索赔和诉讼类型"（Heermance, 2013, p.4）。因此，如果您有空间或器械，则需要购买一般责任保险。此外，如果您拥有建筑物，那么您还需要涵盖从停车场到您的空间的区域。

如果您租用空间，请查看一下您的租约（并让保险代理人查看一下），以确定您和房东承担的责任。有时，房东会要求在您的保单上添加"附加保险"，甚至还会规定保险金额，比如200万美元或500万美元的总保险金额。不要假设谁对什么负责。例如，您可能会认为房东的政策会涵盖HVAC（供暖、通风和空调）故障，但这不一定是真的；您可能需要自己更换或修理它。

由于一般责任保险更多是一种总体保险类型，您可以选择购买额外的保险（称为"附加险"），以弥补因为非付费客户和因营销或宣传服务而导致的违法行为造成的损失。例如，诽谤、侵犯版权和侵犯隐私。在社交媒体盛行的今天，您需要为自己说的话、发布的照片等事情投保。您需要为个人和广告伤害以及不正当的性行为投保。但请注意，一般责任保险通常不包括员工歧视诉讼或企业财产损失。

建筑和财产

如果您拥有自己的建筑，请确保您的投资受到保险的保护。作为业主，房屋保险保护您免受因建筑物、地基或永久安装的固定装置（例如，电气系统和暖通系统）损坏而造成的损失。

如果您有一间健身房、一间办公室，或者同时在一家私人训练公司工作，不要认为您的一般房主的财产保险涵盖了房子的所有损失。例如，如果您的房屋因跑步机短路而着火，您的房主保险不太可能赔偿由此造成的任何损失。要覆盖此类事件，请添加一个附加条款，专门针对此类损失提供保护。要确切地了解您需要的保险范围，请咨询您的保险代理。

如果您租住房子，业主应该给房子投保；但不要想当然地认为业主提供保险，请询问业主是否投保。确保财产保险涵盖房子中的企业所有物品（包括所有便携式器械）。这样，如果建筑物烧毁，您的保险就会支付更换建筑物中的器械和其他物品的费用。可购买此类保单，仅适用于建筑和/或所容之物。

自然灾害

根据您居住的地方，您可能还需要考虑自然灾害的覆盖范围。普通财产保险通常不包括洪水、地震、飓风、龙卷风和雷击等自然灾害。如果您居住在可能发生一个或多个此类事件的位置，则可能对您的业务造成毁灭性打击。即使风暴不会造成结构性损坏，也可能造成间接性损害。例如，通过启动喷水灭火系统或使其失灵，从而使建筑物淹没。

保护您免受自然灾害的保险可能非常昂贵。为了帮助您决定是否购买，您可以询问附近的其他企业主和有关部门人士，上一次发生自然灾害是什么时候，然后考虑保险费是否值得。10年的保费加起来会是多少？你能赔偿或弥补这一金额的商业损失吗？当然，最好的保护措施是避免将您的健身中心安置在可能遭受自然灾害风险的地方。

营业中断险

财产损失的问题不仅仅是物质损失。即使财产保险涵盖了建筑物内的一切，工作和赚钱所需的宝贵时间的损失也可能成为真正的困难。出于这个原因，营业中断险有助于支付您的持续账单和受薪雇员的工资单。如果您考虑购买这种类型的保险，弄清楚它何时生效（通常在因果事件发生后一个月或更长时间才开始生效）。租赁空间的营业中断保单通常为期3~6个月。如果您拥有房产，保单可能涵盖一年或更长时间。

这种类型的保险通常必须与其他涵盖损害原因的保险一起投保。例如，如果您没有地震保险并且您的业务因地震而中断，那么您的业务中断保险可能无法弥补由此产生的收入损失。

工伤赔偿

工伤赔偿保险包括在工作场所受伤或因此生病的雇员，以及在现场工作的独立承包商。例如，我的一个朋友在工作环境中患上了军团病。这种类型的保险通常包括医疗费用、损失的工资、康复费用，甚至提供死亡抚恤金。

保费可能会因特定职业或职位所涉及的风险而有所不同。例如，办公室职员属于低风险人群，而马戏团的表演者则属于高风险人群。因为私人教练需要体力工作，所以我们处于中间位置。您可以通过制订安全指南来降低保费。

有关这类保险的规定因州而异；因此，您需要了解您的州是否需要一份赔偿保险。大多数州都不要求您为业主进行工伤赔偿保险投保；在这些州，只有在雇用非业主员工时才需要此保险。

保证金

早在20世纪90年代，就有一大批健身俱乐部出售预付费的长期会员，然后突然关闭，导致会员无法收回之前的付款。随后制定了相关法律，以确保一旦一家俱乐部意外关闭，其会员将有办法收回投资。担保债券是一种担保，需要大量资金存入托管账户或担保债券保险。托管费用可能从5万~15万美元不等（New York State, 2016, p.4），具体金额取决于俱乐部通过会员费或大量私人训练套餐收取的"预付款"金额。担保债券保险每年的保险费从270~2 550美元不等（Tucker, n.d.）。

即使是最好的私人教练，也会发生意外。确保您有适当的保险

购买保险

一些保险公司有为健身设施投保的经验，我绝对会选择其中一家。同样的道理，如果我需要去看骨科医生，我想要一个和运动员一起工作的医生。如果保险代理人不了解您的情况，那么他就不知道为了建立一个有效的保单应该问什么问题。

什么会影响保险费用价格？

保险费用基于许多因素。一个因素是最高赔偿金额（"投保限额"），通常设置为"每宗事故"，由保险公司审查和批准。例如，如果您有100万美元的职业责任保险，保险公司将支付高达100万美元。您的保费也会受到免赔额的影响。也就是说，如果您提出索赔，保险公司必须赔付您必须支付的部分。从一开始您就知道，如果您付不起高额的免赔额，那么您的保险费就会更高，因此向您的代理咨询各种免赔与保费的情况。您的保费还取决于其他各种因素，比如，健身中心的大小、是否有潮湿（地面）区域、业主是否在现场、客户或会员是否可以在没有直接监督的情况下工作，以及您提供的计划类型。

一旦确定了保费，它就不是静态的；相反，它会随着业务增长而上升。如果您有更多的会员或客户，那么您就有更多的风险出现，就需要更多的保险总额。如果您提供新的项目，比如儿童看护或武术，您的费用可能也会上升。因此，在添加任何内容之前，请咨询保险代理，以了解它将如何影响您的保险总额。此外，为了对某些健身项目（如超越障碍训练场和攀岩墙）进行投保，您必须采取更多的安全措施。

幸运的是，您可以采取一些措施来降低费率。例如，添加适当的标牌，制订应急程序以及购买现场AED。请咨询您的代理人并询问"我能做些什么来减少我的保费？"

我应该如何选择？

您绝对需要职业责任险，如果您拥有这个空间，那么还需要建筑物保险。如果您有雇员，还需要工伤保险。其余保险取决于您的个人需求、服务产品和预算。为了获得最合适的保险，和保险代理人谈谈您的整个业务情况。另外，一定要货比三家。具体来说，从无偏见的来源获得推荐；从几家公司获得报价；并比较保险范围、保费和免赔额，以获得所需的最佳保险范围。

然后怎么办？

购买了保险后，采取另一个积极的步骤，整理您的保单文件，并将它放在一个安全但容易找到的地方。然后，至少每年（或者在您的业务或工作职责发生变化时）查看一下保单详情，确保它仍然符合您的工作，并提供所需的保险范围。定期安排一次与代理人的会面也是一个好主意，看看您是否仍能得到所需保险的最佳交易。

最大限度地降低风险以避免索赔

除了获得正确的保险外，您还可以采取措施来避免或至少减少索赔。毕竟，最好的保险就是预防。以下是一些可以帮助您保护客户和会员安全的措施。

- 使所有员工的认证保持最新。
- 保持在您的执业范围内，并在必要时咨询其他专业人员。
- 提供避免性骚扰的培训。
- 让所有人员获得CPR、AED使用和急救认证。
- 保持急救用品和AED可用。
- 建立并定期实施紧急程序。
- 要求并彻底检查所有客户和会员的每个人的身体活动准备问卷（PAR-Q+）。注意：PAR-Q+是最低要求，这可能是一个旁听生所能做的所有事情。但是，如果情况允许，最好有一个更深入的医疗健康史作为要求。
- 让所有客户和会员签署知情同意授权书。
- 及时修理或更换设备，维护设备维修日志，并清除任何有缺陷的设备（在其上放置"故障"标志）或将其从地板上移除。
- 保持通道畅通干燥。
- 清楚地显示所有适当的标志，从关于潮湿区域的警告到AED的标志。

更多内容

您正在建立自己的企业，这需要花费大量的时间、精力和金钱。您还必须采取正确的预防措施，以保护您的企业不受意外事件的影响，这要求您了解您的保险选择。职业责任险解决了您做或不做什么会造成伤害的情况。一般责任保险涵盖您的空间内发生的事件，以及您所说或发布的影响客户的事情。建筑物保险可以保护您免受建筑物损坏带来的损失，而财产保险可以保护您的财物。如果您的企业位于可能受自然灾害影响的地方，那么您还应该考虑其他保险以涵盖这种可能性。

如果您的公司不得不关门（要么是因为您的建筑出了问题，要么是因为其他原因），那么您会因为收入的损失而陷入困境。在这种情况下，营业中断险可以帮助支付账单和工资。如果您有员工，还需要工伤保险，以防员工在您的健身中心生病或受伤。

即使有了这里提供的信息，您仍然需要咨询具有与健身俱乐部和工作室合作经验的保险代理人，以完全确定您需要的保险范围和保险金额。确保您购买了合适的保险来确保您的业务安全。

随着您了解了大部分以前认为"不那么有趣的东西"，是时候确定您的精确产品（您卖的是什么）并为它们定价了，有很多变量可以决定这些选择的成功与否。下一章将讨论这些变量，并探讨如何以合适的价格为特定的目标市场创建合适的产品。

第 9 章

确定您的产品及其定价

大多数企业都提供一些人们想要或需要的礼品，以换取某种形式的付款。健身企业也不例外。我们提供了公众愿意支付的礼品。这些产品可以是有形的，也可以是无形的。有形产品是可以触摸的物品，比如设备、T恤和补充剂；无形产品是无法触及的东西，比如，私人教练或团体健身教练的服务。

还有混合产品，如俱乐部会员资格。一方面，会员资格提供合同、ID卡和T恤等有形物品。另一方面，它也是一种租赁协议，允许一个人在指定时间段内使用该设施。事实上，低价俱乐部的会员经常被认为是"租用器械"，因为他们能使用器械，但仅此而已。

您决定为目标市场提供的服务可能会有很大差异，并且它可能会随着时间的推移而变化。起初，您应该从基本计划开始，比如一对一私人训练和团体健身。这些是未来计划可能构建的基础。为这些产品创建明确的定价结构，它将为您提供参考，帮助您确定未来其他产品的定价。

产品类型

第一步是确定您将要销售的产品，以便您可以对其进行定价并将其推销给目标客户。重新审视您创业的原因。谁是您的目标市场成员，您将如何帮助他们。例如，如果您想帮助受伤后进行康复训练的人（有时称为再训练或自我修复），那么您可以专注于一对一私人训练来帮助他们恢复功能。与此同时，您可能会决定不推荐会员资格、小组训练和团体健身课程等服务，因为这些项目不符合客户康复的最佳利益。

会员资格

对于俱乐部所有者而言，最常见的产品是按月或按年支付的会员资格（通常称为"会费"）。在一个典型的健身俱乐部，会费占收入的61%~76%（International Health, Racquet & Sportsclub Association, 2015），这是有道理的，因为大多数健身俱乐部用户认为（无论是否正确）他们知道自己在做什么锻炼，只是需要一个地方去做。您通过出售会员资格为他们提供了这一选择，这也为您提供了可观的收入来源。

如果提供会员制，您就必须为每周的每一天设定营业时间，然后有义务为这段时间内营业配备工作人员（除非您有钥匙卡入口设施）。这符合您的企业愿景吗？它适用于大多数健身俱乐部所有者。但是，如果您认为自己的健身俱乐部更私人化，专注于全程指导下的锻炼，并且仅通过预约提供服务，那么这种会员制方式可能不适合您的俱乐部。当然，这种健身俱乐部必须通过其他产品弥补会费收入的损失。

一对一私人训练

这是我们的主要产品。虽然存在其他选择，但几乎所有私人教练都仍提供一对一私人训练。此外，通过适当的健康和生活式访谈、设定目标、设计计划和监督计划进展情况，这种类型的服务对我们的客户影响最大。当然，这种模式取决于找到那些愿意成为私人教练唯一聚焦的客户。并不是每个人都希望如此，当您尝试将个人与正确的产品相匹配时，您必须考虑这一现实。

半私人和小组私人训练

当2008年全球金融危机爆发时，大多数人开始意识到他们应该如何花钱这个问题。因此，半私人和小组私人训练成为一种获得健身指导的新方式，只需要一对一训练的一小部分费用。

这些方式还提供了其他好处，比如当您身边的人（您可能认识的人）在锻炼时，您会感到更舒适、更有动力。这种社交方式有助于缓解一些人在与私人教练一对一训练时的焦虑。共同的锻炼经历会让人与团队中的其他人建立友爱和依恋关系。您会对在半私人和小组私人训练（以及团体健身课程）中所建立的友谊感到惊讶。这种方法还使参与者对自己的锻炼有一种团队责任感。这种责任感使他们更有可能出席并完成训练，因为他们不想让团队成员失望。事实上，通常情况下，如果有人不来上课，其他人会打电话或发短信确认他不来上课的原因。

如果您决定提供半私人或小组私人训练服务，一定要明确定义它们。例如，半私人训练可以包括2~3名参与者，而小组私人训练可以包括4~10名参与者。对于私人教练来说，这些课程提供了一种帮助更多人的方法，每小时赚到的钱也比一对一训练更多。也就是说，私人教练应该在这种模式中赚更多的钱，因为监督和训练一个团队比训练一个人需要更多的工作。

团体健身课程

早在20世纪80~90年代，团体健身课程就很普遍，而且他们的受欢迎程度也因电影的播出而增长。无论走到哪里，您都能看到将重点放在团体健身课程上的"工作室"。随着时间的推移，大型健身俱乐部也加入了进来，开始提供与独立工作室相匹敌的课程。而且，由于俱乐部提供给会员的不仅仅是课程，因此许多工作室逐渐消失。但是，最近团体健身课程开始复苏。我相信，这种复兴的原因与促进小组私人训练的原因是一样的。也就是说，团体健身课程每节课的费用更低，可以建立友情，促进对其他参与者的责任感，从一个更大的团体中产生能量，并且通常允许参与者在音乐伴奏下锻炼。

一些私人教练担心团体健身课程会蚕食他们的私人训练课程。我不相信会出现这种问题。事实上，我认为小组课程有助于建立私人训练业务。一方面，如果人们通过小组课程了解并信任您，那么他们会首先想到您进行私人训练。

另一方面，我确实认为一个强大的团体健身计划可以影响小组私人训练计划，因为8个人的训练和20个人的训练相比（在一个参与者看来），除价格差异外，两者之间的差异可能并不明显。因此，如果您提供这两种训练类型，那么您必须清楚地让潜在客户和参与者了解它们的区别。例如，如果您的小组私人训练课程参加人数不能超过10人，那么团体健身课程可以允许11至80名参与者（或者您的空间和监督能力允许的任何数量）。

您能否提供团体课程也取决于开放空间的数量。例如，如果您的面积是约84平方米，比如长和宽分别为9米×9米或5米×15米，那么您可能会决定只提供小组私人训练。您的决定也可能由您的器械决定。例如，如果您想举办一个壶铃课程，您有足够的适合每个人的壶铃吗？

更概括地说，您有适合团体健身的音响系统吗？您不一定要在课堂上播放音乐，但提供适合参与者的音乐确实有帮助。但是请记住，播放原创艺术家的音乐需要您向BMI（Broadcast Music, Inc., 2016）和ASCAP（American Society of Composers, Authors and Publishers, 2016）支付音乐许可费用。

训练营

训练营分为几个类别，包括小组私人训练、团体健身和特殊计划。如今，训练营几乎存在于生活中所有可以想象到的领域：商业训练营、人际关系训练营、数据分析训练营，当然，还有新兵的军事训练。所有训练营都应该是高强度的、有挑战性的，并且会在短时间内完成大量工作。

对于健身训练营来说，所感知到的好处包括锻炼的多样性和与他人一起锻炼的情谊。即使是在健身训练营的范畴内，也有许多不同的形式存在。例如，为各种参与者提供特定于运动的、特定于年龄的课程和常规课程。他们也能以比赛风格或一致风格进行。如果您决定提供训练营，注意清楚地定义规模、风格和预期的参加者团体。

团体健身是与成员建立关系的好方法

具体的目标导向计划

这些计划在一定时间内追求特定的目标。它们通常以评估与计划目标相关的绩效开始和结束。有限的持续时间（通常为6~12周）可能有助于潜在的参与者承诺该计划："我可以坚持8周。"此类计划的内容可能包括前面提到的任何一种产品，可以单独使用，也可以与其他产品组合使用。例如，您可以提供一对一减肥计划、小组减肥计划、跑步新手俱乐部，甚至是一个泥地奔跑准备计划。要设置计划的框架，请选择焦点、持续时间、一周中的一天、方式和评估方法。

例如，假设您想创建"我的第一个5 000米跑步"计划。8周可能不是为比赛做好准备的理想时间长度，但它足够让参赛者体验积极的变化，许多人会认为这是一个合理的时间长度，可以实现一个特定的目标。您可以使用Cooper 12分钟的跑步/步行测试（Quinn, 2016）开始和结束该项目，以跟踪参与者的改进情况（这将有助于您下次推广该计划）。您也可以让每个人在计划结束时完成一场5 000米赛跑。为了安排行程，您可以找一个当地的比赛，提前8周开始比赛。

计划的内容是什么？例如，它可以包括每周一次的跑步机跑步课程（如果您有12个跑步机，那么这就是这个计划的最大参加人数）。它还可以包括每周一次的径赛（您可以得到当地高中在指定时间使用跑道的许可）和每周一次的长跑或步行。总而言之，您现在可以在开始和结束时进行评估，并每周进行5 000米赛跑和3次训练，持续8周。这就创建了一个具体的目标导向计划！

其他收入来源

除会员资格和健身服务外，还要考虑其他潜在的收入来源，比如，免费的儿童看护和专卖店销售（包括服装、健身器械、食品和补充剂等物品）。免费的儿童看护是俱乐部的一项常见服务，因为它能让父母在锻炼时将孩子留在安全的、有监督的地方。对于那些不能以其他方式锻炼身体的人来说，这是一项很好的服务，但它要求拥有一个安全的空间，里面有玩具、书籍和游戏，让孩子们玩得开心，还要有足够数量的合格员工来照顾他们。查看您所在州的规章制度，找出您必须满足的条件，例如，看护人与孩子的最小比率。

也可以从专卖店销售或服务台的销售中获得额外的收入。由于此活动涉及零售商品的销售，因此您可能需要收取和支付销售税。您可以在小企业管理局的网站上找到指向州所需许可证和执照（"State Licenses and Permits," n.d.）的直接链接。销售这类商品可以带来的不仅仅是另一个收入来源。如果您用您的名字（或健身中心的名字）和标识给产品打上商标，那么当客户或会员使用它们时，它们也会起到营销的作用。这里最明显的选择是服装，但您也可以携带品牌的瓶装水、购物袋、健身杂志、健身器械，甚至是自有品牌的补充剂等。

此选项也适用于在客户之间流动的独立私人教练。例如，您可以将物品放在汽车后备箱中。但不要太疯狂，对于您提供的每一件商品，您都必须有存货，这意味着在销售前您需要预先付款，评估您的现金流来决定您能承受多少存货。

影响定价的因素

价格是销售产品的关键因素。这不是一个凭空捏造的随机数字。为了有效地定价，您需要考虑的第一件事是企业需要资金多少才能继续经营下去。其他的一切先不管，如果不能承担支出，企业就维持不了太长时间。其他定价因素包括您的目标市场、当地人口、竞争对手、独特的销售主张、所提供产品的感知价值、您认为值得花的时间，以及您在产品上投入的时间。这些因素将在后面的段落中单独讨论，但实际上它们是重叠的，在确定价格时它们之间会发生相互作用。撰写商业计划时，您已经考虑到了这些因素，现在是时候以精确定价来解决这些因素了。

营业费用

无论您的产品价格是多少，在建立了会员或客户群后，您必须能够支付营业费用。建立客户群需要时间。您知道这一点，而且（我希望）您已经计划好了。但是，从长远来看，为了使您的企业生存下去，您的营业费用必须由您的收入来承担。您的基本营业费用包括您每月的财务支出，比如，房租、水电费、许可费、工资和营销费用。您收到的产品收入必须至少能够支持您的营业费用。然而，最低限度并不是我们大多数人的目标。为了在商业上取得成功，我们需要盈利。现在，让我们来看看确定我们可以收入多少的关键因素。

目标市场

在这里，考虑匹配您目标市场的价格，忽略其他目标市场因素。目前的关键是人们是否能负担得起您提供服务的费用。例如，您追求的是一个低收入、服务不足的市场，那么您的价格就需要与财务现实相符。相比之下，高收入目标市场允许您收取更高的费用。

15年来，我在纽约的各种健身俱乐部和组织担任私人教练。在此期间，我还作为一名独立承包商，在客户家中和公寓健身房训练客户。作为独立承包商，我自己设定价格。对我来说，了解针对目标市场收取多少费用才合理是一门学问。如果我和富人一起工作，这让我可以将价格定在更高水平。

当地人口

同时考虑当地人口和定价时，关键是了解您的目标市场，以及它是否包括足够接近您所在地的个人。通常情况下，足够近意味着距离您的公司8~13千米（Pire, 2013）。如果您的目标市场人口密集，那么可以选择降低价格，因为可以在数量上弥补。如果您的目标市场是富裕的，您不太可能需要或想要降低价格，但如果您正在寻找一个较低或中等收入的市场，那么价格就很重要。具体来说，如果降低价格会增加销量，同时还能让您获得所需的收入，那么降低价格可能对您有利。

竞争

人们经常会货比三家，包括健身房。附近还有谁会被认为和您做同样的事情？他们提供什么，价格是多少？去看看，甚至试一试。您需要了解做些什么才能脱颖而出。如果竞争对手是一个俱乐部，它有多大、它有什么器械、它的产品是什么、俱乐部的装修如何、它的会员是谁。如果是一个拥有大量设备、嘈杂音乐和平均年龄在30岁以下会员的大型俱乐部，而您是一个面向50岁以上人群的小而安静的工作室，那么你们的价格就不需要处于同一水平。您和竞争对手是两种完全不同的类型，人们很容易就能区分开来。如果你们彼此非常相似，而您的价格远远高于竞争对手，这将是非常具有挑战性的。

独特的销售主张

低价总是赢家吗？如果人们不了解健身产品和健身设施，那么健身房就是健身房，他们可能只看价格。在这种情况下，最便宜的会赢。这是低价俱乐部拥有庞大会员群体的一个重要原因，它们实在太便宜了。如果您不能达到他们的低价格，那么怎么做或者提供什么能让您脱颖而出呢？精明的健身企业家知道，为了让自己区别于竞争对手，我们不仅必须超越对手提供的产品，还要考虑如何提供这些产品。答案是，我们可以创造会员和客户体验，而这些体验是人们愿意付出更多代价才能获得的。

想象一下这样的情景：我坐在一家小餐馆的柜台边，手里拿着一杯非常便宜的咖啡。咖啡端上来的时候又冷又苦，当我让服务员加热的时候他很粗鲁，当我喝完的时候我立刻离开了。将这种情况与星巴克的体验进行对比。在那里，我从一个非常友好的咖啡师那里得到了一杯非常昂贵的咖啡，坐在舒适的桌子旁，听着悦耳的背景音乐，如果我愿意的话，可以在那里用他们的Wi-Fi上网一整天。您会去买更便宜的咖啡吗？我绝对不会。每次我都会去星巴克。对于私人教练来说，友好、体贴、细心和有一点幽默感可能很简单。这些因素会让您和另一位同样知识渊博的私人教练完全不同。

感知价值

这个因素与您独特的销售主张密切相关。人们认为您所提供的价值是什么？在这里，我们谈论的是消费者的信念，不是您也不是行业的信念。如果您给自己定的价格高于目标市场认为的价值，那么您的营销必须向他们证明这个价值。您在寻找什么受众？他们希望如何接受它？他们为什么愿意支付更多费用？您必须回答这些问题，才能让您的产品创造更高的感知价值。

例如，您正在尝试接触新的老年锻炼者。他们可能害怕受伤，不确定哪种锻炼适合他们。如果您遇到这样一个人，可以通过认真倾听并保证您设计的锻炼计划非常安全，能够产生预期的结果，并且以关怀的方式呈现所有这些，那么潜在客户将认为您提供的产品有更高的感知价值。此外，寻求创造从人群中脱颖而出的体验并提供更大的感知价值。

您自己相信的价值

您认为自己有价值也很重要。如果您努力工作，觉得自己没有得到应有的回报，那么您就会开始怨恨，这种怨恨会不可避免地向客户表现出来，损害您的生意。相反，如果您或您的雇主设定的价格高于您自己认为的价值，那么您把这种差异传达给潜在客户，他们将不太可能购买您提供的产品。

什么地方出了错？重新评估产品

假设您创建了一个团体健身课、训练营或目标导向计划，但是没有足够多的人参与进来使其盈利。什么地方出了错？为了找到答案，并让您的下一次风险投资获利，您必须客观地评估产品的每个方面。

目标市场

- 这个计划是否满足了目标市场的真正需求？
- 您的目标市场能负担得起这项计划的费用吗？

当地人口

- 是否有足够多的目标市场成员位于您健身中心8~13千米的范围内？
- 目标市场的成员是否容易到达您的位置？例如，是否有足够的停车位，或者您的位置是否在目标市场的步行范围内？

竞争

- 仔细比较您的广告价格和竞争对手的价格。您的价格合理吗？
- 如果竞争激烈并且您是该地区的新手，那么您如何让参与者体验您的计划？例如，您可以提供特别优惠吗？

您独特的销售主张

- 您的产品真的和竞争对手的不一样吗？
- 您的产品与众不同，对潜在会员和客户有何意义？

感知价值和相信价值

- 您在计划中看到的价值与目标市场成员对其价值的看法之间是否存在冲突？
- 如果是这样的话，如何弥补这个差距？您是否需要调整自己对计划的评估，或者您是否需要对潜在客户进行培训以提高计划的感知价值？

市场营销

- 您是否针对目标市场进行了市场营销？
- 您是否宣传了专为目标市场提供的计划的优势？

例如，有一次我在会议上演示私人训练销售时，我询问了那些收取高端价格的与会者。一个人的俱乐部每小时收费60美元，他认为价格过高。然后我询问了下一个人，他每小时收费180美元。我问他是否值180美元，他的回答是，"绝对！"无论哪种方式，您的收费必须接近您认为的价值，否则差异可能会影响您的工作满意度并最终影响你的客户。

您的时间

我们一天的工作时间有限，我们需要认识到所有时间都是宝贵的。这不仅适用于与客户一起度过的时间，也适用于准备时间，并且如果我们需要前往客户处，那么也适用于到达客户处所花费的时间。例如，考虑与希望参加障碍赛的客户进行为期1小时的私人训练。在这种情况下，您的工作不仅仅包括训练客户的时间。您还必须根据课程进展做好准备；您可能还搭建了特殊器械，比如攀岩绳或鞍马。在定价时，所有这些时间都应该考虑在内。

套餐、折扣和计费

人们普遍认为，每次新的销售都为客户提供了重新思考是否要继续训练的机会。为了减少人们改变主意的机会，创建了套餐，即以一个整体价格购买一组私人训练课程，以便让人们承诺在更长的时间内接受训练。为了让套餐看起来更有吸引力，与单个课程价格相比，套餐的价格通常会打折；此外，随着套餐中课程数量的增加，单个课程的折扣通常会变大。例如，如果您的单个课程费用是75美元，那么24次课程的套餐可以享受20%的折扣，折后价格是单个课程60美元。

什么是理想的套餐价格？我知道有一家俱乐部不会出售少于24次课程的套餐。事实上，俱乐部要求所有潜在客户进行"战略规划会议"，在此期间，顾问通常会建议客户购买至少24次课程，以养成良好的习惯。其他俱乐部提供最多包含10次课程的套餐，因为他们认为人们更容易承诺更小的套餐，然后在体验到价值后再报更多课程。因此，套餐大小取决于特定俱乐部管理层的观点。

与此同时，私人教练经常争论是否应该对课程进行打折。这些争论通常与私人训练课程的感知价值降低有关。我听很多私人教练说："医生从不给您打折。"就个人而言，我不喜欢打折，特别是对于较大的套餐，因为如果一个人可以负担得起24次课程的套餐，那么他不需要折扣。我更倾向于向那些需要帮助但却买不起的人赠送课程。

对于大型健身中心的运动课程，课程参与费用通常包含在会费中。您没有获得这些课程的额外收入，因此，当您付钱给教练时，是在亏本经营。但是，这种安排可以作为经营业务的成本，并与会费收入相抵。如今，对于一些专业运动课程或者由高级或非常受欢迎的教练讲授的课程（单次课程或套餐中的课程），一些俱乐部会收取额外的费用。

较小的工作室所有者通常会出售"免费"通行证，可以用一种价格提供单次课程，也可以用折扣价提供包含10次课程的套餐（它几乎总是一张10次课程卡，原因很可能是我们过去就是这么做的）。或者您可以提供包月使用费，允许一个人每周参加一定数量的课程。在Jiva Fitness，我们既提供免费通行证，也提供每月无限制次数价格。对于位于市区的健身工作室来说，另一个趋势是成为工作室联盟（如ClassPass）的一部分，该联盟销售月票，允许会员在任何加入此联盟的健身中心参加一定数量的课程。

另一种方法是捆绑销售，它将两个或多个产品组合在一起以创建一个新产品。这种做法可以轻松地应用于具体的目标导向计划。例如，您可以提供一个"立刻开始"计划，将两个月的会员资格和每周两次私人训练课程组合起来。另一个想法是将泥地奔跑准备计划进行捆绑销售，包括每周两次训练营课程、每周一次私人训练课（用于研究障碍力量和技能），以及计划结束时举行的泥地奔跑比赛的注册费。捆绑产品可以根据您的需要进行更改。只需确保所有捆绑的组件都专门用于帮助您的客户达到为该计划设定的目标。

与小组私人训练有关的一个经常出现的问题是，学员是否会遵守课程安排。例如，如果您在周二和周四上午8:30提供一个为期4周的8次课程套餐，如果有人错过了1节课，会怎样？当其他人按计划出现时，您会允许那个人补上缺席的课程吗？如果允许，是一对一的吗？这些问题需要在计划开始前得到回答，并且需要公布答案，这样每个人都能事先知道如何处理错过的课程。通常情况下，私人教练或俱乐部会在计划的宣传材料中包括日程安排。这样，如果有人报名参加了这个计划（知道日程安排），但后来不得已错过了某节课，他就明白失去了这节课，因为不能补课。

另一个将回购决策从客户脑海中抹去的常见做法是使用电子资金转账（EFT）。在这种计费系统中，私人训练、儿童看护和其他服务的会费和费用会自动记入一个人的支票账户、信用卡或借记卡。在私人训练中，根据私人教练和客户商定的每周训练课程数量每月向客户收取一次费用，并根据一个月的平均周数计算适当的金额（每年52周÷每年12个月=4.33）。例如，一位客户同意每周上两次课，那么他每月的费用是每次课程费用的两倍乘以4.33。

为了使这个月度套餐更具吸引力，电子资金转账付款有时也会打折扣。有些俱乐部每月收取全额费用，无论客户是否会错过任何课程。一些俱乐部允许补课。如果采用这种方式，跟踪错过的课程并确定如何补课可能具有挑战性。这个窘境过去常常给我和客户带来麻烦。他们每周会和我一起训练多次，然后又出去出差一两个星期，补课很难办。因此，除了每周一次课程的人以外，我决定不通过电子资金转账销售其他私人训练。但是，对于其他私人教练来说，电子资金转账收费非常好。关键是要考虑如何与客户合作。

当我参加一个由来自美国各地的健身总监组成的圆桌会议时，我注意到了另一种方法。在谈到套餐及其大小时，一些总监说他们只按课程收费。当我问为什么其他人都提供更大的套餐和每月账单，而他们却采取这种方式，答案很完美，以至于我在我工作的俱乐部里尽可能快地建立了这种方式。这些俱乐部获准在客户每次上课时向其收取信用卡费用（会存档）。

至于是否继续训练的决定，私人教练和客户安排了接下来一周的课程，希望他们能继续下去。如果您提供的服务很有价值，为什么它会停止呢？这正是过去我和客户按课程收费时的心态。它确实有用。

考虑套餐、折扣和计费的各种选项。找到最适合您、您的企业和客户的方案。

定价建议

现在，让我们来看看已讨论的具体产品的定价考虑因素。

会员资格

如果您提供会员资格，他们会给会员带来哪些好处？每月会费收取的合理金额是多少？有些人支付城里最低的价格，而有些人则支付城里最高的价格。低价俱乐部仅提供会员资格，会员本质上是为获得健身器械付费。对于已经知道如何使用器械的精明用户来说，这个选项可能非常适合他们的需要；这也是一个非常成功的商业模式。遗憾的是（至少在我看来是这样），由于价格低廉，它也吸引了一些新手。由于会员大多只能靠自己的力量，因此他们很少成功。相比之下，价格较高的俱乐部通常会为会员提供其他好处。常见的功能包括桑拿浴、蒸汽浴室、团体健身课程，以及使用游泳池或篮球场。

为了帮助您确定俱乐部会员资格包含的内容，请先查看您所在地区的其他俱乐部（第5章介绍了此过程）。他们的产品与您的产品相比如何？如果您比其他俱乐部提供的内容少，您如何证明自己收费合理？

在Jiva Fitness，我们的会员资格仅限于团体健身。我们预计每个课程参与者平均每周会上两次课，1个月平均4.33周，也就是说每月上8.66次课。如果我们把（保守地说）每个月的课程数量缩减到8次，并将每次课程的最低价格定为10美元，那么参与者每月会支付至少80美元。根据这一点，我们考虑了感知价格的影响，也就是，造成价格看起来更贵和看起来更便宜的区别的金融断点，我们将每月的会费从80美元下调到69美元。

当然，参与者只需花29.95美元就可以在大型多功能俱乐部上课（参见表9.1，其中提供了表5.2的摘录）。但是，我们是一个更小且更私密的健身中心，提供出色和经过测试的课程，我们相信这会提升我们的感知价值。因此，我们认为收取更多费用是合理的，不至于将我们排除在市场外。

表9.1 **各种健身中心月费比较**

	Jiva...	YMCA	Joe...	Club...	Middle...	Big...
健身中心类型	工作室	多功能俱乐部	工作室	健身俱乐部	健身俱乐部	多功能俱乐部
月费 ($)	69	45	65~129	10	19.99	29.95

入会费

通常，当有人加入健身俱乐部时，他必须支付"手续"（或"入会"或"注册"）费。从本质上讲，这和会费是不同的名字，会员一次性支付的费用与会费是分开支付的。根据托马斯·普卢默（Thomas Plummer, 2007年）的说法，这笔费用"应该等于1个月的会费，但大多数俱乐部的费用不超过89美元"。

这笔费用的多少由您决定。我认为入会费通常只是为了销售目的而打折。您有多少次见过一个俱乐部说："现在就注册，我们将免除入会费！"当然，您可以给会员一些打印的材料（比如，课程表、"如何来做"表格、"有何期望"传单）或者一个新会员礼物包（可能包括一条品牌毛巾、一个水瓶、一件T恤）作为回报。新会员礼物包至少在一定程度上证明了费用的合理性。但是，我更喜欢与当地其他商家合作，提供赠品和折扣，这样做不仅成本更低，而且有助于支持商业界。

您要收取入会费吗？如果不用，也许这就是您和竞争对手之间的不同之处。

一对一私人训练

在为私人训练设定价格结构时，主要的考虑因素通常是课程时长、私人教练的经验水平和资历。在过去，只有1小时的课程和1个级别的私人教练。那是一个简单的时代。现在，课程时长通常为60分钟或30分钟，一些健身中心还提供45分钟和75分钟的课程。当我第一次和其他私人教练讨论增加30分钟的课程时，我们都怀疑会员能否在这么短的时间内完成所有训练。事实证明，可以。不仅如此，30分钟课程更容易销售，更容易让人们参与，因为它成本更低，需要更少的时间。

我喜欢指定不同级别的私人教练对会员进行训练，这样经验更丰富、受过更好教育的教练会要求更高的地位。时薪也会更高。一些俱乐部也会给那些训练了更多客户的私人教练更高的地位（和更高的时薪），而其他俱乐部可能会根据这些因素的一个或一个组合来为私人教练支付工资，但针对会员服务只确定一个级别的私人教练和价格。

让我们首先考虑单一级别的私人教练上1小时课的价格。根据《IDEA健身行业薪酬趋势报告》（Schroeder, 2015），62%的私人教练是按课程或班收取工资的，其中50%的私人教练工资按俱乐部向客户收取费用中的一定比例分成。私人教练和俱乐部的平均分成比例为60%和40%，自2004年以来，年度调查显示每次都差不多。2015年，私人教练的平均薪酬为每小时30.50美元，客户的平均成本为每小时课程60.75美元（Schroeder, 2015）。（请记住，这些平均数字反映了这样一个事实：一半私人教练的工资是固定的——也就是说，不是俱乐部向客户收取费用的一定比例。这就是为什么私人教练的平均工资是30.50美元，而俱乐部收取的是60.75美元，这与60%~40%的分成比例并不匹配。）

一对一私人训练提供
了最多的个人关注

　　您决定如何收费？您的竞争对手收多少钱？您和他们相比怎么样？您的感知价值是多少？您认为的价值是多少？确定这些答案，并根据您认为合适的价格进行调整。然后用一对一私人训练、1小时课程的标准费用作为确定其他私人训练产品的价格指南。

　　这并不是说一切都完全成比例；也就是说，不要认为30分钟课程是1小时课程时长的一半，它的价格就要正好是1小时的价格的50%。对私人教练来说，把每件事都安排在半小时内完成更具挑战性，因此他应该得到更高的报酬。事实上，根据2015年IDEA报告（Schroeder，2015）提供的数据，30分钟课程的费用一般是每小时费用的60%~70%，或者更准确地说，平均为62%。这意味着，连续进行两个半小时的课程，每小时的收入是标准1小时课程费用的120%~140%。

半私人和小组私人训练

　　同样，提供多人培训课程包含比一对一训练更多的工作。因此，与相同时长的一对一课程相比，私人教练在多人课程中获得的报酬更高。多付给私人教练费用的结果可能会影响到对一组客户收取的费用（多人团体的参与者支付的费用较少，因为他们的私人训练时间少，所以私人教练的薪酬可能会更少）或俱乐部从每个团体课程中获得的利润，或者两者皆有。

　　例如，您要同时训练两个客户。如果您只是让他们分摊一对一私人训练的每小时费用，那么俱乐部会付给您更多的工资，而俱乐部就赚得少了。对客户来说，这是一笔不错的交易。他们只需支付一对一服务全额费用的一半。但他们应该明白，要同时训练他们两个人需要付出更多的努力，因此他们每个人都应该支付超过50%的时薪，这样您才能赚得更多。例如，您可以向他们收取60%的一对一私人训练费用。这样，您赚得更多，俱乐部也赚得更多，而客户仍然可以通过支付低于全额时薪的价格获得交易。

让我们用一些数字来充实这个例子。具体来说，假设俱乐部一对一私人训练的标准收费是每小时64美元，您和俱乐部按60%和40%的比例进行分成。以下是各方为一对一私人训练课程支付的费用。

一对一私人训练课程的时薪 = $64

私人教练报酬 = $64 × 0.60（60%）= $38.40

俱乐部报酬 = $64 × 0.40（40%）= $25.60

现在，不是向两个半私人训练客户收取时薪的50%，而是将成本提高到时薪的60%。以下是您和俱乐部在半私人训练课程中获得的报酬。

半私人课程每个客户每小时支付的费用 = $64 × 0.60（60%）= $38.40（不是$64）

半私人课程每小时的收入 = $38.40 × 2 = $76.80

私人教练报酬 = $76.80 × 0.60（60%）= $46.08（不是$38.40）

俱乐部报酬 = $76.80 × 0.40（40%）= $30.72（不是$25.60）

每个人都赚了！此外，与30分钟的一对一私人训练课程一样，30分钟半私人课程的人均费用通常为正常每小时费用的60%~70%。这再次意味着每小时收入是一对一课程标准小时费用的120%~140%。

对于小组私人训练，它的工作方式略有不同。小组中的人越多，他们获得的个人关注就越少，因此，他们应该支付的费用就越低。不管小组有3个人还是10个人，大多数俱乐部都只收一个很低的价格。如果不超过半私人训练的话，您需要收取足够的费用来支付私人教练至少相同的费用。由于您真正需要考虑的是您提供这项服务的最低成本。

使用以前的半私人训练为例，每小时总收入为76.80美元，如果我们只是将这个数字除以小组中的3个参与者，它会是什么样子？对于小组私人训练课程，他们每人每小时支付的不是38.40美元，而是25.60美元（即每小时减少了12.80美元）。这对3个客户来说当然是个不错的交易，但与半私人、私人训练课程相比，私人教练和俱乐部不能赚更多的钱。但是，请记住，这个示例处理的是最小数量的参与者。现在我们来看看参与者最多时的情况。

如果每位客户每小时为小组私人训练支付25.60美元，并且有10名参与者（最大人数），那么一个小时的总收入将是256美元。鉴于总数，这是您和俱乐部会得到的报酬。

私人教练报酬 = $256 × 0.60（60%）= $153.60

俱乐部报酬 = $256 × 0.40（40%）= $102.40

因此，小组私人训练有可能为私人教练和俱乐部带来更多的收入。

我知道很多健身俱乐部和工作室对小组私人训练的收费不到25美元。当然，较低的价格更能吸引客户。如果您设定了一个较低的价格，那么就需要设定一个较高的最低参与者数量，以保证您不会比半私人训练课程赚得少。

团体健身课程

现在让我们考虑不包含在会员资格中的团体课程的定价。在20世纪80年代后期，通常为每次课程10美元或10次课程90美元。奇怪的是，我看到的大多数健身房今天还收取相同的价格。当然，一些精英工作室收费更高。例如，我知道一些室内单车工作室，每节课的收入从15~34美元不等。那么，您应该如何设定价格？要考虑您向教练支付的费用以及您拥有的空间。

让我们考虑以下这些因素。首先关于教练的工资，团体健身教练的平均时薪是27.50美元（Schroeder, 2015）。接下来让我们来看看容纳力。假设您的工作室可容纳20名参与者，您每周提供20次课程。这也就是说每周有400个潜在顾客。每个月平均4.33周，您每个月可以提供87次课（总潜在客户为1 732）。因此，每个月教练的工资是87 × \$27.50 = \$2 392.50。

将该数字除以每节课费用，以确定每月需要多少参与者才能支付教练的工资。如果您的每节课的费用是15美元，那么您每月需要160名参与者。将该数字除以课程数量，以获得为了支付工资每个班级所需的平均人数：160（参与者）÷ 87（课程数）= 每个班1.8（四舍五入为2）人。注意，如果您提供一个无限的会员资格，那么由于每次课程的费用折扣，最低人数的参加者需要支付给教练的费用将更多。这样的好处是，如果在某个月所有班都有最大的参与人数，那么您就会赚：1 732（参与者）× 15美元（每节课费用）= 25 980美元！

具体的目标导向计划

为目标导向计划定价通常更容易，因为您需要做的就是总计时间和服务。与正在进行的计划的费用相比，大多数俱乐部都会对固定时长的计划进行打折，但在我看来，这就像对更大的套餐打折一样。我认为，一个具体的目标导向计划套餐具有固有的吸引力，不需要更低的价格。

举个例子，让我们回到之前提到过虚构的为期8周"我的第一个5 000米"计划的早期案例，将每个组件的时间加起来。

- 两个Cooper 12分钟跑步/步行测试：15分钟 × 2 = 30分钟。
- 5km比赛的报名费：注册15分钟，比赛费用35美元。
- 每周8次30分钟的跑步机课程：4小时。
- 每周8次30分钟的赛道课程：4小时。
- 每周8次60分钟的跑步或步行：8小时。
- 总计：16.75小时和35美元。

由于此计划就像是一个小组私人训练计划（限于12个参与者，因为在我们的例子中只有12个跑步机），让我们使用之前25.60美元/小时的小组训练成本计算。总时间为16.75小时，乘以25.60美元，总计428.80美元。加上35美元的比赛注册费，最终每个参与者参加8周计划的总费用为463.80美元。

更多内容

您的产品和价格是使您的业务可行的关键因素。您为不同目标市场提供的服务可能会有很大差异，并可能随着时间的推移而不断发展。当您开始创业时，询问自己哪些产品最适合您的客户并帮助他们有效地实现其目标。例如，会员资格对于积极主动的个人来说非常好；一对一私人训练提供最直接的关注；半私人、小组和团体健身课程提供的私人教练或指导员的关注度越来越低，但社会联系和责任水平不断提高，价格也在不断下降。您还可以考虑其他可能的收入来源，比如销售服装或营养品。

一旦您确定了产品，就可以为每个产品定价了。这个过程涉及下列因素之间的复杂相互作用：您的成本、目标市场、人口统计、竞争、独特的销售主张、客户感知的价值、自己相信的价值以及花费的时间。当这些细节全部汇总在一起时，您就可以进入市场并进行销售了。

在进入下一章之前，我想提醒您：除非您开了一家低价俱乐部，否则不要为了竞争提供最低价格。如果您的价格低于最低的竞争对手，那么竞争对手就会提供更低的价格，这个过程会一直持续下去，直到您付不起账单。相反，做得更好，收费更高，在质量和价值上竞争，这样您才能获胜。

现在您已经了解了您的产品，是时候制订表单和合同了，您需要保存它们来为将来发生的事务和交互作适当记录。第10章将介绍从病历表到独立承包商合同的所有内容。

制订表单和合同

第6章讨论了记录业务的重要性。本章向您介绍健身行业中最常用的表单和合同。使用这些表单对于您作为企业管理者、经理或私人教练至关重要，因为它们有助于经营一家安全、高效和专业的健身企业或健身中心。

通过表单和合同进行标准化和澄清

表单是简单的信息工具，俱乐部会员、客户或员工可以填写表单，为俱乐部或私人教练提供详细信息，使其能提供更好的服务。正式表单至少需要填写表单的人签字，以确认理解和同意。一些会员和客户表单可以帮助您的公司提供法律保护，例如，PAR-Q+、健康史和医生的许可表。其他表单会保护您，例如知情同意书和豁免书。还有一些表单（或传单）向会员和客户提供关于俱乐部的信息，或者关于您和您的产品的信息。

员工表单包括从初次就业表单（比如，联邦所得税扣缴的W-4表格）到日常维护和清洁清单。其他员工表单记录政策和程序，使员工能够执行任务和遵守程序。换句话说，这些表单为所有人提供了一种保持工作一致性的方式。具体来说，如果您有不同类型的员工（或者只是想为自己记录关键信息），那么您应该为不同的任务撰写流程，比如打开和关闭设施、处理紧急情况、办班以及和新客户会面。执行特定任务的人应该签署此类表单，以确认他了解完成任务的方式，签名表单可以存档在员工的人事档案中。

合同一般较长，具有法律约束力。本章后半部分将探讨会员合同和私人训练合同的一些共同要素。在商业方面，本章还涉及房地产租赁、设备租赁和独立承包商合同，这些合同都有自己的特殊要求。

保密性和与未成年人签订的合同

所有表单和合同都应保密，尤其是包含个人身份信息（如社会保险号、借记卡或信用卡信息以及赛前体检表）的表单和合同，此类表单应保存在加锁档案中。请注意，与法定未成年人签署的知情同意书、豁免书和合同等表单不具有法律约束力（请查看有关年龄截止日期的州法律）。因此，如果有未成年人想要使用您的设施或与私人教练一起工作，所有表单和合同必须由父母或法定监护人签字。此外，如果您对法定未成年人应用不同的规则或指南，请确保在加入或注册参与时，告知未成年人和父母或法定监护人这些差异。

会员和客户表单

表单可以作为一种沟通信息和设定期望的方式。它们应该同时用于会员和客户以及与提供服务有关的任何员工。有助于您为会员和客户提供服务的表单包括与健康和保健、承担责任和豁免相关的表单。在每一种情况下，表单都必须在制订锻炼计划之前完成，最好是在进行最初的健身评估之前完成。许多表单都可以在附录 B 和网络资源中找到，您可以根据自己的情况修改它们。

PAR-Q+ 表

体能活动适应能力问卷（PAR-Q+）是一种风险评估，作为一种最小的筛查工具，帮助您确定在某个人开始锻炼计划之前是否需要医生的许可。之前的 PAR-Q 版本导致了许多误报。这个缺陷耗费了时间和金钱，并为开始锻炼计划创造了障碍（Bredin, Gledhill, Jamnik, & Warburton, 2013）。为了解决这个问题，在新版本中，如果 7 个问题中只有一个回答是，则不会让客户去看医生。它会引导个人回答其他问题，以便更详细地了解他是否能够参与健身运动。因此，这不会限制低风险个体执行从低强度到中等强度的锻炼计划。

这次修订后的 PAR-Q+ 可简单快速地填写，此表现在是一种有效的筛选工具。所有想锻炼的客户和会员都应该完成此表（如果愿意，您也可以使用更深入的筛选工具）。附录 B 中包含 PAR-Q+ 表。

健康史和活动历史记录

健康史是一个重要表单，它可以帮助您确定某人在开始锻炼计划之前是否需要看医生。如果这个人现在就可以开始锻炼，那么病历表也会告诉私人教练在为此人制订训练计划时需要考虑的任何身体状况。该表通常包括有关心血管危险因素的问题，比如年龄、心脏病史、吸烟、高血压、胆固醇、血糖、肥胖、久坐的生活方式和高密度脂蛋白水平等。其他方面可能会询问下列问题：任何手术经历、肌肉骨骼症状、呼吸道疾病和目前的药物治疗状况等。您也可以使用生活问卷方式或活动历史记录表来询问一些问题，比如个人的锻炼计划（过去和现在）、饮食习惯和健康习惯。此表还会询问客户的目标，以及在以往实现这些目标的努力过程中所经历的成功和挑战。

虽然健康史和生活方式调查问卷通常用作两个单独的表格，但我发现将它们结合起来使用可以实现两个主题之间的顺利过渡和联系。这种联系有助于客户和私人教练了解整体情况。如果您使用组合表单，请为其提供一个用户友好的标题，比如个人健康档案。附录 B 给出了一个示例。

医生的许可

如果 PAR-Q+ 或健康史显示客户在开始锻炼计划前需要获得医生许可，那么您还需要另一个表单。具体来说，它是一个标准表单，用来记录医生的全部批准、限制批准或不批准意见。鉴于医生可能会给予限制批准意见，因此表单应提供他的运动建议和限制。有关医生的许可表，请参见附录 B。

知情同意书

知情同意书和豁免书并不相同；它们涵盖了风险管理的不同方面，每个方面都需要填写。知情同意书描述计划或活动，总结其固有的风险和好处，包括保密条款，并说明参与者的责任。为了让知情同意书作为保护您的一种防御策略，参与者（潜在原告）必须"了解、理解并认识到固有风险，并自愿参与活动"（Eickhoff–Shemek, 2007）。换句话说，您需要告知此人该活动的内容，并获得他对所描述的一切的理解和接受。理想情况下，您需要与个人一起审核表单，回答（和记录）他对表单内容的任何问题。

例如，我创建了一个儿童跑酷和自由奔跑的课程，知情同意书上写着："我们跑、爬、跳上去、跳下来、跳过物体、滚动、爬行、追逐，做任何其他孩子可能在操场上做的事情。虽然我们将监视风险较高的活动并在适当的地方使用垫子，但应该假设在操场上可能发生的伤害在课程上同样也会发生。"该描述阐明了活动，父母必须在表单上签字，以表明他们愿意让孩子参与。

当然，在一般的健身中心中，知情同意书应该包括更广泛的概括声明，比如"Joe's Gym提供自由举重、举重器械、有氧运动器械、团体健身课程以及其他计划和服务。从本质上讲，所有身体活动都有风险。这些风险因人而异，这些因素包括目前的健康状况、他们对特定活动的了解，以及他们自己选择参加或继续参加任何特定活动。"在表单的底部，会员将签名并注明日期，声明："我已阅读、理解、同意并承担参加Joe's Gym的任何或所有活动的风险。如果受伤，我将放弃诉讼的权利，即使受伤是由Joe's Gym的员工疏忽造成的。"

附录B中包含的知情同意授权书将知情同意书和豁免书结合在了一起。在承诺使用此知情同意书或任何其他知情同意书之前，您应根据自己健身中心的需要和所有适用法律，获得律师批准。

知情同意书应该针对活动，并应总结活动的固有风险

客户表

客户表有多种用途。首先，它们获得知情同意书和责任豁免，涵盖该人员在您的健身中心中从事的任何活动。客户表还会收集您可以用来跟进客户的联系信息。具体来说，您应该收集的信息如下。

- 姓名。
- 邮寄地址。
- 城市。
- 州。
- 邮政编码。
- 主要联络电话。
- 电子邮件地址。
- 出生日期。
- 年龄。
- 性别。
- 描述客户如何知道您的俱乐部。
- 总结客户计划进行的活动或训练计划。
- 紧急联系人姓名和电话。

联系信息可以让您跟进客户的会员资格、计划或私人训练。描述对方是如何了解您的，这有助于您了解营销工作的有效性。总结客户在健身中心进行的活动或训练能让您了解他的兴趣所在。您还可以询问客户的运动目标。

评估表

　　许多类型的健身和健康评估可供您与您的客户使用。它们通常包括一些活动（测试或程序），这些活动超出了一个人在健身中心锻炼时的通常体验。因此，您需要创建一个单独的知情同意书，详细说明评估的性质、目的和涉及的风险。我还为这些活动创建了一个特定的豁免书，但您可以与律师核实一下，看看一般的豁免书是否适用于您的评估。

　　可能用到的表单列表一直在增加（另一个常见的表单是照片和视频豁免表）。但是，请记住，您不想让客户因为填写表单而感到不堪重负。如果他们签了太多的表单，他们可能永远不会记得他们签署的内容（我们不久前卖掉了房子，所需的表格堆在一起非常厚。我从来没有签过这么多表单，但却对自己所签内容知之甚少）。因此，为了简单起见，您可以选择组合一些表单。例如，Jiva Fitness 关于团体健身计划的知情同意书和豁免书被简化并合并在一张纸上。

　　附录B包括常用的评估记录表，其中包括记录生命体征、身体成分测量和健身测试结果部分。也可以在网络资源中找到评估记录表，并对其进行修改以满足自己的目的。

员工表单

　　与会员表单和合同一样，员工表单的目的是为了清楚地了解员工的期望以及如何履行职责。所有相关文档的副本应保存在每个员工的档案中。虽然我所说的这些表单与您的员工有关，但它们也适合您。即使您可能知道自己想要做什么以及如何做，但您也可以因为记录自己的活动从两方面获益。首先，它会记录您正在进行的活动；其次，它向您的员工显示您是团队的一员并对规则负责。

初次就业文档

　　每个健身中心或俱乐部都是一个独特的企业，所有新员工在入职时都要填写特定的标准表单。美国国税局（2017年）提供了这些表单的综合列表。3种主要表单如下。

- 薪酬协议，说明员工的薪酬和支付方式。
- W-4表（员工预扣税证明书）。
- I-9表（就业资格认证）。

紧急程序协议

　　如您所见，风险管理的一部分是采取法律预防措施，比如，获得知情同意书和豁免书。风险管理的另一个重要部分是首先确保提供适当的训练和护理。因此，建立所有员工都能理解和执行的紧急程序至关重要。这些程序应该包括设施紧急情况（比如火灾和地震）和个人紧急情况（比如会员心脏骤停）。该文档应详细说明需要采取哪些措施来处理特殊情况。

紧急协议示例

在会员晕倒的情况下，执行以下操作。

➊ 检查现场是否安全。

➋ 检查患者的反应。

    a. **如果个人没有反应**，拨打急救电话，并将手机调成扬声器模式。继续步骤 3。

    b. **如果患者在倒下后有反应**，拨打急救电话并与患者待在一起，直到医护人员赶到。

➌ 指定另一名员工、会员或客户去拿工作室前门的 AED；如果是您一个人，自己去拿。

➍ 派另一名员工、会员或客户到大楼前门，当医护人员到达时，引导他们进入工作室。

➎ 如果尚未提供 AED，请检查 5~10 秒的血液循环迹象。

➏ 确保患者躺在一个坚实平坦的表面。

➐ 遵循 AED 指示并根据需要执行 CPR。

➑ 继续，直到医护人员到来。

医护人员到达并负责后，填写并归档事故报告（表单在服务台）。

发生火灾

如果发生火灾，员工必须执行以下操作。

➊ 引起所有员工、会员、客户和其他客人的注意，将他们引导到紧急出口，然后到达指定的区域（穿过院子到街对面的人行道）。如果健身中心内有多名员工，应由一名员工领导该小组。

➋ 拨打电话通知消防部门。

➌ 如火势较小且受到控制，员工应打开灭火器（位于前门入口处）并进行灭火。如果火继续燃烧，员工应做最后的检查，确保所有人都已离开健身中心，然后前往紧急出口，并关闭沿途的防火门。

➍ 如果火势大或正在蔓延，立即进行最后一次检查，确保所有人都已离开健身中心，然后前往紧急出口，并关闭沿途的防火门。

➎ 离开后，与其他人员会面，并清点人数。

消防官员同意返回健身中心后，填写并归档事故报告（表单在服务台）。

意外及受伤报告

当意外或伤害发生时，请详细记录，以便在需要的时候可以查阅您的记录。本文档应包括的信息如下。

- 受伤人员的姓名。
- 受伤人员的联系信息。

- 意外或受伤日期。
- 描述意外或伤害的发生方式。
- 事故发生地点。
- 目击证人的姓名。
- 每位证人的联系信息。
- 描述所采取的相关行动，包括所涉及的人员。
- 填写报告的员工姓名。

其他表单

您可能还希望您的员工使用或填写其他表单，示例如下。

- 健身咨询程序。
- 每日开放清单。
- 清洁清单。
- 设备维护日志。
- 电话脚本。

可以在附录B中找到地板、墙壁和天花板的清洁清单和设施和设备维护日志。也可以在网络资源中找到它们，并对其进行修改以适合您的目的。

您还应通过创建以下一种或多种表单来记录某些员工情况。

- 员工纪律表。
- 员工解雇表。
- 离职约见表（适用于自愿离职的员工）。

会员合同类型

就我们而言，合同是两个或更多实体之间具有法律约束力的书面协议。它们描述了实体之间交易中包含的内容和未包含的内容。此外，通过签名，他们承认理解合同的期望和限制。因为合同是具有法律约束力的，所以在使用合同之前，应该让律师审查一下。

请注意，大多数人不喜欢填写文书工作，几乎没有人会读冗长的协议。文件作为合法合同并不一定意味着文件必须很长或用法律术语书写。保持您的语言清晰，合同越短越好，毕竟，真正的目的是达成理解。

会员合同可以帮助解释
会员和员工的职责

会员合同

　　会员合同有助于明确提供信息和确定义务。不幸的是，它们也可能是恶意的来源。例如，它们通常让会员签订一段时间的合同并承担一定的财政义务。它们还可能包括对提前终止合同的经济处罚。如果一个会员搬家或生病了，想象一下这种持续的财务义务会让他们对您的企业产生怎样的感觉。作为限制性合同的结果，如果您在网上搜索"健身俱乐部会员合同"，大多数点击都是关于如何摆脱这些合同的。针对这一问题，纽约州的认证服务部（New York State，2011）创建了一份关于健身俱乐部许可的文件，以"保护公众免受健身俱乐部行业欺骗和避免财政困难"。

　　会员合同的意义不应该是让会员陷入或锁定他们不再希望成为其中一部分的东西。认识到这一事实，许多比较开明的健身俱乐部正在取消其会员合同中的时间承诺。这一变化使潜在会员更容易决定加入俱乐部，也使会员在选择离开时更容易。

　　为什么您想让他们更容易离开？好吧，如果某人出于某种原因选择离开您的俱乐部，并且在离开时遇到了麻烦，那么这个人就会对您的俱乐部产生不好的感觉。这种类型的离开会让对方不太可能再次加入，并且更有可能向别人抱怨您。而如果这个人离开时是顺利、友好和没有麻烦的，那么这个人不仅可能在以后回来，还可能会把别人介绍给您。考虑到这些因素，我的建议是将会员协议限制为按月签订。

　　现在，是时候考虑应该包含在会员合同中的内容了。让我们来看看一些必要信息。

一般会员信息

- 姓名。
- 出生日期。
- 家庭住址（邮编，州，城市，街道）。

- 家庭电话。
- 移动电话。
- 电子邮件地址。
- 紧急联系人姓名和电话。
- 医生的姓名和电话。

会员信息

- 类型（如果您提供多个选项）。
- 费用。
- 会员开始日期。
- 会员结束日期。
- 付款方式（全额或定期付款，通过现金或信用卡或借记卡付款）。
- 自动付款信息（自动结算许可、信用卡或借记卡上的姓名、卡号、有效期、信用卡校验码）。

私人训练的会员或客户合同

会员或客户的私人训练合同阐明了雇用私人教练的期望和指导方针。它应该包括您的预订和取消政策、预计课程时间（我们都有客户会迟到，但仍然希望他们"全勤"），如何与指定的私人教练取得联系，以及您希望会员或客户在开始私人训练之前了解的内容。合同应至少包括以下信息。

会员或客户信息

- 姓名。
- 电话（家庭）。
- 电话（手机）。
- 电子邮件。
- 地址。
- 首选通讯方式（电话、电子邮件、短信、其他）。

私人训练政策

- 费用。
- 取消。
- 客户迟到。
- 私人教练迟到。

其他信息或期望（可选）

- 得体的衣着。
- 持续的开放沟通，因为它涉及客户的健康和健康状况的任何变化。

私人教练信息

- 姓名。
- 电话（俱乐部或工作室）。
- 电话（手机）。
- 电子邮件。
- 私人教练的签名（日期）。
- 会员或客户的签名（日期）。

虽然其中一些细节可以作为信息发布的一部分来处理，但我希望将它们包含在签名文档中。这样，会员或客户就可以保留一份副本以提醒他们。

常见的商业合同类型

至此，我们已经介绍了各种文档，解决了您的企业与其会员、客户和员工之间的关系。无论您是作为独资经营者还是公司经营，在签署合同之前，您都必须了解其他类型的合同。下面3个示例是房地产租赁、设备租赁和独立承包商合同。

下面的讨论只是为了让您对这些合同类型的预期内容有一个大致的了解。它们是各方之间具有法律约束力的协议；因此，它们应该始终由您的律师审查。签订房地产或设备租赁合同可能需要您提供个人和企业的信用评级，以及当前的财务记录。如果您的身份被认为不合适，那么您可能需要找到一个担保人。

房地产租赁

如果您不在其他人的健身中心、家中或办公室工作，那么您可能会购买或租赁场地。租约和租赁的面积一样多变。以下是最常见的要素。

- 房东的姓名和联系方式。
- 租户的姓名和联系信息。
- 常见合同术语的定义，比如租金、额外租金，公共区域和设施，以及可租赁面积。
- 租赁空间或办公场所的定义。
- 租赁期限（通常为5~10年，这样就不用每年搬家了）。
- 租金金额、到期日，以及任何需要的押金（如首期预付或上月预付）。
- 租户对空间的预期使用。
- 续订选项（作为为企业提供未来位置的一种理想方式）。
- 承租人改善空间是否必须得到房东的批准。
- 维修内置物品的责任。
- 保险要求（涵盖的数量和内容，值得与您的保险代理商联系）。

- 租赁终止条件。
- 转租选项。
- 房东或租客希望达成协议的其他条款或项目。
- 参与方的签字日期。

请注意，各州的要求可能不同，甚至各个房地产房东的要求也不相同。

设备租赁

创业时，您要决定在健身中心放什么设备。这些设备可以购买或租用。直接购买可能会使您的现金流降低到危险程度，因为设备可能很贵。相比之下，租赁设备提供了一些优势。当然，其中之一就是它可以让您保留更多的现金储备。它还能让您节省税款，因为贷款人的付款是以税前美元支付的。典型的首付款包括一笔或两笔预付款，约占总费用的 2%~5%。您还需要考虑其他前期投入（销售税，以及运输和安装费用），但它们可以添加到总租赁价格中（Nolan, 2015）。

设备租赁合同至少包含以下部分内容。

- 出租人的姓名和联系信息。
- 承租人的姓名和联系信息。
- 租赁期限。
- 每月租赁金额、到期日，以及任何保证金要求。
- 要求承租人对设备进行适当的护理和保养。
- 要求承租人对设备进行适当的投保。
- 未经批准，不允许将设备转让和销售给另一方。
- 如果承租人申请破产，设备的处置。
- 参与方的签字日期。

独立承包商合同

无论您是作为独立承包商工作，还是准备用独立承包商的身份为他人提供服务，您都应该知道独立承包商合同的内容。本文档规定了作为独立承包商工作的期望以及公司与独立承包商的共识。以下是独立承包商合同的典型组成部分。

- 企业的名称和联系信息。
- 独立承包商的姓名和联系信息。
- 制订表单和合同。
- 签订了哪些服务。
- 提供合同服务的位置。
- 独立承包商的训练对象。

- 合同服务的期限。

- 为独立承包商确定费用，如何从客户那里收到付款，以及如何支付独立承包商。

- 独立承包商所需的认证。

- 独立承包商的责任保险证明。

- 独立承包商承担的风险。

- 竞业禁止协议，以保护业务。

- 参与方的签字日期。

更多内容

　　表单和合同提供了具有清晰性、可理解性和关键操作性的文档。为了实现这些目标，请尽可能简化语言。这些文档为您和您的健身中心提供了保护，使您免受诉讼，并确保以您喜欢的方式完成任务。

　　会员表格可以帮助我们了解个人参加健身计划的准备情况以及此人希望实现的目标。示例包括PAR-Q+、健康史和生活方式问卷以及医生的许可表。此外，知情同意书和豁免书可以保护私人教练和整个企业免于在责任诉讼中被判有罪。

　　员工表单包括薪酬协议、W-4和I-9等就业表单，以及在为俱乐部工作时做什么和如何做的文件。其他重要文件包括紧急程序和意外及受伤报告的描述。每个表单都应作为执行或理解如何在健身中心或企业中执行关键任务的工具。

　　合同是与客户或会员或外部各方建立协议的更正式的文件。例如，租赁合同和独立承包商合同。合同通常会涉及很多细节。因为它们是具有法律约束力的文件，您应该始终让律师撰写或审查它们。

　　本章中涉及的表单和合同不构成完整清单。您会遇到其他人并且会想要雇用其他人，并且您需要随时调整并更新表单和合同。企业拥有这一部分内容会始终处于主动的位置。

　　现在是时候看看财务盈利的细节了。第5章介绍了预测持续成本和收入的过程。跟踪和管理成本和收入（以及其他一些关键绩效指标）对于最大限度地提高企业盈利能力至关重要。在下一章中，您将了解当预测数字与实际数字不匹配时应该做什么。

第11章

实现财务
盈利

我们进入健康和健身领域做教练，是为了帮助人们改善他们的生活。但是这并不意味着我们不想过舒适的生活。无论您是在经营一家大型俱乐部，还是在客户家中提供私人训练，您都必须了解经营企业的财务状况，以及如何使企业盈利。即使是非营利组织也需要盈利，他们只是把多余的资金再投资到组织中而已。

会计软件

要跟踪财务统计数据（通常简称为"财务数据"），您需要熟悉阅读和操作电子表格。是的，您可以让其他人进行数据输入，但您仍然需要查看和了解这些信息。毕竟，这是您的钱！许多软件程序可用于生成这些财务报告，包括电子表格程序，比如Microsoft Excel、Google Sheets和Numbers（用于Apple设备）。这些应用程序具有无限的适应性，学会如何使用它们可能需要一段时间。我现在使用Excel干很多事情，但在早些时候，我花了很长时间才学会如何充分利用它。如果想要在起步和运营企业时更简单快速，您可能更喜欢完整的指导程序，比如QuickBooks、FreshBooks、Xero、Zoho Books或Wave Accounting（Angeles, 2016a）。

最佳选择取决于您需要软件执行哪些任务。为了帮助您选择，创建一个需求分析，并只考虑满足这些需求的程序。您的考虑可能包括一些因素，比如使用简单、按需访问账户信息、法律遵从性、生成各种报告的能力以及移动访问。当然，另一个考虑因素是价格。许多顶级程序都是基于云的，它们通常每月收取10~40美元不等的费用（Angeles, 2016b）。

即使您使用会计应用程序，我建议您至少在纳税申报时找个会计师。您还应该倾听会计师的应用建议，并确保该应用可以满足您的业务需求。

损益表

您需要学习使用损益表（P&L）或企业收益表。损益表表明了企业在财务方面的表现。您可能还记得，您为商业计划生成的财务信息应包括前3年的预计预算（请参阅第5章，以及附录A中提供的财务计划模板）。开始运营后，可以将该预算与特定时间段（通常是上个月、季度或年）的实际数字进行比较。这种比较的关键是根据需要调整计划，以最大限度地提高收入并最大限度地降低支出。

Jiva Fitness示例

表11.1显示了一个示例，其中"预算"列中的数字直接取自第5章表5.4（Jiva Fitness的每月支出和收入）。当然，这一列显示了预计会出现的情况。在其左侧，"实际"列显示月末的报告数字。在其右侧，"差异"列显示预计数字与实际数字之间的差异。

正如您在本例中所看到的那样，一些费用（比如租金）是固定的或相对不变的。其他费用

表11.1 **Jiva Fitness第一个月的损益表**

预算项	实际	预算	差异	变化说明（如适用）
			第1个月	
			每月支出	
1. 租金	$1 500.00	$1 500.00	$0.00	
2. 电费	$150.00	$200.00	$-50.00	使用的电量减少
3. 贷款支付（基于100 000美元）	$2 000.00	$2 000.00	$0.00	
4. 有线和互联网	$49.00	$49.00	$0.00	
5. 电话	$150.00	$150.00	$0.00	
6. 记账和薪资服务	$100.00	$100.00	$0.00	
7. 饮水	$20.00	$40.00	$-20.00	减少饮用水量
8. 在线调度和支付服务	$85.00	$85.00	$0.00	
9. 日杂用品（比如纸张和卫生用品）	$15.00	$50.00	$-35.00	使用的清洁用品较少
10. 网站维护	$59.00	$59.00	$0.00	
薪金支出				
11. 薪酬管理	$3 333.33	$3 333.33	$0.00	
12. 教练薪酬（$25/课×#次课/周×4.33周/月）	$866.00	$1 082.50	$-216.50	教练的工资减少
13. 私人训练薪酬（50%的私人训练收入）	$454.65	$363.72	$90.93	私人教练的工资增加
总支出	$8 781.98	$9 012.55	$-230.57	**总支出降低（节省了开支）**
			每月收入	
会员收入				
14. 班级会员费	$69.00	$69.00	$0.00	
15. 班级会员上限	200	200	0	
16. 每周的课程数	8	10	2	举办的课程较少
17. 预计售出的班级会员人数	3	10	7	出售的会员数量减少
18. 预计每月会员收入（会费×会员人数）	$207.00	$690.00	$-483.00	课程收入减少
私人训练收入				
19. 私人训练费用	$42.00	$42.00	$0.00	
20. 每周私人训练课程上限	40	40	0	
21. 每周的课程数	5	4	1	举办了更多课程
22. 每月的课程数（平均每月为4.33周）	21.65	17.32	4.33	举办了更多课程
23. 预计每月的私人训练收入（私人训练费用×课程数）	$909.30	$727.44	$181.86	私人教练工资增加
总收入	$1 116.30	$1 417.44	$-301.14	**总收入降低（赚的少了）**
每月净收入总额（收入－支出）	$-7 665.68	$-7 595.11	$-70.57	**净收入减少（亏损更多）**

每月都不一样。例如，电费（表11.1，第2行），您可以找到节约能源的机会（也是省钱的机会）。这些是您需要积极管理并尽可能减少的费用，以便最大限度地提高净收入。您还可以看到饮用水、日杂用品和教练薪酬（工资单）的费用低于预期（第7行、第9行、第12行）。不幸的是，仅仅说"费用下降了！"是不够的。您需要理解为什么它们低于预期（稍后会详细介绍）。

现在让我们来看看收入。在损益表的收入部分中，第一个差异包括实际举办的课程少于预期（第16行）。当然，举办的课程数量减少意味着对教练的需求减少，这就解释了为什么教练薪酬开支（第12行）低于预期。

在许多情况下，减少开支是一种积极的改变，但是对于您的产品（如课程），需要进行持续的分析。例如，提供更少的课程意味着支付的教练薪酬更少，但如果每周提供的课程太少，那么也会降低购买无限制会员资格的会员的感知价值。想象一下，两种不受限制的团体健身会费为69美元，其中一种每周提供35节课，而另一种每周只提供5节课。提供35节课可以让会员有机会参加更多的课程，或在不同的时间参加不同的课程。因此，它将具有更高的感知价值。

在Jiva Fitness健身俱乐部，我们决定每周至少提供10次课程，为我们无限制的团体健身会员创造价值（您会注意到，在表11.1中我们在第一个月平均每周只上了8节课。这是由于预定的课程没有参与者）。这个套餐给了Jiva Fitness一个机会，可以在不消耗太多净收入的情况下构建团队健身计划，同时我们也在努力弥补教练费用。也就是说，您仍然可以选择减少课程的数量，或者完全取消每月的会费，改为按课程付费。

第2个差异涉及已出售的课程会员数量（第17行）。具体地说，我们的会员人数比预计的要少7人。这肯定不是积极的变化！这意味着我们通过会员资格（第18行）获得的收入比预期少了483美元，超过了当月教练薪酬节省的216.50美元。因此，这个月的团体健身计划亏损266.50美元。

至于私人训练的月收入，我们预计每周销售4次，但实际上销售了5次（第21行）。鉴于每月平均4.33周，额外会员资格意味着我们销售的私人训练课程比本月预计多出4.33次。这一差额相当于收入比预期高出181.86美元（第23行）。当然，由于私人教练的工资是他们收入的50%，因此我们看到私人训练薪酬费用（第13行）也相应增加了（90.93美元）。因此，在这种情况下，更多的收入意味着更多的工资。换句话说，当私人训练薪酬超出预算时，这意味着私人训练收入也增加了（假设您只对所提供的课程支付工资）。这是一件好事！

现在让我们看一下显示节省费用的项目。除了较低的教练薪酬开支（第12行）之外，其他变化可归因于来到健身中心的人数少于预期。由于灯、跑步机等的需求低于预期，因此使用的电量更少。人口减少也意味着需要的饮用水更少，使用的清洁用品也更少。因此，您可以看到，较低的支出不一定会带来更好的财务前景。

认识到支出和收入项之间的相互作用，可以让您在查看总净收入时了解当月的利润或亏损。本月的预计亏损为7 595.11美元，但实际亏损为7 665.68美元，比预算金额多70.57美元。

最大化净收入的想法

根据损益表中提供的信息，您可以决定采取哪些措施来提高净收入。最理想的情况是，您应该尽量限制开支并增加收入。

对于不固定的费用，您可以寻找更便宜的物资或使用更少资源的方法。例如，您可以在灯上安装传感器，这样当没有人在特定的空间或房间里的时候，它们就会关闭。这个想法怎么样？您也可以逐店选购价格最优惠的清洁和办公用品。另一个选择是减少支付给私人教练的收入比例。许多健身中心都选择这种方法，但削减工资也会降低私人训练团队的积极性和忠诚度。

您还可以将管理层的薪酬结构从单纯薪金更改为实际总收入的百分比。在 Jiva Fitness 的示例（表 11.1）中，管理人员的工资预算为 3 333.33 美元，以反映两名管理人员的合并工资，他们每人每年收入为 20 000 美元。这是实际总收入 1 116.30 美元的 299%。您可能会同意，在创业初期，您付给管理人员 3 倍于实际收入的薪水，可能会对您的预算构成挑战！相反，如果您付给管理人员的工资是实际总收入的一个百分比（比如说 100%），那么管理部门的工资总额将是 1 116.30 美元，这将为您节省 2 217.03 美元。

为什么管理人员会选择按比例支付工资呢？一开始，他们赚的不多，但随着总收入的增加，他们可以赚得更多。例如，如果月总收入提升到 4 000 美元，与 3 333.33 美元的单纯薪金相比，他们可以多赚 666.67 美元。对他们来说，这是一个很有吸引力的提议，这样的工资比例是一种促使营业收入尽快增加的动力。同时，通过降低管理人员支出，直到健身中心实现更高的财务安全性，您作为企业所有者也能受益。

如果采用这种方法，必须对这种方法加以限制，以确保它不会失控。例如，您的总收入增加到每月 20 000 美元。管理人员可以赚到总收入的 100%（或 20 000 美元），这样他们的年薪就是 240 000 美元！将您的工资上限设定在一个足够吸引管理人员选择的水平，但要与行业标准保持一致。健身总监和团体健身总监的平均年薪从 41 332 美元到 56 203 美元不等［International Health, Racquet & Sportsclub Association（IHRSA），2015, p.11］。

从收入的角度来看，如何增加服务的销售额？在不泄露下一章所有内容的前提下，这里有两种方法可以帮助您。

- 促进或改变营销工作。您可能需要在目标市场的更多人面前展示您的品牌。这项工作可能包括走进社区、与人面对面交流，或进行直邮营销。此外，请考虑您当前的努力是否正在向正确的目标受众传递正确的信息。
- 改变产品。例如，与其简单地将团体健身或私人训练作为单独的项目提供，还不如将它们捆绑成一个套餐产品。例如，您可以提供一个套餐，包括无限的团体健身和每周两次的私人训练。

损益表背后的概念适用于所有级别的业务，无论您管理或拥有一个健身中心，还是作为独立承包商。系统跟踪能让您了解自己的收入、收入来源及收入花销。通过不断寻找限制开支和增加收入的方法，您将能够最大限度地提高净收入。

了解现金流量

现金流量表可帮助您了解企业可用资金的来龙去脉。这里的关键词是可用。能够支付意想不到的账单可能会影响企业是否能够继续经营下去。例如，想象一下，您的空调系统在一个闷热的夏天坏了。如果不马上把它修好，会员们就不会再来了，他们会找别的健身场所。但是，通常立即获得空调维修服务需要您向维修公司支付现金或支票。如果您刚刚将可用现金用于购买专卖店的物品来帮助您在未来获得收入，那么您将无法这样做。在那种情况下，您会陷入困境，直到您能获得更多现金为止。

下面是另一个示例。假设一家公司与您签订合同来提供健身计划。为了交付该计划，您需要购买某些设备，并且您使用大部分可用现金来购买它们，因为您知道在公司支付该计划获得报酬时能弥补这些现金。但是，您要求许多公司开具发票，然后可能需要长达90天才能收到发票（此外，发票金额根据参加该计划人数而定的情况并不少见。在这种情况下，您必须至少提供部分计划才能知道您将收取的费用）。

想象一下，在这段时间不得不支付设备费用但等收到支付发票时，您又将收到一份在30天内到期的健身中心景观美化账单，您发现自己又没有资金了。即使您知道提供公司健身计划的资金即将到来，但它可能会晚到60天，让您无法支付园林绿化费用。如您所见，"现金匮乏"是您需要避免的事情。

现金流量表是一种了解手头现金的工具。以下是计算现金流量的公式：

净收入 + 资产投资 + 存款和融资 = 现金余额

让我们从损益表中的总净收入开始。资产投资是您在投资上花费的净余额（例如，购买专卖店物品以进行转售）以及您从中获得的收入（例如，专卖店总销售额）。它还可能包括对新设备的投资，此项目经常（但并非总是）包含在损益表中。存款和融资要素包括您投资于企业的任何存款、任何商业贷款以及您所获得的任何信贷额度的净余额。虽然贷款构成债务，使用信贷额度会产生债务，但如果需要，它们仍然可以作为现金使用。

现金流量表可以帮助您做出支出决策，使您能够保留现金以支付正常和意外费用。回到前面的示例，鉴于现金流量很低，您应该暂停购买专卖店库存。在企业健身计划的例子中，如果您知道购买所需设备会耗尽您的可用现金，那么您可能会选择与公司协商购买设备，在30天内收到发票，或者坚持让公司预先支付该计划的费用。

正如这些例子所示，了解现金流量可以清楚地说明何时可以（或不可以）安全地将现金用于新投资。一条好的经验法则是每月或在考虑重大投资时生成一个现金流量表。表11.2列出了每月现金流量表的一个例子。

表11.2　**现金流量表示例**

吉姆（Jim）的家中私人训练	
6月	
运营成本（来自损益表）	
收入	$4 583
支出（营销、运输）	$-280
净收入	$4 303
资产投资	
购买服装库存转售	$-150
服装库存销售额	$50
瑜伽垫和背带（2）转售	$-48
资产投资的净现金	$-148
存款和融资	
储蓄账户余额（个人投资）	$5 000
银行贷款	$3 000
银行贷款支付	$-500
存款和融资的净现金	$7 500
现金余额	
净收入	$4 303
资产投资的净现金	$-148
存款和融资的净现金	$7 500
净现金余额（或总可用现金）	$11 655

关键绩效指标

关键绩效指标（KPI）是可以量化和跟踪的某些任务或项目，用于揭示您或您公司的状况。正如管理学家彼得·德鲁克（Peter Drucker）常说的那样，"被衡量即被管理"。换句话说，如果您（通过衡量）决定您做什么，那么您就能找出为了得到更好的结果而做出什么改变。

您几乎可以衡量任何事情，但是花时间尝试积极管理所有内容是否必要或明智？在这方面，我相信帕累托法则（也称为80∶20法则），该法则认为80%的结果（或效果）来自20%的输入（或原因）。或者，针对这里我们的目的，80%的业务结果改善来自于20%可以改变的事情。换句话说，不需要管理所有可能的指标，只需管理20%的内容就能得到最大回报。

以下部分将介绍一些常见的KPI，无论您是经营健身俱乐部或健身工作室，还是作为独立的私人教练工作，都可以使用这些KPI。

转化率

转化率表明您销售会员资格、团体健身计划、私人训练课程以及您提供的任何其他东西的程度。如果您与10个人见面，其中5个人加入您的俱乐部，那么转化率为50%。以下是其他一些关键转化机会。

- 上门的人数和转化为会员的百分比。
- 电话、电子邮件和社交媒体调查的数量以及转化为面对面交流的百分比。
- 健身咨询的数量和转而购买私人训练课程或计划的百分比。
- 免费试用的参与人数和转化为会员的百分比。

您还可以追踪其他吸引潜在客户和会员的频率和转化率，比如社交媒体优惠广告和电台广告。在每一种情况下，您都希望确定营销效果（让个人采取某种行动）和您（或您的员工）将人们带到下一级承诺的能力。

客户和会员KPI

客户和会员是企业的命脉。这是您获得大部分收入的地方，那么还有什么比KPI更有意义呢？以下是这个类别中的一些关键KPI。

- 客户或会员总人数：此KPI可以让您了解当前的私人训练或会员收入总额。但是，您还需要查看其他KPI整体情况来了解全年的客户或会员总人数的波动，了解更深层次的情况以及起伏原因很重要。

关键绩效指标（KPI）可以帮助您跟踪反映企业相对成功的方面，如俱乐部出勤率

- 本周（或季度或年度）获得的新客户或会员：该指标反映了您在新员工注册方面的表现。两个关键的关键绩效指标是销售机会和这些机会的转化率。销售机会是签约新客户或新会员的机会，无论是电话、电子邮件、社交媒体调查还是上门拜访。

- 本周（或季度或年度）会员或客户流失：员工流失仍在继续。人们离开私人教练、工作室和俱乐部有很多原因。有些是您无能为力的（比如搬家），而有些是您可以控制的（比如糟糕的服务和肮脏的设备）。因此，了解会员或客户流失的原因很重要。要找到答案，尽可能进行面谈，它可能像简短的谈话一样简单。留住客户和会员比获新会员划算，因此留住人至关重要。

- 平均会员年限或私人训练关系：这些数据显示了您留住客户和会员的程度。20世纪80年代初我在波士顿工作的第一家俱乐部，俱乐部所有者并不在乎会员的成功，他只关心赚钱。这个俱乐部有很多会员，如果这是您关注的唯一数字，您会认为生意很好。其理念是出售尽可能多的会员资格。在如今的社交媒体时代，人们可以立即向成千上万的人发出警告，指出某家企业伤害了其客户或会员的利益，这种做法是行不通的。这样的企业很快就会发现自己的客户越来越少。

团体健身KPI

如果您提供团体健身计划，以下数字可以帮助您判断计划是否成功。

- 每周访问健身中心的人数：这个数字表示每周有多少人进入健身中心。虽然这些人并不一定是进行团体健身的，但您仍然可以将它作为了解团体健身计划成功程度的因素之一。

- 平均每周上课出勤率：团体健身计划通常按周设置。换句话说，您在星期一、星期二、星期三提供某些课程，以此类推。因此，一周可以让您对整个计划有一个很好的了解。平均每周上课出勤率可帮助您了解该计划是否正在增长。

- 每周访问次数百分比：此指标显示您的团体健身计划与俱乐部其他产品相比的强度。要确定此数字，请将每周团体健身访问次数除以每周俱乐部访问次数，然后乘以100将其转换为百分比。例如，如果在特定的一周100人上课，1 000人在服务台登记，那么可以进行以下计算：$100 \div 1\,000 = 0.10 \times 100 = 10\%$。换句话说，每周有10%的俱乐部访问人数参与团体健身。

- 个人平均出勤率：即使您的团体健身计划做得很好，总有一些课程很难吸引参与者。您应该设定最低人数的参与者，以便参与者不够多的课程仍按计划进行。

私人训练KPI

您还需要知道您的私人训练计划进展如何，不管您是只管理自己的计划，还是管理私人教练团队的计划。

- 每天（或每周或每月）提供的私人训练课程数量：您在做多少个私人训练课程？您还可以将私人训练类型进行细分，可以按课程时长（比如30分钟或60分钟课程）或风格（比如小组私人训练与一对一私人训练）进行细分。

- 每周访问人数的百分比：与团体健身一样，您可以了解您的私人训练与其他健身中心产品相比的渗透程度。

- 每周私人训练课程的百分比：您还可以在健身中心的整体业务中更加具体地了解您提供的私人训练课程总数的百分比是多少？

每平方米的收益

每平方米的收益显示了您使用空间的效率。根据健身工作室协会（2016, p.39, figure 43）所说，小型工作室（465平方米）通常能比大型工作室（465平方米以上）更有效地利用其空间，调查显示它们的每平方米平均收益分别为104美元和47美元。未充分发挥其潜力的空间会降低企业的整体盈利能力。

每个客户或会员的收益

跟踪每个客户或成员的收益，可以帮助您确定哪些人使用更多特定服务，比如私人训练、营养指导、团体健身或按摩。有了这些信息，您就可以瞄准像他们一样的人来推销产品。

客户或会员满意度

该指标也称为净推荐分数（NPS），范围从−100~100。客户或会员满意度的最佳指标可能是，"您向朋友推荐我们的可能性有多大？"答案的范围可以是从0（不太可能）到10（非常可能）。回答9或10的人被称为"推广员"，回答7或8的人被称为"中立者"或"被动者"，而回答0至6的人被称为"贬损者"。NPS公式从推广员的百分比减去贬损者的百分比，从而得出您的业务得分（Net Promoter Network, 2016）。

如果您是一名独立的私人教练，您可能会要求25位客户回答关键的NPS问题（即"您是否可能向朋友推荐我们？"）。假设5个客户给您10分（推广员），10个客户给您9分（推广员），3个客户给您7分（中立者），4个客户给您6分（贬损者），3个客户给您5分（贬损者）。您的NPS计算如下所示：

15（推广员人数）÷25（总客户数）×100 = 60%

7（贬损者人数）÷25（总客户数）×100 = 28%

NPS = 60%−28% = 32%

NPS得分可以解释为（Retently, 2016）：

<0 = 需要改进

0~30% = 好

31%~70% = 太棒了

71%~100% = 优秀

通过识别贬损者，这些信息可以让您询问他们，您或健身中心能做什么来让他们给您10分。您可能会得到一些古怪的答案，比如"接我去锻炼，然后送我回去。"您也会得到一些可操作的信息，比如"在我们的课程中，多关注我（少关注我周围的人）。"努力解决这些问题可以提高您的NPS分数，这意味着更多的人会称赞您，并向其他人推荐您。

最重要的初始KPI

开始创业时，最适合您的关键绩效指标是那些能够提供销售机会并达成销售的关键绩效指标。它们包括以下指标。

- **会员总数：**实际会员销售额与预计销售额相比如何？
- **每周提供的私人训练课程数量：**私人训练课程的实际销售额与预计销售额相比如何？
- **转化率：**您是否有效地传达了所提供解决方案的价值？
- **销售机会：**是否有足够多的人在您面前谈论他们的需求？

再投资

在更好的企业中，据了解，为了留住客户或会员，您需要不断改进，或者至少避免倒退。在健身房里，从地毯到设备再到墙上的油漆，所有的东西都会磨损。即使现在的会员对这种缓慢的变化熟视无睹，新加入的会员也会立即看到。有一段时间，我所在的健身房位于一个扩建的车库里，里面装满了各种各样的旧设备，储物柜生锈了，看起来像老高中的废弃物。公司的所有者在此健身房中投资最多的是购买更多的润滑脂用于重量机导杆。如果不是城里只有这一个健身房，我不会在那里工作。现在作为一个企业所有者，您必须维护您的设施和设备。您的设施状况反映了您的品牌。

根据国际健康、网球和运动俱乐部协会（Rodriguez, 2014）的数据，2013年，健身俱乐部将每年总收入的5.4%用于扩建和改善实体设施或场地。这些持续努力是为了提供干净、有吸引力和得到良好照料的设施和设备，这对吸引和留住会员大有帮助。简而言之，这些投资有助于让会员对设施感到满意，这对会员的进步和企业的财务实力都有好处。

事实上，同一份报告（Rodriguez, 2014）指出，最赚钱的俱乐部每年的再投资超过总收入的17%，是平均水平的3倍多。他们的平均会员留存率比那些最不赚钱的俱乐部高出10%，他们的净会员增长率是后者的两倍多。很明显，当前会员和潜在会员都注意到了俱乐部对客户的承诺：不仅仅是为了赚钱！

更多内容

　　成为一家财务上盈利的公司取决于您理解财务分析和报告并相应地调整计划的能力。损益表是财务状况的核心和灵魂，因为它告诉您在给定时间段内哪些有效，哪些无效。如果您不寻找这些趋势，那么几乎不可能针对未来盈利进行调整。另一个关键工具是现金流量表，无论是在单独的报告中生成还是包含在损益表中。这个工具可以帮助您确定是否能够处理日常账单，并为意外开支预留资金。没有现金，公司很容易受到金融危机的影响。

　　为了能够控制那些对财务盈利能力影响最大的变量，您必须知道哪些影响最大。关键绩效指标（KPI）解决了能够改变公司未来的变量。

　　最后，记住盈利的公司不是一成不变的。您需要对公司进行再投资以保持领先地位，并让客户和会员都成为回头客。

　　现在让我们来看看如何通过营销吸引您的会员或客户。为了让人们使用您的服务，他们必须了解您，比如您是谁以及您做什么，并且他们必须信任您，这是建立关系的一部分，而建立关系就是营销的全部。

第12章

服务和业务营销

想要有机会销售您自己的产品或服务，必须让人知道您的存在，这时就需要营销。营销不仅涉及在目标人群中建立对您自己、您的专业知识、公司（如果有的话）和品牌的认识，还涉及吸引和引导该人群中的成员进一步了解您，最终聘用您或向您购买。

再往后一步，在向目标人群的成员推销之前，您必须找到他们。他们在哪里？目前，在实体社区和在线社区都可能找到他们。找到后，您需要计划如何描述您是谁，您可以做什么以及为什么这样做。这些细节定义了您的品牌，必须清楚地表达出来，首先要自己能理解，这样目标市场才能理解。

过去10年来，市场营销发生了巨大变化，这种变化还将延续。它不再局限于在电视广播以及报纸杂志上投放昂贵的广告。互联网变得具有交互性，市场营销不再是单向的。这场革命使营销人员能够与目标受众建立关系，进而获得新客户。这并不是说传统营销已没有用武之地，但是由于价格可能非常昂贵，您需要有选择性地决定如何使用它。

尽管营销领域发生了这些变化，但在寻找当地消费者时，亲自会面仍然是黄金标准。建立社交圈和关系网仍然是促进业务发展的最佳方式，其次是社交媒体。当然，当面介绍让您有机会读懂其他人的肢体语言。相比较而言，社交媒体为潜在客户提供的关于您和业务的信息更少。但社交媒体仍然可以提供进行互动、开展有意义的讨论和建立信任的机会，所有这些都有助于您培养关注者并促进业务发展。

一种新营销方法

在互联网兴起之前，公司只能向目标受众发送信息，并希望获得想要的反应。企业家兼作家赛斯·高汀（Seth Godin）将这种传统营销称为"打扰式营销"。这个术语很恰当，因为传统广告会中断您正在做的事情并试图引起您的注意。想想看：商业广告打断了您正在观看的电视节目，打断了您在广播上收听的音乐，导致您在阅读报纸杂志上的文章时跳过一些页面，而您并没有要求这么做，这是强加于您的。

垃圾邮件（Spam）的起源

Spam一词用于表示垃圾电子邮件（以及其他中断策略，如商业广告和平面广告），起源于巨蟒剧团（Monty Python）20世纪70年代的"Spam"喜剧小品。在该小品中，两个人在餐馆订购早餐，菜单上的所有食物都包含不同数量的Spam（一种罐装肉类产品）。因此，如果厌恶罐装肉，就无法获得食物，这个术语被用于表示没人想要但每个人都会收到的电子邮件。

相比之下，目前的营销风格称为"许可营销"，侧重于"向真正想要的人提供期望的、个人的和相关的信息的特权（而非权利）"（Godin, 2008）。这种营销方式可以比作结婚。您不是遇到一个人就向其求婚，必须花时间去了解、信任并爱上一个人，才能向其求婚。营销和销售也是如此。人们从他们认识、喜欢和信任的人那里购买产品。因此，您的营销目标是与目标市场的成员建立关系，并逐步获得向他们推销您自己、产品和服务的许可。

定位目标市场

无论目标市场是什么，其成员都会有一些共同点，可以帮助您找到他们花费时间的地方。在构建市场轮廓时，应包含尽可能多的细节。无论您拥有自己的健身中心还是担任私人教练，这种方法都适用。您的个人资料或适合领域越具体，您就越能找到期望的客户。

假设您最擅长帮助老年人。这是一个不错的开端！更进一步，假设您希望对康复后的客户提供帮助，更具体地讲，为接受过关节置换手术的康复后客户提供帮助（另外假设您接受过为这类人群提供帮助的专业训练）。现在，您不仅明确了想要帮助的人群，而且明确了可以在何处找到他们。例如，您可以与当地整形外科医生和物理治疗师建立关系；甚至可以要求与一位物理治疗师随行。其他常见的选择可能包括与当地老年人中心建立联系（关节置换手术在老年人中很常见）。例如，您可以举办一场名为"让新关节发挥最大作用"的讲座。

再举一个例子，假设您想为高中运动员提供帮助。您可以联系学校体育部主任、教练和爱好者俱乐部，所有这些人都可以为学生运动员提供指导或做出相关决策。此外，利用与您的目标客户概况匹配的社交媒体群组也是一个不错的主意，比如Facebook上的相关群组。您可以利用此类群组发起可以帮助您开展业务的对话。请记住，您需要首先与人和群体建立关系，然后逐步获得向他们推销的许可。本章后面将介绍操作过程。

发展您的品牌

在考虑品牌时，我们通常会想到商标，但品牌不仅只有商标。品牌化涉及您看到一个商标或想到某个公司时所产生的感觉和想法。因此，无论您是为俱乐部工作的私人教练、独立承包商，还是某个工作室或俱乐部的所有者，您都拥有自己的品牌。例如，CrossFit的品牌与简洁的"拳击"设施和高强度的核心训练有关。而Curves品牌与非运动员可以轻松上手的简单设施有关。再举一个例子，电视节目 *The Biggest Loser* 中的私人教练鲍勃·哈珀（Bob Harper）和吉莉安·迈克尔斯（Jillian Michaels）拥有自己的品牌，其中既包含哈珀对受训人员的培养和支持，也包括迈克尔斯对他们的斥责。

因此，您的品牌包含人们对您和您的服务的感受和想法（即他们的认知），这意味着您无法完全控制它。您所能做的是不断努力确保您的言行、宣传内容与您的品牌一致。

定义目标市场有助于您
了解哪些营销渠道可能
带来最佳结果

让我们返回到帮助高中运动员的例子。您的使命陈述可以是"XYZ私人训练提供最新的循证训练技术，以提高高中运动员的身体表现并帮助他们成为更优秀的队友和人才。"有了这句使命陈述，您的口号就可以是"培养更优秀的运动员和人才"。

接下来的品牌发展涉及在每次当面互动、每个广告、每场活动以及每个社交媒体帖子中强化这一定位。因此，您可以参加并充实一些对话，不仅解决年轻运动员的身体素质问题，还要帮助他们建立友情、同理心和个性。或许您可以赞助青少年的合作体能挑战赛；向父母、青少年和教练介绍饮食对运动表现的影响；或者为一个爱好者俱乐部提供帮助。所有这些行为都可以帮助您在旁观者眼中建立自己的品牌！

传统营销

传统上对潜在买家的片面宣传或推销也称为"对外营销"。我还记得小时候读过的漫画书中的广告，查尔斯·阿特拉斯（Charles Atlas）的健美广告上写着"打击让人变得更强大"和"打击让'弱者'变成'冠军'"。我也记得广播中的Lay薯片广告。无论出现在报纸、广播还是电视上，这些广告的投放都是为了让大众看到，希望有人会购买该产品。在单向联系时代，这种方法提供了让最多人了解产品的最佳方法。

甚至在互联网诞生之初，也只是一种静态的单向营销工具，用户可以访问公司的网站来了解他们及其产品。像其他媒体中的广告一样，所有内容都在公司产生。直到网络具有了交互性，允许用户创建或编辑内容，营销才真正开始发展。这种用户驱动的环境带来了开展对话和建立关系的能力。因此，尽管传统营销并未消亡，但它不再是吸引目标受众成员并转化为俱乐部会员或客户的最佳方式。

电视、广播、杂志和报纸广告

第51届超级碗比赛期间的广告费用再创新高,达到了30秒的商业广告500万~550万美元的价格(Rapaport, 2017)。如果传统广告没有效果,为什么还有人付费打这样的广告?好吧,我也不确定这么做值不值得。但无论如何,在您决定使用传统广告之前,请考虑价格和效果。还要考虑到过多地使用打扰式营销会导致习惯性地忽视,而且电视广告,甚至可以通过快进跳过广告。

那么传统广告有何好处?与超级碗广告一样,创意会吸引人们的注意,对它们给予教育、娱乐或启发,使他们更可能将正面的感觉与有关品牌联系起来。因此,它更可能影响消费者选择该品牌。消费者仍会看电视、阅读杂志和报纸,因此这些媒体可能很有价值,特别是对于建立品牌知名度。

如果您要投放电视广告,可通过以下方式获得最高的投资回报率。

- 尽可能选择最短的时长。一些频道允许投放短至15秒的广告。
- 选择地方电视台联盟或地方有线频道;它们不仅更贴近您的位置,而且更便宜。例如,一个30秒的全国性商业广告可能花费354 000美元,而地方电视台联盟可能只需20~1 000美元,地方有线频道可能仅需5~100美元(Linchpin SEO, 2017)。
- 由于您使用的是视觉媒体,因此应通过展示能引发情绪反应的场景来使其潜在效果最大化。例如,父母和祖父母与子女和孙子女一起运动的快速场景。您可以采用一句简单的画外音和行动呼吁,例如"生命在于运动,欢迎体验Jim's Gym!"
- 表明如何找到您。由于人们不会记住来自简短电视广告的所有联系信息,因此请选择一条最容易让人们找到您的联系信息。它可能是您的电话号码、网站地址或实际地址。
- 与电视台的广告部门讨论哪个时段最适合呈现给目标人群。
- 还要与电视台的广告人员讨论广告格式和其他准则。

美国的广播电台比电视台多。广播电台包括从国家运营机构到仅覆盖校园的大学广播电台。以下是有效投放广播广告的一些建议。

- 由于广播的地理覆盖范围多种多样,广播广告的定价也各不相同。要降低成本,请选择地理覆盖范围最小但仍包含目标市场区域的广播电台。
- 广播广告需要重复播放。因此,需要投入一定的资金之后才会开始看到有价值的结果。您可以预计每周在一个区域市场花费约2 000美元,在更大的地铁站花费至少3 000美元(Sugars, 2017)。
- 选择适合目标人群的电台类别。例如,35~44岁的成年人主要收听摇滚和成人时代风格的电台(Aland, 2016)。可以在Radio-Locator上找到您当地的电台及其类别。

- 因为广播是一种听觉媒体，人们在收听的同时常常会做其他事情。因此，您的信息应该简短、动听且容易吸引注意。要吸引听众的注意，不仅需要清晰的脚本，还需要音乐和声音效果。例如，虽然不是您想要描绘的形象，但您可以在广播广告中以人们的咕噜声和重物的哐当声作为背景元素。

- 留出时间提供您的联系信息并可能重复该信息多次。我记得几十年前的一个广播广告，在一首短歌曲中重复念出它的电话号码，我仍记得这个号码：800-325-3535。在写这篇文章的时候，我已不记得这是谁的号码了，所以我查了一下。是喜来登酒店的客户服务热线。喜来登，干得漂亮！

- 与电视广告一样，应与电台的广告部人员联系，确定哪个时段最适合呈现给目标人群。

- 同样与电视广告一样，与广告部人员讨论广告格式和其他准则。

- 虽然广播广告的制作费用通常比电视广告便宜（只有音频，而不是音视频），但您仍需要计划制作成本。

免费曝光

由于成本可能是一个重要因素，特别是对于新业务，让我们来看看如何免费获得曝光。

如果来到一座新城镇，开设了一个新机构，取得了一定的成就，或者正在举办一场活动（具体来讲如果是慈善活动），那么您就有了一个有新闻价值的故事。与此同时，您或许已猜到，新闻机构——报纸、杂志、网站、电视台和广播电台——都在寻找新闻。可以发布媒体新闻稿来为他们提供想要的东西。为了最大限度地提高新闻媒体选中您故事的概率，应尽可能实用地对信息进行包装。为实现此目的，以下是编写有效媒体新闻稿的5条准则（James, 2010）。

- 规则1：利用媒体新闻稿作为销售工具。为此，您可以宣传您的专业知识或品牌，以及您的联系方式。但请注意，尽管媒体新闻中应包含您和您的业务的基本信息，但它绝不应让人听起来或感觉像是广告。

- 规则2：创造有新闻价值的故事。根据定义，新闻故事应该具有新闻价值。幸运的是，人们喜欢听好的故事。您可以讲述自己如何克服挑战开展业务，或者您曾帮助过的人和故事。例如，可以参考安迪·扎加米（Andy Zagami）的故事。作为一名与癌症打过3次交道的年轻私人教练，扎加米很容易产生放弃的想法。但是，他选择了反击，建立了自己的事业，在他的书《坚不可摧》（*Unbreakable*）中讲述了自己的故事，而且现在利用他的经验帮助他人，这是一个非常人性化的故事，大多数新闻机构都愿意报道。

- 规则3：像记者一样写作。您的新闻稿越让人看起来和感觉像记者写的，新闻机构就越容易使用它。因此它不应具有博客文章的随意感。以第三人称（不是第一人称）编写并保证语法正确且没有拼写错误。取一个引人注目的标题，例如"私人教练助您提高置换关节后的生活质量。"内容结构：首先大体介绍，然后介绍具体细节（即您希望受众了解的信息），最后总结所述细节。

● 规则 4：提供良好的摘要。媒体喜欢引语和原声摘要。如果您包含一些概括新闻稿精髓的引语，这些引语甚至在故事本身发布之后也可能广为流传。例如，诸如"据（某某专家）讲……"这样的专业知识陈述可能会出现在其他文章中。

● 规则 5：亲自联系顶级媒体渠道。研究确定哪个部门的哪个人负责在给定媒体渠道发布类似您这样的故事。然后将您的新闻稿专门发送给他，并通过电子邮件或电话跟进联系。如果无法在该机构的网站上找到姓名和联系信息，可以致电办公室并询问。

以下是我自己的一些规则。

● 选择合适的渠道。确保该渠道覆盖您的故事种类并与您的目标市场相关联。

● 包括高分辨率图片。俗话说，一图胜千言，您应尽可能包括一张图片。提供最高分辨率的 JPEG 文件。不要将图片嵌入到文章中，因为这限制了它的分辨率；应将它作为附件单独添加到电子邮件中。

● 包括所有细节。您不希望记者花大量精力才能用上您的新闻稿。因此需要包含所有必要的细节，以及您的联系信息和简短自我介绍。

另一种免费打广告的方式是在电视、广播（特别是热线广播）、印刷品和网络上成为作家和记者的资源。许多作家和记者喜欢联系专家来谈论最新新闻。例如，我和妻子希瑟住在纽约时，她多次在美国某有线广播电视公司讨论各种健身主题。您也可以联系当地媒体并提议撰写一个专栏或设计一个新闻栏目。一些本地有线频道不断在寻找内容；有些甚至允许您自创节目，他们可以联系负责电台内容、新闻栏目、专栏或博客的人员。所有这些选择都可以突出您作为专家的身份，进而展示您和您的业务。

付费平面广告

现在让我们看看付费平面广告。顺便说一下，这里不会讨论定价，因为定价可能千差万别。但是可以注意到，大多数期刊都会为多个广告提供折扣，请联系每个机构的广告部门了解详情。如果您决定使用付费平面广告，您必须设计出能唤起读者情绪反应的清晰信息。假设您想向老年人推广一门团体健身课。您希望如何介绍这门课？想想给参与者带来的好处。世界上有很多祖父母，他们可能过着截然不同的生活。例如，您可以对比一下使用着助行器、无法陪孙子女玩耍的祖父母与在楼下同孙子女一起玩耍的祖父母。

这则广告的文字可以这样写："您想成为哪种祖父母？"这样可以吸引注意并唤起情绪反应。您还需要发起行动呼吁，引导读者报名或者至少与您联系。我们看一个例子："想要恢复活力和行动能力？立即致电我们，免费体验活力恢复课程。"然后提供您的姓名（或机构名称）、电话号码、网站地址和街道地址。同样地，请确保您选择的媒体渠道适合您提供的服务。大多数期刊都会为您提供读者的人口统计数据。

直接营销

直接营销涉及直接向潜在消费者投放广告。广告常常通过邮政服务发送，但也可以通过在门上放置挂件、将传单放在车辆挡风玻璃上（我"从前"也使用过此策略）或在街角分发传单来投放。在每个例子中，广告都会直接交到目标受众手中。直接营销应遵循与电视、广播、杂志或报纸广告相同的准则。也就是说，它应该吸引目标市场的注意，唤起情绪反应，发起行动呼吁，并包括足够的联系信息。

如果您决定通过邮件发送营销信息，需要获取有针对性的邮件列表。一些公司可以根据特定的人口统计信息来为您编制姓名和地址，这些统计信息包括邮政编码、教育程度、年龄、性别、住房状态、收入中位数、兴趣等。我曾使用这种服务搜索了我的人口统计市场，它以290.48美元的价格提供了5 188个联系人姓名和地址。这只是列表，再加上打印、地址标签和邮寄的费用，以及您投入的时间，将是一笔相当大的投资。一些直接营销公司还会提供可定制的健身广告，并为您打印和邮寄广告。

2014年直递邮件的回应率中位数为1%（Marketing Charts, 2015）。根据我收到的5 188个姓名和地址，这意味着我的直递邮件预计有51人回应。这并不意味着这51人会购买我推销的产品，而意味着我有望获得51次受广告影响的行为，这些行为的形式可能为咨询（如拨打电话或发送电子邮件）、成为潜在会员、客户亲自访问或实际售出产品。

在考虑直递邮件时，应确定您广告中的服务或产品需要的利润率，然后计算有多少回应者会购买，从而抵消邮寄费用。相反，如果您选择使用门上挂件、车辆传单或分发的传单，则成本仅包括打印成本和分发它们所花的时间。在考虑直递邮件时，您还应该知道，有效的、重复的广告反响效应会随着时间的推移而增加受广告影响的行为数量。对于一个广告引起行动所需的曝光次数，引用最多的为7次。因此，如果您选择使用直递邮件进行广告宣传并希望尽可能提高营销活动效果，则应至少投放7次广告。

当面营销

很长时间以来，城里唯一的销售渠道是当面销售，无论是市场卖家、旅行小商家还是上门推销员。鉴于这种历史背景，当面营销似乎应与传统营销相结合。然而，与这种四处传播消息、希望有人购买的广撒网式广告风格相比，当面营销有很大不同。

事实上，当面营销是建立关系的最简单且最好的方式，可以帮助潜在的会员或客户了解、喜欢并信任您。与其他营销方法相比，当面会谈可以让您了解更多信息。例如，传统广告无法互动；电子邮件、文字和社交媒体支持言语互动；通过电话，参与者可以听到对方的话语和语调。而当面营销提供了所有这些好处，可以让各方接受彼此的话语、语调、面部表情和肢体语言——所有这些都可以在您与潜在的会员或客户之间建立更快、更深入的双向理解。这些附加信息可以明确表明你们是否相处融洽。

　　鉴于当面营销能够建立关系，您需要主动去创造面对面交流的机会。这就是联络！当然，联络也可以在网上进行，但我们讨论的重点是应该在何时何地有目的地建立当面联系。"何时"很简单：始终！只要您遇到新朋友或更好地了解了熟人，您就应该了解他们对您所从事事业的兴趣程度。这并不是说您应该机械地向他们推销，而是抓住机会回答他们在健康和健身方面遇到的问题，在此期间更好地了解他们。我反复强调：人们会从他们认识、喜欢和信任的人那里购买产品。

　　那么，您如何与人见面？自从我和妻子搬到一个新城镇并着手开设新健身工作室以来，我们参加了比以往更多的聚会和社交活动。我们成为当地商会和伊斯顿商业协会（Easton Business Association）的成员；在当地制作的戏剧中扮演角色；在PechaKucha Night Easton（一个简短演讲之夜）上发表演讲；以及参加各种节日活动、化妆舞会和相当多的派对——所有这些都发生在到达这里后的6个月内！

　　需要有意识地计划这种时间表并遵照执行，即使有时宁愿待在家里。要意识到，即使您在当地的健身房担任私人教练，联络也是您工作的一部分。当您进行联络时，人们会不可避免地问您是做什么的。这个问题是关系建立过程的开端，然后就可能给您带来机会。

　　也可以找到参与或服务于目标市场的组织（如教会团体和运动爱好者俱乐部）来进行联络。了解如何参与其中，参加聚会，了解组织成员并帮助他们完成活动。您很快就会发现人们喜欢谈论自己。在与人交谈时，始终应将话题引回到他身上。您常常会被认为是一个非常

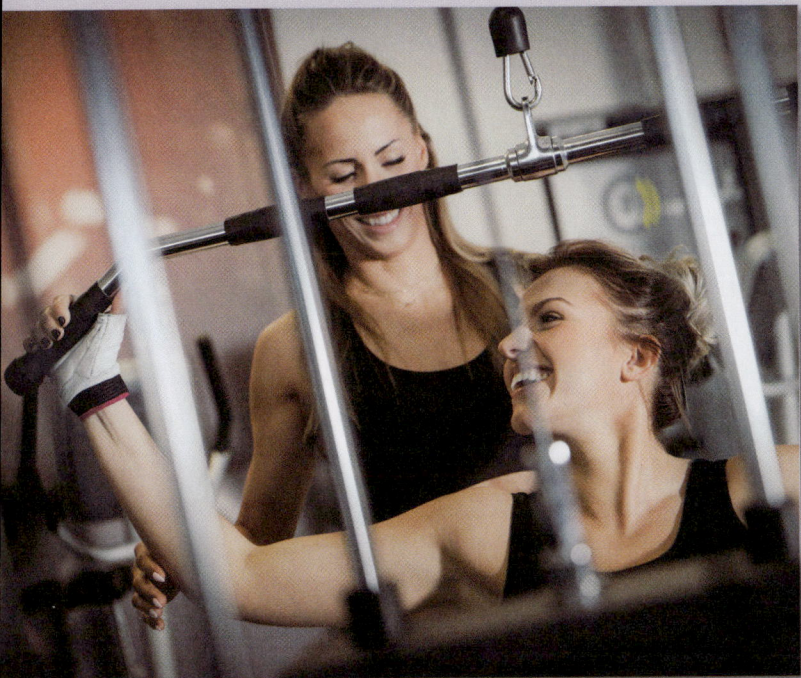

与潜在客户亲自会面是建立联系和关系的最快方式之一

有趣的人，因为您对任何与您交谈的人都很感兴趣！在通过一段时间建立关系后，您可以提供一些机会让人们体验您的部分服务，如免费健身咨询或免费试听课。注意：如果您是为其他人效力的私人教练，请与您的经理协商，确保他批准您为潜在客户提供此类机会。

请记住，要获得向一个人推销的许可，首先需要花时间了解这个人并给予一定的恩惠。例如，许多组织会举办筹款活动，为这样的活动捐赠奖品将具有双赢效果。您和该组织在做同一件事来帮助这一群体；作为交换，你们通过让别人了解你们和你们的工作而获得了曝光。

另一个想法是自己举办活动。例如，我们举办了一次可以免费参与的网上减肥挑战赛。为了获得要在活动中赠送的奖品，我们去找当地企业捐赠，这形成了一种三赢的局面。参与者在整个挑战过程中获得了免费的健身和减肥信息。捐赠奖品的企业得到了宣传，主持挑战赛的我们也得到了宣传。

当面联络也有缺点，那就是它不能扩大规模或适用于更多的受众。以这种方式与很多人会面是非常耗时的。一天的时间是有限的。如果您想要获得更多受众，必须增加其他营销方法。

互联网营销

在互联网兴起之前，您就可以与全世界从未谋面的人做朋友。他们被称为笔友。由于交换信息的等待时间常常持续数周，因此这些关系是花很长时间才建立起来的。随着互联网变得具有交互性，也变得社会化，这意味着人们可以与全世界的人进行即时交流。这真是一件令人惊叹的事！同样令人惊叹的是您使用互联网发展关系的速度。您可以使用社交媒体软件同时与一个人、100个人或1 000个人联系。这种能力使您有机会向人们展示您是谁、您的职业、您从事该职业的原因，以及您可以为他们提供的帮助。因此，即使从未谋面，社交媒体也能帮助您获得成千上万人的了解、喜爱和信任。

弱关系的力量

我们的新机会并不在现有的朋友和家人圈子（强关系）中，而在我们的边缘社交（弱关系）中（Granovetter, 1973）。强关系将我们与一个拥有共同资源和想法的亲密群体联系在一起。这个群体不太可能为我们提供新资源或新信息。例如，尽管朋友和家人知道我们正在找新工作，但我们可能仍然得不到新工作。要想了解更多不同的机会，就需要依靠弱关系，比如朋友的朋友或朋友的朋友的朋友。

这就是社交媒体营销的工作方式。我的朋友和家人已经知道我是做什么的，如果他们想聘用我或加入我的俱乐部，他们之前就已经这么做了。但是，我的弱关系可能不知道我是做什么的，他们的朋友很可能也不知道。所以，如果我发布一些非常有趣的内容，让我的朋友有兴趣分享，他们的朋友就会看到该内容，也许还会转发到自己的朋友圈，这样就会在一个不断扩大的网络中传播。

这就是社交媒体的特征。LinkedIn过去常常突出显示您的直接社交数量，并将该数量转换为潜在的弱社交数量，后者可能比直接社交数量高出一千倍。这听起来很不错！当然，需要一种非常独特的内容才能激励每个人在自己的网络中传播，但这至少在理论上是可行的。无论您使用哪种社交媒体平台，工作方式都是一样的：您喜欢某个东西并与您的联系群体分享。

建立您的社交圈

当您寻求到达您的社交圈的更深层时，不要总是依靠直接人际关系来传播信息，而要将他们的网络引入您的网络中。每当非直接社交人群喜欢您发布的内容或通过评论与您互动时，就可以邀请该人直接联系。建立直接人际关系可扩展您的潜在影响范围，并更容易与更多人建立关系。

您还可以通过社交媒体上的联系来加强面对面关系。当我遇到某人时，我会立即在Facebook（写这篇文章时最受欢迎的社交软件）上找到这个人并要求建立联系，以便我能记住这个人，他能记住我，我们可以在线交流并建立密切关系和信任。我不断添加新朋友、关注者、关联人，或许它们在特定环境中有其他叫法。我听很多私人教练说他们最终都会建立自己的社交圈。不要犹豫！俗话说："口渴之前先挖井。"联系和建立关系需要花时间。如果您一直等待，那么在需要时就不会有社交圈。

选择用于营销的社交媒体

要选择正确的社交媒体，必须知道目标市场位于网络上的何处。我86岁的父母都在使用Facebook，我父亲还会使用电子邮件。他们与许多老年人没有什么不同；事实上，对于65岁以上的人而言，电子邮件和Facebook可能是最佳选择，而Snapchat、Instagram和Tumblr就没那么受欢迎（Hoelzel, 2015）。

您的目标市场是什么？放眼未来，洞悉将会影响您的市场趋势——不仅是现在的市场状态，而是它们的发展方向。例如，VaynerMedia的首席执行官加里·维纳查克（Gary Vaynerchuk, 2016年）表示，超过1/3的18~29岁美国人拥有Snapchat账户，这个数字可能会继续增长。维纳查克还指出，在营销中使用视频非常重要，随着时间的推移，视频内容的需求只会有增无减。无论您是否决定使用Snapchat、Instagram、Facebook、YouTube、Vimeo或者其他某个视频工具，我都同意他关于视频的观点。您可以留意成功的视频营销活动，并考虑亲自尝试一下。

看到各种各样的社交工具，您可能想知道是否需要使用所有这些工具，以及它们是否会占用太多时间。肯定会占用一些时间，但是随着您越来越熟悉帖子的创建，花时将越来越少。发帖的理想频率取决于您使用的平台。平均而言，建议每天发表1~5篇帖子（Lee, 2015）。我倾向于每个社交媒体平台都尝试一下，看看在哪个平台上得到的反馈最好，但根据您自己的时间管理和精力，您可能只想选择目标市场成员使用的两三个平台。由于71%美国成年网民都在使用Facebook（Duggan, Ellison, Lampe, Lenhart, & Madden, 2015），这可能是一个不错的起点。

许多社交媒体平台都支持为您的业务创建一个页面，强烈建议利用这一机会。这么做有许多好处，您可以通过突出业务内容的封面照片来宣传您的品牌，获得网络流量分析结果，创建一个空间来供人们提供建议，等等。Facebook甚至允许创建一个"立即预约"选项卡，让人们能安排一次约会或课程。

还有一些工具可以帮助您在社交媒体上发布内容时充分利用时间。例如，TweetDeck和Hootsuite允许您在创建帖子后单击一次即发送到多个社交媒体平台。Buffer和Post Planner支持自动发布内容，您可以在适当的时间发布内容，而不中断您的工作流程。当然，在您阅读本书时，这些应用可能已发生变化。要了解最新信息，可以在线搜索社交媒体更新服务和管理工具。

电子邮件营销

人们通常不会将电子邮件营销视为社交媒体活动，但它仍然提供了另一种通过互联网与人们联系的方式。事实上，即使人们的收件箱中装满了垃圾邮件，电子邮件仍然是非常有效的客户获取方式。关键在于首先获得潜在客户通过电子邮件联系的许可。首先需要获取该人员的电子邮箱地址。为此，您可以亲自向其索要，以便发送感兴趣的内容。也可以在您的网站、博客、社交媒体页面或任何其他可通过电子邮箱地址交换有价物的地方，通过"给予获取"方式获得。

最简单且最好的东西是智力财产，无论是您自己的信息还是您汇编的信息。这些信息可以采取多种形式，下面给出一些例子。

- 订阅您的有关健康和健身的电子邮件简报
- 关于特定问题及其解决方案的白皮书（深入报告）——但不是对您的产品或服务的销售宣传或广告（Kolowich, 2014）
- 关于某个会吸引目标市场注意的主题的十强列表——例如，十大减肥秘诀或十大核心锻炼方法
- 关于有趣主题的视频或音频文件
- 电子书或其他可下载文档

许多公司提供了采集和管理邮件列表的工具及内容模板。一些热门工具包括Constant Contact、MailChimp和AWeber。KickStart Cart工具甚至还可以发送自动回复电子邮件和优惠信息数字化传送系统。这些服务的基础版价格从免费（MailChimp）到39美元/月（KickStart Cart）不等。

网站

在互联网变得具有交互性之前，我使用一个叫作Microsoft FrontPage的简单软件来设计网站。我不需要知道如何编写HTML代码；我刚刚就创建了一个静态网站来通过几个屏幕展示信息。当然，现在的成功网站需要定期更新，并具有以下特点。

- 简洁、干净、有吸引力的设计，包含链接到网站其他部分的常识菜单
- 您的故事［通常称为"关于我（或我们）"］，展示清晰、迷人的个人照片，您的职业，以及您从事该职业的原因

- 轻松导航，不需要超过两次单击即可获得访问者想要的信息
- 显示或描述您的服务和产品的视频短片和相关摘要
- 来自满意客户的推荐（特别是视频推荐）
- 赠品链接，用于采集电子邮箱地址来换取有价值的物品
- 在线购买会员、课程、在线个人培训和服装等产品的功能
- 课程和个人培训的在线自助安排工具
- 社交媒体网站的链接
- 博客（最好集成到网站中；否则可通过容易找到的链接访问）

您需要一个网站吗？我的直觉告诉我您需要，但我认识一些完全在 Facebook 上经营业务的私人教练。而且我必须得承认，我曾经唯一的网站就是我的博客网站。尽管获得了成功，但我仍然建议您创建一个真正的社交网站。这样做的一个原因是，您在 Facebook 上发布的所有内容基本上归该平台所有内容，而您在自己的网站上发布的内容归您自己所有。最好聘请专业人士来创建网站，但费用可能很高。例如，尽管一位设计师朋友给了我"朋友折扣"，但组建我的网站仍然花费了超过 2 000 美元。但是不要害怕，还可以找到支持自己动手的便宜的网站建设服务，例如 Wix、Weebly 和 Network Solutions。

博客

最初的在线期刊或网络日志（现在简称为"博客"）已经发展成为最具创造性和信息量最大的写作平台之一。因为博客是从您的视角写的，反映了您的说话方式，所以创建起来非常简单。他们提供了您对某个事物的评价。要使用它们作为业务工具，请坚持更新目标受众感兴趣的主题，并突出您的专业知识、风格和您关心的事物。无论您的博客文章是由订阅者直接阅读还是以链接形式包含在电子邮件和社交媒体帖子中，它们都可以帮助消费者建立对您的信任感，甚至可能建立亲密感。这种联系使他们更想要与您做生意。

可以通过免费的博客服务轻松创建自己的博客，如 WordPress、Squarespace 和 Blogger 等。赶快动手尝试吧！不要担心它的外观或是否会被接受；只有不断尝试才会越做越好。如果您不喜欢它的样子，或者风格或内容不是您想要的，随时可以删除帖子或创建另一个博客。这些年来，我已经创建并关闭了十几个博客。慢慢地，您的博客会变得越来越好。有些人每天都会更新博客，有些人每周更新一次，而有些人每月才更新一次。您需要创建一个可以坚持下来的时间表。随着您更擅长选择主题并撰写相关内容，您就可以更频繁地更新博客。

内容

那么写点什么呢？我们应该在互联网上发布什么内容来供公众阅读？答案始终是通过让人们了解、喜欢并信任我们，在他们改善健康和健身的过程中为他们提供帮助。实现此目的的最有效方式是提供准确的信息，从而变成资源。在社交媒体更新上，可以提供可靠信息的链接和

分享您对该主题的评论。您的评论可以是简单的"确实如此!",可以发表一篇文章来解释为什么该观点是错的,以及读者可以在哪里找到更好的信息。也可以阐述目标市场成员在尝试改善健康和健身时经常遇到的挑战,以及这些挑战的解决方案。

如果您不确定在何处查找要发送给您的社交圈的内容,可以考虑使用收集特定主题信息的网站。您可以对这些网站进行个性化设置,以帮助您找到所需的内容。也可以使用此信息来确定最受欢迎的主题,然后撰写自己的相关博客文章。

虽然调查研究可能很重要,但人们喜欢关注、欣赏和分享"故事"。所以,如果可以,讲一个故事来阐明您的观点。例如,人们可能从研究文章中了解到,经常锻炼、食用热量适当和健康的食物可以帮助他们减肥并改善生活质量。然而,这些信息对他们的情绪感染并不大,可能不如听到一位女士(让我们叫她琼)的体重和健康问题正影响着她照顾两个年幼孩子的能力。幸运的是,琼最终加入了XYZ计划,减轻了体重,改善了健康状况,现在能够照顾她的孩子并陪他们一起玩耍。讲故事的情绪感染力也解释了为什么对您或您俱乐部的推荐在营销工作中如此重要。

此外,您应该公开自己的信息。我知道一些私人教练将他们的网站、博客和社交媒体帖子仅限制在专业领域。这种方式不会传达出任何关于您是谁的信息,而个人信息在试图建立新关系时至关重要。如果我碰巧提到我的儿子是游泳运动员,总有人会在心里想"我的孩子也是游泳运动员",那么现在我们就有了共同点。也就是说,您需要意识到您发布的所有内容都会被仔细阅读。永远不要发布任何与您正在尝试建立的品牌形象相矛盾的内容。我的Facebook页面可供所有人查看,其中提供了我的专业观点和个人详细信息。因此,我会非常仔细地考虑自己发布的内容。没有什么比这更适合我的品牌。

建立互动和关系的关键

无论是在博客文章、状态更新还是网站上,人们常常会对您发布的内容发表评论。在许多情况下,他们会做出下意识的反应;也就是说,他们阅读后会立即发表评论。这就是我们所希望的:与消费我们内容的人互动。为了鼓励这种互动,不仅可以选出目标市场成员感兴趣的内容,还可以提示读者回复。例如,您可以用一个问题结束帖子:"您有类似的问题吗?""您会采取什么策略来应对这个挑战?""您是怎么想的?"任何能够激发直接互动的行为都可以培养一种关系。您还可以标记或提及一些人(但仅针对喜欢被标记或提及的人——应提前确定这一点),让他们参与对话。仅仅看到您和其他人之间(或者甚至其他两个评论方之间)的对话,就可以让人们对您的帖子更加感兴趣。在这一点上,您可能会想,"所有这些建议都涉及分享内容和建立关系,但我什么时候才可以邀请人们加入我的俱乐部或报名参加私人训练?"

答案取决于您与交谈的另一方之间的发展动态。一旦有人询问与您的产品和服务直接相关的问题,您就可以开展这一对话。至于如何确定您的信息和促销组合,营销平台Rallyverse建议采用以下比例:30%为自有内容(即原始内容),60%为借鉴内容(即从其他来源获取的信息),

10%为促销和优惠信息（Lee, 2014）。

　　根据这个公式，10篇帖子中有一篇可以是促销性的。但是，仍然应该采用轻描淡写的语气。以下是一篇宣传健身训练营社交媒体帖子的例子："计划于明天下午5:30举行健身训练营活动。运动清单还未确定，在最终确定运动项目前，希望能获得您的宝贵意见。您想在课堂上看到什么样的健身训练营活动？"这篇文章说明了课程的内容和时间，并邀请读者提供建议，同时也帮助他们描绘了课堂上的自己。

选择媒体

　　除了选择使用哪些社交媒体平台外，还需要决定如何投放内容。如前所述，加里·维纳查克（Gary Vaynerchuk）认为视频是未来发展方向。如果做得好，它会抓住和吸引人们的注意。您的视频可以呈现各种可能性：运动演示、讲座节选、活动亮点、视频博客或网络广播。这并不是说其他媒体没有用。纯文本也有用，但同样地，一图胜千言。如果图片能获得关注，视频就能获得更多关注。除了传统的实景视频，也可以制作动画视频，加入不同的创意陈述。要快速轻松地制作动画视频，可以选择Moovly、GoAnimate和Nawmal等工具。

　　播客或纯录音也非常受欢迎，并且与广播节目一样，他们也可以在做其他事时收听。我喜欢在开车、烹饪、绘画或做任何其他无法转移视线的事情时收听它们。播客工具包括SoundCloud、PodOmatic和Podbean。与博客一样，播客可以由直接订阅您频道的人收听，或者通过您在电子邮件或社交媒体分享的链接来收听。开始时，可以尝试制作一些录音，而不必考虑如何分享它们。检查录音的音质和内容的清晰度。当您对质量充满信心时，就可以开始分享您的录音。内容质量比时长更重要，因此您可以首先上传一个一分钟长的产品使用技巧，如果获得了积极的反馈，再上传更长的内容。

创建营销时间表

　　一些营销活动可以每天进行，无论是在公共场合还是网上。其他形式的营销需要进行规划。如果您的同一个广告或视频投放得太多，或者如果您经常宣传相同的产品，人们可能会视而不见。相反，应创建一个整体计划来最大限度地发挥营销效果，其中要包含一个注重传达不同信息的有目的性的时间表。

　　一种简单的开始方式是专注于国家法定节假日，这样可以轻松搭配；例如，我为万圣节举办了一个魔鬼健身训练营。接下来，检查社区的活动日历，找到可带来当面联络机会的聚会和活动。社区日历还可以帮助您避免将一次活动安排在举行另一次活动的时间，或者帮助您在自己的活动中有目地地利用另一次活动。例如，您可以计划在当地培根电影节开始前举行一次疯狂健身训练营。

　　另一种基于外部活动的营销方法是与国家卫生宣传活动相结合；例如，2月是由美国心脏协会发起的美国心脏月。每个宣传活动都有自己的网站，许多还提供了宣传材料，可以将这些材料与您自己的营销计划相结合。事实上，美国心脏协会提供了一个《工作场所健康手册》，其中包含可用于促进健康生活的想法和材料。例如，您可以举办一系列心脏健康讲座或举办一场"心脏状况分享"活动，在其中发布一个富有启发性、有意义的心脏图片或视频（可能带有代表您业务的小徽标），要求关注者与亲人分享。

除了这些营销机会外，还要考虑您提供的服务和产品。在每个季度或季节发现营销机会并举办一场活动，例如家庭招待会，其中心主题是满足您所选择的重点需求。例如，假设您提供了一个包括营养辅导和私人训练的减肥套餐。在1~3月，您可以举行减肥挑战赛，最后在一次家庭招待会上对获胜者进行表彰，送出奖品，并提供健康的小吃，您还可以让人们注册接收包含减肥秘诀的每周电子邮件简报。

无论使用纸质日历、计算机电子表格还是智能手机应用，都要尽可能完整地规划好每一年的安排，这样您才有时间去计划和分配资金，抵消所产生的开销。您可能听过这样的说法："未做好计划注定会失败"，这非常适合营销时间表，精心计划的时间表可以为您的业务不断带来新会员或客户。

更多内容

营销的目标是建立公众对您、您的服务和公司（或您的工作地点）的认识。首先要确保对自己的品牌和希望向潜在会员或客户传达的信息有清晰的认识。然后通过与目标市场成员建立关系来吸引他们。人们会逐渐开始允许您推销自己的产品和服务，在提供产品的同时还要承诺帮助人们实现其目标。

最初，您可以通过电视和广播、期刊或直接营销邮件或传单等传统营销方式来建立所需的公众认知。但是，最有效的营销离不开建立关系、通过互动来实现。互动可以采用当面联络、电子邮件或社交媒体交流的形式。

在向潜在会员或客户推销前，您必须知道在何处找到他们。他们是否分布在当地商会或高中。或许找到他们的最佳方式是通过社交媒体平台。选择能让您最接近目标受众的渠道，以便更好地了解它们。在考虑向潜在成员或客户进行营销的各个方面时可制订一个计划，安排如何和何时使用营销工具。通过创建时间表，可以让您按计划行事并准备好在最佳时机进行联系。

您需要知道，在线资源和社交媒体平台可能很快发生变化。但是，尽管在您阅读本书时有些可能有所不同，但原则保持不变。人们会从他们认识、喜欢和信任的人那里购买产品。记住这一点，开始建立关系吧！

营销和建立关系是让人们成为您的会员或客户的初始步骤。接下来就是实际的销售。对许多私人教练来说，这是一个绊脚石，因为"销售"和"销售人员"这两个词都带有贬义。在第13章中，您会发现销售行为对所有相关方都是一件非常正面的事。

第13章

学习销售的艺术

如果您从事商业活动，就一定会有销售。这就是您维持业务和谋生的方式。遗憾的是，很少有人理解销售是必要的。让我们从思考大多数人对销售和销售人员的误解来开始介绍销售艺术。然后，我们将了解何时何地会出现销售机会，这些机会或者是自己出现，或者因我们的营销工作而出现。但是，这些都不重要，除非您能熟练地将潜在的会员或客户带入销售过程，让他们乐意从您这里购买商品。

对销售的误解

我自己的销售经历让我对销售（以及与之相关的任何事情）不屑一顾，这种态度在我身上存在了十多年。年轻时，我是一名理想主义运动专业人士，在缅因大学人类行为研究中心工作了3年之后，搬到了波士顿。我用对运动科学的深刻理解帮助人们通过运动改变他们的生活，我准备拯救世界。当我在一家俱乐部找到一份私人教练的工作时，我很快就成为一名健身总监，因为我比大多数员工都更了解健身，并且渴望在这个行业中晋升。作为一个好学生，我观察和学习其他经理。在最初的6个月里，销售经理和总经理的职位空缺了，我想我也可以做这些工作。在向管理者陈述了我的情况后，我得到了这份工作。

作为销售经理，我被派去参加一个"销售培训"课程。在指导这门课程的销售顾问看来，真正重要的是销售数字（强行销售），而不是会员的健康状况，或是满意度。他们的想法是让人们拿起信用卡，尽可能多地收取费用。销售顾问解释了如何安排精心准备的旅行和礼物，以奖励人数最多的销售人员。然后，销售顾问给我们出了个主意：把俱乐部的会员资格提高到1~3年，这样就会超额销售。但这不是我进入健康和健身行业的初心。

后来我发现销售顾问表扬了我们的一个销售人员，因为他把会员资格卖给了一个正在找哑剧表演课的人（我们甚至都没有提供此服务），我知道我得辞职了。从那以后，任何与"销售"有关的事情都让我感到厌恶。许多健身专业人士也有同感，对他们来说，仅仅是"销售"和"推销"这两个术语就会让人想起不择手段的电视购物和电话推销员。这个概念和过程似乎是负面的。

当我在当时美国第三大健身俱乐部担任课程协调员时，我对销售有了开悟。作为工作的一部分，我为连锁店的1 700名私人教练编写了内部培训手册。有一次，我的领导让我增加一个关于销售培训的部分。我对此感到厌恶，并告诉领导我对任何与销售有关的东西都不喜欢。她告诉我，我太可笑了，我是她认识的最好的销售人员之一。她解释说："你的自信、热情和帮助他人的愿望正是销售的全部意义所在。"多么不相关的概念呀！她的话标志着我重新定义销售的开始。销售不邪恶，销售人员也不邪恶（或者至少他们不一定邪恶）。

根据一项研究，9个美国劳动力中就有1个人从事传统的销售工作，另外8个人把40%的工作时间用于"劝说、影响和说服他人"（Pink, 2012, p.21），这本质上就是销售。我们的个人生活也充满了销售影响："来看看这部电影""试试这家餐厅""投这个候选人一票。"这些表述和其他许多表述构成了说服他人的企图。在商界，关于销售的语义存在争论。销售达人杰弗里·吉特默（Jeffrey Gitomer, 2004）说："人们不喜欢被卖，但他们喜欢买。"您可能会这样想："销售"是您为潜在的会员或客户做的事情，而"购买"是他们为自己做的事情。我不同意这种观点，这种观点再一次试图让"销售"成为坏人。实际上，对销售的指责来自于数千年来纯粹为了卖方而不是买方而销售的人。但事实并非如此。

换句话说，买卖双方的销售体验质量都取决于意图。销售应该专注于通过使用卖方提供的解决方案来帮助买方解决问题。事实上，如果您认为潜在客户实现他的健身或健康目标的最佳机会是和您一起工作，那么如果您不试图说服那个人，您不是在伤害他吗？

人们购买的原因

在我职业生涯的早期，我了解到人们买东西是基于他们的欲望，而不是他们的需求。欲望是情感的，情感驱动着购买。一种理论认为，人们买东西要么是为了获得快乐，要么是为了远离痛苦（Carroll, 2015）。这对我来说是有道理的。在健身世界里，人们可能想通过锻炼达到一种新的身体状态，帮助他们自我感觉更好，也许是看起来更好、更强壮或者更敏捷，换句话说，就是走向快乐。他们也可能想通过锻炼来从伤痛中恢复、变得更健康，或者防止生病，也就是说，避免疼痛。

其他讨论集中在有助于个人购买的因素上。例如，在一个有助于购买的元素列表中，吉特默（Gitomer, 2004）包含了6个与消费者对销售人员的感觉直接相关的元素。在其他因素中，这些因素包括喜欢、信任和与销售人员相处融洽。吉特默列表中的其他元素更为"经典"，因为它们与产品如何服务于消费者的需求以及它的价格是否合理有关。吉托默的列表精确地说明了许多销售和营销书籍所宣扬的东西：消费者从他们喜欢和信任的人那里购买东西。

识别销售机会

对于健身专业人士来说，销售机会是帮助他人实现目标的机会。营销是创造销售机会，但并不是这些机会出现的唯一方式。事实上，这些机会一直都在我们身边。当它们出现时，我们有一个主要的目标：让潜在的会员或客户坐下来和我们讨论他们的需求。当然，我们可以随时提供指导，但如果我们想提供最好的个性化建议，那么我们需要进行一次机密的、一对一的咨询，以讨论这个人的健康史、生活方式问卷和目标。

即使一个人只是为了健身而去寻找一个俱乐部的会员资格，您仍然需要确保他足够健康才能开始（或继续）。您还需要确定健身俱乐部是否提供了此人正在寻找的内容。这个问题不仅与设备有关，也与您的空间外观和感觉有关。因此，您应该鼓励此人参观健身俱乐部，并确保它是适合的地方。

如果有人进来想马上报名参加私人训练计划，怎么办？许多人会说："立刻赚钱吧！"，因为这个人有可能会改变他的想法。我不同意，原因如下：您对这个人了解不够，无法推荐最好的计划。如果您现在就让此人报名参加一个计划，结果证明它不合适，那么您就必须回溯，要么退还这个人的钱，要么再销售给他正确的会员资格或计划。无论是哪种情况，都会让潜在的成员或客户觉得自己没有得到足够的照顾，也会低估您的能力。可以通过说服那个人进来和您面谈来尽量减少风险。

下列小节中描述的销售机会包括在社区中的偶遇（比如在聚会、社区活动或杂货店中遇到某人），以及在俱乐部中与会员或客户的偶遇（无论您是在值班还是只在那里锻炼）。

偶遇

想象您最后一次在聚会或其他聚会上遇见某人的情景。这个人发现您是一个私人教练，就会马上问您如何锻炼胸部，如何练出6块腹肌，如何提升臀部。您做了什么？您应该首先认识到，这次见面给了您一个帮助别人的机会，然后努力说服对方与您见面交谈。

要开始这个过程，倾听对方的问题，并把您的注意力完全集中在这个问题上。然后询问几个（不要太多）开放式问题，让对方提供有关其目标的更多细节。这些问题不仅能引出更多的信息，还能让对方知道您在听并且想了解更多。但是，这并不是深入讨论的时候。首先，你们中的任何一个或两个都可能没有时间。此外，您应该在一个可以询问私人问题的场合进行更实质性的谈话。在那之前，您不能提出具体的建议，因为您还没有全面的了解。

此时，如果您认为可以帮助这个人，您可以这样说："我很乐意找个时间坐下来好好谈谈，这样我就可以为您进行个性化的推荐了。您愿意这样做吗？"如果这个人拒绝了，那么他可能还没有准备好改变生活方式或参加锻炼计划。而如果对方同意了，并询问日程安排，您可以询问："您什么时候方便见面？早晨还是晚上对您更合适？"然后安排见面，说"太好了"。接下来交换联系方式，询问对方："能告诉我您的电话号码，以便我提前和您确认吗？"此外，如果对方需要重新安排时间，您可以说："这是我的联系方式。"

如果对方对您感兴趣，但现在还不确定是否有空，请求他的联系信息，并询问您是否可以稍后联系，以便安排一次咨询。您可以说："我可以知道您的电话号码吗？这样我就可以给您打电话，安排一个方便的时间见面。"

我重复一遍，不要简单地把您的名片给对方，然后要求他给您打电话进行咨询。对方可能会丢失您的名片，忘记打电话，或者选择其他健身俱乐部或私人教练，而您却在那里等待电话。相反，如果您得到了对方的联系方式，您就可以主动打电话预约。

在俱乐部的工作时间

本节和下一节不仅涉及销售，还涉及营销，因为它们涉及在工作时的意外面对面交流中创造销售机会。因此，它们成为销售机会。

假设您正穿着制服在俱乐部工作，有一个会员来上您的课，或者在训练场锻炼，或者在使用有氧健身器。您知道他对健身感兴趣，因为他已经在健身了。您的自然倾向应该是了解他是如何实现其健身目标的。毕竟，我们希望每个人都能成功，对吧？

第一步是找一个合适的时间接近这位会员，但不要在他下蹲时接近。自我介绍一下（除非他已经认识您），即使他做错了动作，也要称赞他。例如，您可以说："您在这里锻炼的真努力！"或者"您将成为这里的常客，这对您有好处！"然后询问他的目标："我能问一下您想要达到的目标是什么吗？"在他回答之后，让他描述一下实现目标的计划（大多数人都在即兴发挥）。接着询问他的进展情况。如果他有一个合理的计划，正在取得进展，并且对这个计划很满意，那么不要强迫他进行更长的谈话。再次赞美他，并留下一个日后交谈的机会，可以说："很好，很高兴听到您的计划进展顺利。继续努力吧！如果您不介意的话，我将在几周后再与您联系以确保您的进步。这样可以吗？"他对此应该没有意见，您没有推销，也没有做过任何尴尬的事情，与员工的接触以及未来提出问题的机会都是积极的。

如果他没有一个合理的计划怎么办？也许他只是东一下西一下，或者他试图使用一些杂志上的最新锻炼方法，但是他仍然对自己的进步感到高兴。同样的，如果他很开心，不要强迫他，但是您可以提出建议："很好，很高兴听到您的锻炼一切进展顺利。但是如果您进行专门为满足自己的需求而制订的计划，您可以做得更好。我们可以安排一个时间坐下来谈谈您的计划，看看我们能做些什么来提高效率。您感兴趣吗？"如果他同意，那就预约时间。如果他拒绝了，那就向他保证这是可以的，最后请求允许在几周内与他联系。一定要让会员对你们的互动感觉良好，这样以后的任何接触都是友好和舒适的。

在俱乐部的下班时间

当您在俱乐部休息时，您可能会遇到几种情况。首先，您可以穿着制服来吸引会员。但是，在这样做之前，要和俱乐部确认您可以在下班时间工作。在我上一次作为健身总监的长期工作中，那个俱乐部没有下班时间（参见第2章），我鼓励私人教练在他们致力于建立业务的时间外进来，在训练场上工作，就像他们上班时一样。虽然不会为他们自己的时间支付报酬，但是他们这样有助于建立客户群。在这种情况下，他们就像在值班一样来吸引客户。

另一种情况有可能发生在每次您自己锻炼时。这样做会为会员提供一个与您接触的机会，您应该好好利用这个机会。会员将有机会看到一个"专业人士"在锻炼。他们可能会问您一些问题，比如您是怎么做的，为什么要做这些练习。尽管这些谈话可能会减慢您的锻炼速度，但您必须权衡成本和获得新客户的机会。因为有这种优势，我总是鼓励私人教练在他们自己的俱乐部锻炼。一旦您回答了对方最初的问题，这种互动就应该像您在俱乐部值班时一样说："我喜欢做这个练习，因为……"或者"您呢？您在训练什么？进展如何？"如果您在锻炼时打算使用这种方法，不要戴耳机，否则人们会感觉您没空。

永远保持好奇心（ABC）

销售的ABC法则通常与短语"一定要成交"联系在一起。我想把ABC这个首字母缩写的意思改成"永远保持好奇心"。您对会员的真诚好奇心能产生比您想象的更多的机会。

事实上，有一天我在向一个实习生解释这个概念的时候，一个刚做过膝盖手术的人一瘸一拐地走了过去。我问她感觉如何，物理治疗进展如何。她表示她已经结束了物理治疗，但为了能舒服地重新开始之前的活动，她还有很长的路要走。我问的下一个问题是一个切入主题的好问题，我强烈建议您把它加入您的清单中："您的计划是什么？"被问到这个问题时，她意识到了现实，回答道："我还没有计划，我想我们应该坐下来想一个计划。"对于实习生来说，这是一个很好的例子，说明了总是保持好奇心可以提供帮助别人的机会。俱乐部的成员有成为新客户的巨大潜力。不要让机会白白溜走。

销售流程

无论您是销售会员、课程、计划还是私人训练，销售过程都是从您与潜在会员或客户的第一次会面开始的。在意外相遇中，比如前面提到的那些，在遇见某人的头几秒钟就可以为未来的关系定下方向。本节介绍如何给潜在的会员或客户留下良好的第一印象。还介绍了销售流程的步骤：建立关系和信任，查看人员的健康史和生活方式问卷，阐明目标，总结产生的挑战，推荐行动方案，最后获得潜在客户的承诺。

留下积极的第一印象

虽然第一印象可以快速形成（只需要两秒），但它们是通过处理大量信息形成的（Gladwell, 2007, p.13）。因此，一切都很重要。

第一印象清单

- **准时**。没有什么比在第一次（或任何一次）会面时迟到更让人感觉糟糕的了。不要这样做。它会告诉对方：“我不在乎您。您的时间并不重要。”如果由于某种不可避免的原因，您迟到了，不要找借口。您遇到什么人对方都不在乎。真诚地道歉，向他保证以后不会再发生这样的事情了。

- **穿整洁的职业装**。不管您的角色是公司所有者、经理还是私人教练都要注意衣着适合角色。这可能意味着休闲裤、正装衬衫或私人教练制服。无论细节如何，您应该看起来关心自己的外表。

- **精心打扮**。您的头发应该梳整齐，手和指甲应该干净，胡子也应该刮干净。如果您想留胡子或胡须，修剪一下，让它看起来像一个有意识的行为，而不像是在树林里过完周末忘记刮胡子了。

- **不要有难闻的气味**。这一点似乎显而易见，事实上，您需要避免体味。此外，要避免使用香水、古龙水和须后水。您可能喜欢它们闻起来的味道，但对您要见面的人来说，它可能会让人倒胃口。如果您仍然决定要用香水，那就尽量用淡一点。

- **真诚的微笑**。人们希望您看到他们很高兴，没有什么能像温暖真诚的微笑那样表达这种感觉。很多人都能分辨出虚假的微笑和真诚的微笑（Maples, 2011）。您应该很高兴见到这个人，并表现出来。

- **保持目光接触**。如果一个人没有和您保持目光接触，您很难感觉到他在听您说话，和您交流。此外，如果不进行眼神交流，您可能会错过对方的微妙暗示。

- **用温暖的声音称呼对方的名字，发音清晰**。人们喜欢听到自己的名字。用名字热情地问候一个人，同时真诚地微笑并保持目光接触，这样能够非常友好地建立融洽的关系。

- **握手要有力，但要与对方的压力程度相匹配**。太软弱无力（“死鱼”）或太用力（“我强壮有力，但您不是这样”）的握手会让人生厌。要保持适当的平衡，保持与对方施加在您手上相匹配的压力（力量不要过小或过大）。

- **使用自信、开放的肢体语言**。关于肢体语言如何给人留下印象已经说了很多。除了实现前面讨论的要点外，昂首站立（而不僵硬），以显示信心。面朝对方，这样对方就知道您和他在一起，在他身边。与此同时，保持身体舒展，而不是双臂交叉，表明您希望和她交谈。

- **积极热情**。热情是会传染的，您希望潜在的会员或客户能分享您的兴奋。

- **做自己**。“我们生活在一个原始而真实的社会，因为它是如此罕见”（Robbins, 2015）。真诚和诚实极具吸引力。如果您不够真诚，潜在的会员和客户要么现在就能感觉到，要么以后就会发现。不管怎样，这会让他们对您产生负面印象。

建立融洽且可信任的关系

为什么建立融洽且可信任的关系很重要？因为，人们愿意与他们认识、喜欢和信任的人做生意（Carmody, 2014）。或者，正如销售达人所说，"如果人们喜欢您，他们会听您的，但如果他们信任您，他们会和您做生意。"因此，您希望人们喜欢并信任您。

留下了良好的第一印象后，建立融洽且可信任关系的关键可以归结为几个额外的注意事项。当您将一个潜在会员或客户带到您的私人会议或咨询的指定地点时，开始一段随意的对话。可以谈论天气，询问这个人是不是新来的，或者称赞他的一件衣服，任何您能帮助对方开始感到舒服的事情。在你们坐下来安顿好时，继续保持这样的方式。交谈的时候，要配合对方的语言。如果他使用简单的单词和短语，那请你用同样的方式。用不常见的语言和术语说话会造成障碍，阻碍你们建立融洽的关系。

随着谈话的进行，询问一些开放式问题，让对方有机会讲述自己的故事。您应该真正想要了解这个人，而这次会面或咨询就是这样一个机会。身体稍微前倾，专注地倾听对方的反应。注意你们的共同点。类似的经历有助于建立联系。但是，记住，这次会面主要是了解客户的，因此您应该少说多听。正如希腊哲学家爱比克泰德（Epictetus）所说："我们有两只耳朵和一张嘴，所以我们听的比说的多一倍。"使用积极的倾听技巧，给出快速肯定的回答，如"是""哦""哇"，并重复、解释和澄清，让对方知道您在听，而且明白他的意思。在整个会面或交谈过程中继续询问开放式问题并积极听取意见。

回顾健康史和生活方式问卷

当然，为客户制订个性化的计划时，健康史和生活方式问卷提供的信息很重要。但是，这些信息只是一个完整交谈的开始，可以让您更深入地了解这位客户。你们将一起详细阐述并阐明在制订帮助客户实现目标的计划时什么是重要的。

事实上，几乎每一个包含在健康史和生活方式问卷中的问题都可以作为一个完整讨论的主题。例如，如果健康史显示某人最近做了膝关节置换术，但已经康复，您应该询问更多的细节："您能告诉我更多关于什么时候疼痛会困扰您，以及它是否妨碍您做想做的事情吗？"当您试图触及问题的核心时，这个问题的答案甚至可能会引发另一个问题。这个问题不仅涉及任何适用的锻炼或活动限制，还涉及人们对这些限制的感受。

明确目标

通常，当人们陈述他们的目标时，他们会用一般的方式来表达，比如，"我想减肥"或"我想变得更结实"。因此，您需要帮助他们明确表达他们的愿景和实现愿景后的感受。换句话说，目标是有层次的，您需要帮助人们剥离层次，找出真正重要的东西。

例如，我的一个客户说他想要"更好的心血管状况"。当我问这个词对他意味着什么时，他说，"这样我就能跑得更快。"我接着问，"为什么跑得更快很重要？""这样我就可以参加公路赛了。""这个比赛有什么特别之处吗?""我的家人每年都参加10千米赛跑,我总是最后一名。我想提高我的跑步速度,这样我就能在今年打败他们。"现在我们有了一个具体的目标,这样我们就能制订具体的计划来实现它。然后我问,"打败您家人会是什么感觉?"他的回答是:"我将登上世界之巅!"现在,我们也发现了一种情感动机,它比"更好的心血管状况"更有意义。

总结挑战

此时,您和您的潜在会员或客户已经相当深入地了解了相关的健康和生活方式情况。您还把它们与明确的目标进行了比较。现在,您可以确定他在追求这些目标时将面临的挑战。对这些挑战做一个总结,问问他们是否准确。如果不准确,要求潜在客户明确目标,然后给他一个修改后的挑战总结。慢慢来;您越了解这个人的目标,您就越能总结出他面临的挑战。这就是到了下一步,这是销售艺术的核心。

推荐行动方案

现在您可以为潜在成员或客户推荐行动方案了:"考虑到这一点,我的建议是……"制订一个具体的行动,是否需要加入俱乐部,购买特定的私人训练套餐,或者是参与某个计划。逐点解释解决方案将如何帮助这个人克服迫在眉睫的挑战。这种描述应该包括将结果最大化,将风险最小化,并使人能够体验他想要的特定感觉。例如,对于刚才的那个家庭跑步者来说,是"世界之巅"。

提出建议的方式很重要。提出建议的方式和目前为止您与客户的互动,建立了您推荐的感知价值。有些人建议提供2~3个建议,从而给潜在的会员或客户一个选择。但是,不要提供超过3个。选择太多会让人无法做出决定(这种状态通常被称为"分析停顿")。只要您避开这个

销售可以像提出诚实的建议一样简单

陷阱，给潜在的会员或客户一个选择，即使您确定所提供的套餐或计划，也有助于这个人更强烈地承诺遵循他选择的任何选项。例如，您可能会建议此人选择您认为可以提供最佳结果的两种私人训练方案之一。

获得承诺

提出建议后，是时候要求承诺了，这通常被称为"达成交易"，这部分过程对大多数人来说是最困难的一步。是的，您想要钱，但这是错误的思考方式。您真正想问的是这个人是否接受您制订的计划。"您觉得怎么样？""这听起来像您想做的事情吗？"在提供两种选择的情况下，您可能会问："你觉得这两种选择哪一种更适合您？"您也可以问："您想什么时候开始？"

如果一切顺利，这个人会说："'好'或'是'。"然后说，"'第一个听起来更好'或'下周会更好'。"然后，您可以实事求是地回答："'太好了！让我们来支付费用，您就可以马上开始您的会员课程了'或'太好了！让我们来支付费用，开始预约您的第一节课'。"

反对意见

在某些情况下，这个人不会准备好承诺。即使您觉得涵盖了所有的基础，这个人可能会提出异议。当然，如果您在咨询的信息收集阶段做得全面，现在提出反对意见的可能性就不大了。无论如何，大多数反对意见都是有待回答的问题。因此，大多数反对意见可以通过告知对方抵消福利或提供澄清声明来解决。

当您讨论抵消福利时，您承认了一个挑战，并将它与潜在的好处进行比较："是的，改变您的习惯可能很困难，但当您终于能够参加一直梦想的公路赛跑时，这难道不值得吗？"一方面，让人知道他是错的（以一种友善的方式），然后提供事实的真相（也就是澄清）："许多人仍然相信，长时间的低强度有氧运动训练是最好的减肥方法。但现在的研究表明，高强度的间歇训练比普通的有氧运动更能让您瘦身。"

以下是一些关注锻炼是否能融入生活的人提出的一些典型反对意见。

- "我没有足够的时间锻炼。"
- "锻炼太无聊了。"
- "我太老了，不能锻炼了。"
- "我受伤了。"
- "我病得太厉害了。"
- "我似乎就是没有动力。"
- "我不知道从哪里开始。"
- "我太累了，无法锻炼。"
- "我在家里没有我需要的支持。"
- "我负担不起健身房（或私人训练）的费用。"

当您听到这些反对意见时，询问他："您为什么这么说？"然后让对方更详细地解释他的反对意见。倾听解释有助于您发现之前可能忽略的问题或者更了解对方的感受。这些额外的信息将帮助您具体解决反对意见，无论是通过抵消福利、澄清声明或两者。

也要意识到，此潜在成员或客户确实参加了第一次会面或咨询。也就是说，他离开舒适的家或放下手上的工作来与您会面。这表明此人肯定有兴趣加入俱乐部或开始私人训练。否则他为什么会来？现在，此人需要您的帮助来做出开始的决定。

例如，假设异议是这个人觉得自己太老了，不能开始锻炼。一个好的回答是："您不是第一个这么想的人！"这句话告诉他们，有这种感觉是可以的。您可能会补充说："事实上，过去人们认为随着年龄的增长，我们会继续失去力量、柔韧性和耐力，对此我们真的无能为力。"这句话为他们的感觉提供了更多的支持："但是，近年来，大量研究表明，我们不一定会失去这些能力。事实上，我们可以在任何年龄开始锻炼，提高我们的力量、柔韧性和耐力。结果是，您将能够继续做您想做的事情，并保持独立性。"这些话使他们确信可以达到她的目标！

理想情况下，您要为每一个可能的异议准备一个大致的抵消福利和澄清声明。然后您就可以更具体地把它们和谈话的那个人联系起来。

现在，让我们谈谈大多数人反对加入俱乐部或参加私人训练的最大理由：价格昂贵。是的，事实上，有些人负担不起俱乐部会员或私人训练的费用。但是，最常见的情况是，价格会成为一种异议，因为您所提供的东西的价值没有被清楚地显示出来。事实上，当这个价值被充分确定后，如果此人没有同意您的建议，价格讨论甚至可能不会出现。

而如果价格昂贵真的对您未来的会员或客户构成了挑战，那就与这个人一起（如果您可以或被允许这样做的话）将价格降低到适合这个人预算的水平。例如，您建议一个人每周进行3次1小时的私人训练，为期8周，这是达到目标的最佳方法。但是，价格太高，此人负担不起。您可能会发现，此人的预算可以负担得起每周与您进行3次半小时的课程，或者每周与您进行1次1小时的课程，以及他自己进行两次课程的费用。另一个选择可能是在前两周每周进行3次1小时的私人训练，之后每隔1周进行1次。

由您和潜在的会员或客户确定适合预算的计划。好消息是，一旦这个人开始和您一起工作，他（她）经常会看到您的服务的价值，并逐步提高这个计划，使其更接近您最初的建议。

如果您想知道为什么服务公司不愿意通过电话给出价格，那是因为没有机会展示价值，价格是消费者不得不比较的唯一因素。在这种情况下，最便宜的价格获胜。因此，价格应该是最后一个问题，这样您才有时间建立和谐、信任和价值。

害怕拒绝

有时，私人教练在要求承诺时犹豫不定，因为他们害怕被拒绝。如果潜在客户或会员在您讨论了抵消福利并使用澄清声明后仍然说不呢？您必须明白，这不是对您个人的拒绝，而是对您的建议的拒绝。也许您没有很好地展示价值，也许那个人真的买不起，也许那个人真的相信没有您的帮助他可以继续下去。除非您是一个令人讨厌的人，否则这与您无关。

　　当他们说"不"的时候，承认他们的担忧，让他们安心，并表明："好吧，我理解您的财务担忧。如果您要自己做这件事，这些是您需要关注的事情……"然后详细说明计划，以及这个人的责任，并询问："您有什么问题吗？"一旦您回答了当前的所有问题，都可以这样说："如果您以后有任何问题，或者您似乎没有得到想要的结果，请随时打电话或发电子邮件给我。"

　　大多数人希望一旦他们说不，您的帮助就结束了。通过提供更多协助，您会让他们对您感觉更好，如果他们改变主意或在未来需要帮助，他们会回到您身边。即使他们从未使用过您的服务，他们也可能会在朋友面前高度赞扬您，甚至可能会把您介绍给他们。

更多内容

　　销售是建立成功企业的重要组成部分。不幸的是，由于销售人员的误用和滥用，销售的名声并不好，这些销售人员只关心自己的利益，而不关心销售对象的利益。销售过程使我们有机会帮助人们实现其健康和健身目标。作为健身专业人士，我们应该期待这个机会。为了充分利用它，我们需要认识到销售机会出现的时间：在社区，在俱乐部工作时，或者是您正好锻炼的时候。

　　但是，您不能在不了解细节的情况下给出行动方案。因此，您必须获得与潜在会员或客户进行私人会面或咨询的机会，以便了解足够的信息，从而做出个性化的推荐。此外，知道人们从他们喜欢和信任的人那里买东西，您就需要尽一切努力创造良好的第一印象，然后通过真诚的渴望了解一个人来建立融洽和信任关系，以帮助他实现确定的目标。当您了解了这个人的障碍和挑战，并帮助他明确目标时，您就可以对最好的前进道路提出明智的建议。

　　如果潜在客户或会员提出任何异议，通过抵消福利或澄清声明很可能会解决这些问题。如果反对意见是价格昂贵，那么您可能没有充分建立建议的价值。但是，在某些情况下，价格实际上可能是个问题。如果是这样的话，考虑其他产品，看看是否能适合此人的预算。

　　最重要的是，销售中最大的恐惧是拒绝。要意识到拒绝的不是您个人而是您的提议。当销售无法完成时，通过提供指导来帮助个人获得成功。如果您这样做了，那个人离开的时候会感到惊讶、高兴，并准备把别人介绍给您。如果您能学会期待和享受出售健康和健身的礼物，那么您就在通往成功事业的道路上。

　　在前面的几章中，我们已经讨论了如何与您的目标市场、其他企业以及您的社区建立关系。人际关系，尤其是那些您想要长久建立的关系，依赖于有效的沟通。需要注意的是，并不是所有的人都适用同样的方式交流。为了确保自己和他人之间有清晰的了解，您应该要了解并能够使用不同的沟通方式。下一章将解释这些方式及如何使用它们。

第14章

与客户、企
业和社区进
行沟通

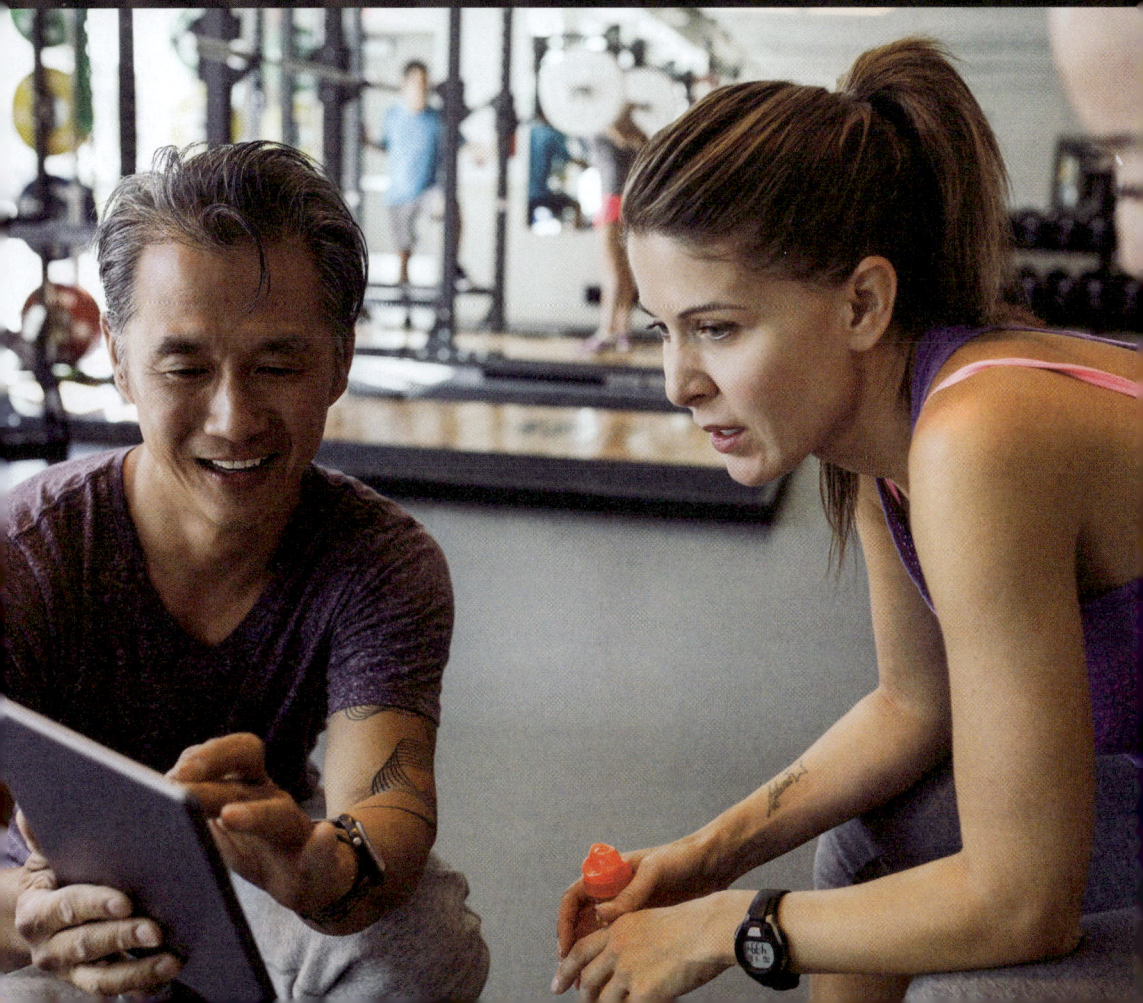

如果我问您是否知道如何与别人交流，您可能会翻着眼睛说："我当然知道！"您很可能很擅长沟通。但是，有时当我们有机会变得更好时，我们就会满足于现状。沟通对我们的客户和企业的成功至关重要；因此，我们在这个领域所做的任何改进都是值得的。

人们使用各种各样的交流和学习方式，这种变化不仅会影响您获得新会员和客户的努力，也会影响您留住他们的努力。这些方式还会影响您与同事和员工的互动、与您合作的企业以及您生活和工作的社区。因此，加强沟通技巧，就增加了您理解别人和被别人理解的机会，以及在我们建立融洽和信任时发展更深层关系的机会。

沟通方式

沟通方式有很多分类。有些模型已经使用多年，比如卡尔·荣格（Carl Jung）的思维、感觉、感知和直觉分类；这个模型被用作迈尔斯–布里格斯性格测试的基础。在其他例子中，哈特曼人格档案根据被称为红色、蓝色、白色和黄色的人格类型来分类个体。莎莉·霍格斯黑德（Sally Hogshead）的迷恋优势使用的分类为创新、激情、权力、声望、信任、神秘感和界限感。DISC 理论根据支配、影响、稳健和服从对个体进行分类。

所有这些方法的目标都是了解人们如何处理和应对各种信息。如果我们了解自己在处理各种情况时的自然倾向（以及其他人可能会如何反应），那么我们就能以最能被他人接受的方式来展示我们的观点、提供信息、介绍产品或计划。为了了解如何使用，我们将深入了解一下 DISC 方法。

DISC 方法

马斯顿（Marston）在他的 *Emotions of Normal People* 一书中为 DISC 理论奠定了基础。此书最初出版于 1928 年，最近出版了多个版本。马斯顿对心理学似乎没有能力描述"正常"的行为感到失望（也许是因为缺乏兴趣）。因此，他致力于定义人们的个人力量如何影响其个性和行为。（附注：马斯顿还创造了第一个测谎仪，以及漫画书中的女超人！）

尽管马斯顿从未开发过一种评估工具，但许多人用他的个性描述制作了一份旨在对个人进行分类的问卷。一些基于此模型提供在线评估的公司包括 Discus、Your Life's Path 和 Online DISC Profile。

为了理解 DISC 方法如何帮助我们了解自己高效地与他人沟通，我们需要深入地讨论这个方法本身（DISC Insights, n.d.）。如图 14.1 所示，方法以一个圆形表示，一条直线将其分成左右两半，一条水平线将其分成上下两半。左侧代表任务导向型人格，右侧代表人际导向型人格。同样，上半部分代表性格外向的人，下半部分代表性格内向的人。

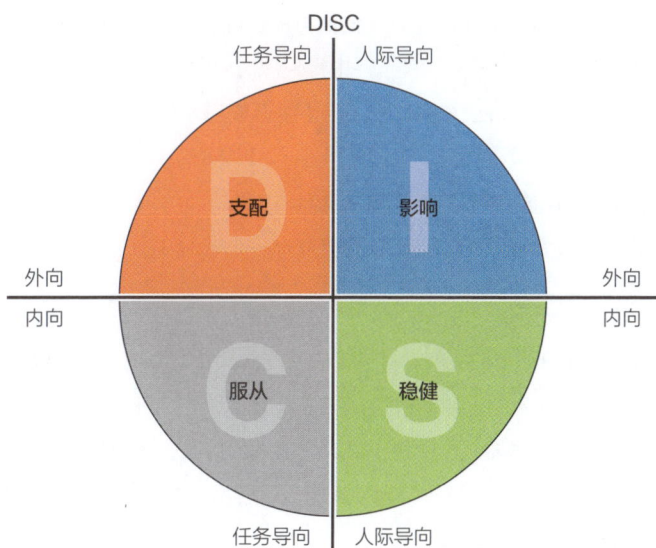

图14.1 DISC风格

　　当然，这两条线（竖线和横线）也创造了4个部分，每个部分都有两个特征。左上象限称为支配（D），表示外向和任务导向型。右上象限称为影响（I），代表外向和人际导向型。右下象限称为稳健（S），代表内向和人际导向型。左下象限称为服从（C），代表内向和任务导向型。每一种DISC个性风格都与额外的特质、需求和最佳的沟通方式相关联。让我们仔细看一下每个象限。

支配

　　支配（D）是外向和任务导向型个性。属于这一类的人喜欢掌控局面，带头冲锋，完成任务。他们喜欢挑战，需要有控制感。因为他们性格开朗、自信、专注于手头的工作，所以他们经常担当领导角色。但是，他们会给自己惹上麻烦，因为他们往往不关心别人的感受。因此，他们可能会尖刻、直率和冷漠。为了从这种个性中得到您需要的东西，做以下事情。

- 让他们负责项目。
- 允许他们自主工作（只要有可能）。
- 保持讨论简短且切中要点。
- 用一种选择的方式表明您需要什么："我需要在周五之前得到这份提案。您最快什么时候能给我？"
- 帮助他们在表现出耐心、敏感和愿意倾听和与他人合作方面表现得更好。

影响

　　影响（I）是外向和人际导向型个性。属于这一类的人喜欢与人相处，喜欢引人注目。他们很有魅力，善于社交，真诚地关心他人。他们也希望别人对他们评价很高；事实上，他们是自我驱动的。如果他们认为别的工作比较好，他们可能会冲动，对某事失去兴趣。尽管爱冒险，但他们也害怕被嘲笑或忽视。为了从这种个性中得到您需要的东西，做以下事情。

- 让他们有机会通过做演讲或在活动中领导小组而成为公众的焦点。
- 公开赞扬他们把事情做得很好。
- 总是允许他们挽回面子；不要当众批评他们。
- 帮助他们养成注意力集中和坚持项目的能力。

稳健

稳健是内向和人际导向型个性。属于这一类的人是养育者和看护者。他们不喜欢聚光灯，也不喜欢改变；他们喜欢例行公事。他们仇恨冲突，渴望合作。这种组合可能会有问题，因为它们很容易被忽略和利用。通过避免冲突和寻求取悦他人的方式，也可以让他们充当促成者。这种人需要有安全感，知道您在他们身边。为了从他们那里得到您需要的东西，做以下事情。

- 欣赏他们，他们就会给予忠诚。
- 给他们提供支持他人的角色。
- 帮助他们变得更加自信，能够提升自己。
- 帮助他们度过大的变故。
- 教他们如何最好地面对他人。

服从

服从是内向和任务导向型个性。属于这一类的人重视质量和准确性。他们注重细节，喜欢把事情做好。此外，他们喜欢保持正确，并且愿意做研究来保证正确性；他们也可能是完美主义者。他们往往非常有条理性（超过其他3种个性），会投入时间来看到一个项目做得很好。他们看重个人成长，但可能是消极的、爱挑剔的、不合群的。要与这种个性的人合作并获得所需的东西，做以下事情。

- 给他们学习和成长的机会。
- 允许他们自己工作。
- 帮助他们倾听和与他人互动。
- 关注手头任务的事实和细节；他们不需要您去鼓励他们。

当我们分析不同的人格类型时，我们必须认识到没有人严格地落在给定的DISC象限之内。我们都是混合个性；一个象限可能代表我们的主导个性，但其他象限也会起作用。例如，我参加了一个版本的DISC评估，结果表明，我是C主导，D和S次之，I最低。因此，一种解释是，我是任务导向型的（D和C），关注细节和准确性，并且能够单独（C）工作得很好。我也有领导（D）能力，并且可能是善于社交和培养的（S），但不希望是一个"明星"。

这相当准确。我非常关心"把事情做好"，我的研究和写作都是在相对孤独的环境中进行的（C）。有了这些知识，我很高兴在项目中领导其他人，并愿意走上讲台来展示那些信息（D）。

与此同时，我是一个养育者，想要帮助照顾别人（S），但我不太可能仅仅为了成为众人的焦点而炫耀自己（I）。

了解个性风格的重要性

至少在两方面，了解个性风格可以帮助我们更有效地与他人沟通。首先，如果我们了解自己的风格，那么我们就能识别出我们看待他人的过滤器。例如，我们可能经常会想，"如果我能做到，为什么其他人不能？"当然，答案是，其他人和我们不一样。理想的情况下，自我意识让我们能够退后一步，看到真实的自己和他人。其次，当我们理解了别人的性格等级，是什么构成了他们的人格类型，我们就能以对他最有意义的方式去接近那个人。这种能力消除了我们之间的任何偏见或障碍（真实的或感知到的）。这些好处适用于与客户、同事和员工一起工作时。

"我们雇用员工是因为他们的技术能力，解雇他们是因为他们的行为"（Belchamber, 2013）。以我的经验来看，这种说法完全正确。事实上，我不记得因为缺乏技术能力而需要解雇某人；相反，问题在于他们的行为或有效沟通的能力。

这是否意味着我们需要正式测试每个人以便有效地沟通？花30~40美元来对一个潜在雇员（和您有过互动的人）进行在线评估可能是值得的。想想花在新员工身上的时间！如今，许多公司确实将个性评估作为招聘过程的一部分。但是，请注意，因为每个人都包含不同的性格因素，所以在某种程度上，我们可以对人们的性格特征进行指导（向上或向下），展示我们更希望（或不太希望）看到的一些性格特征。因此，严格按照测试所示的性格类型招聘可能会让您错过一个好的候选人。

对于其他人（现有员工、其他企业主或社区组织的成员）来说，测试他们既没有必要也不可行。如果我们了解了与各种性格特征相关的特征，那么我们就可以通过观察一个人的行为来判断他的主导个性。

倾听方法

在建立人际关系中没有什么比真正倾听别人的心声更重要的了。没有这种能力，您就无法完全了解如何更好地服务于那个人，无论是作为一个专业人士还是作为一个朋友。每天，我们可能会发现自己以多种方式在倾听。在一个模型（Hardman, 2012）中，这些不同的方式被分为8种风格。

- **无效**：无效倾听指听别人说话，却没有真正理解或记住对方所说的内容，也没有和说话人交流。当您被困在一个聚会上与一个朋友的无聊朋友"交谈"时，您可能会做这种倾听。当一个话题超过您的理解，您感觉自己像是在听一个人喋喋不休时，您也会做这种倾听。

- **被动**：被动倾听可以被描述为听见而不是倾听。例如，当您在做其他事情时，在背景中播放音乐。在谈话中，被动倾听不同于无效倾听，因为被动倾听不关注听的内容。

- **选择性**：选择性倾听也被称为选择性聆听，是我们都很熟悉的东西。当我们只听到我们想听的东西时，就是选择性倾听。我和妻子希瑟在抚养儿子的早期过程中认识到，他们可以把我们排除在外。因此，如果我们想引起他们的注意，我们会在句子中间加上Legos这样的单词。当我们这样做的时候，男孩们的头会突然扭来扭去，想知道我们在说什么。

- **竞争性**：竞争性倾听发生在某人听够了就开始自己说话的时候。换句话说，这是一种身份挑战，在这种挑战中，人们试图让自己显得更重要。我们都遇到过这样的人。不管您取得了怎样的成就，如果他们的某件事做得更好，他们将趁机插话来进行讲述。我甚至听到私人教练（注意不是好的）这样给客户说："完成5千米赛跑确实不错，但去年我跑马拉松时……"

- **好斗**：虽然好斗倾听在试图让别人倾听自己更好的方面类似于竞争性倾听，但好斗倾听是通过攻击他人的思想或能力来贬低他人。如果您发现自己在和一群没有接受过所有想法都是有效的概念的人进行头脑风暴，那么您可能会听到有人提出了一个能引来反驳的想法，比如"这永远行不通！"或者"那是个愚蠢的想法！"也许这个想法实际上永远不会奏效，但这么说是为了表明自己的优越感。

- **专注**：专注倾听指对理解所说的话感兴趣。但是，与积极倾听不同的是，这种方式不涉及给说话人有目的的反馈。例如，作为听众的一员，您可能会全神贯注地听演讲者演讲。因为这种交流是单向的（您不与说话人交流），所以您接收到的信息和对它的理解仅限于说话人独白的表面价值。

- **积极**：积极倾听发生在您真正理解一个人在说什么，并有意识地将这种联系传达给说话者的时候。您可以通过重复，询问一些开放式问题（比如"怎么做？"或者"您能告诉我……"），或者把说话人说过的话重新解释给他听。这种倾听也包括使用简短的短语来表示认可，比如"对""我明白了""那一定很困难。"

- **反馈性**：与主动倾听非常相似，反馈性倾听包括与说话人建立联系，但附加的目标是帮助说话者思考和解决问题或挑战。换句话说，您作为一个促进者帮助说话人充实自己的想法和可能的解决方案。举个例子："您说过，变得更健康对您来说非常重要，并且您知道健身计划需要成为解决方案的一部分。与此同时，我听到您说白天几乎没有时间去锻炼。您有哪些方法可以把锻炼纳入您的日程？"

　　显然，在尝试与他人交流时，其中一些倾听风格是完全不合适的。我们应该使用的8种风格是最后3种：专注、积极和反馈性倾听。专注倾听让我们从说话人那里学习和理解；换句话说，我们更多是为了我们自己的利益。积极倾听不仅能让我们学习和理解，也能让说话人知道我们在倾听和理解。这种影响可能是深远的，让某人"感觉到被理解"只是意味着设身处地为别人着想。当您成功的时候，您可以在瞬间改变一段关系（Goulston, 2010, p.48）。

　　但是，反馈性倾听是我们真正需要习惯使用的技巧，因为，作为健身专业人士，我们会与那些寻求（或觉得他们需要）改变的人接近。这些人可能是员工、同事、会员或客户。他们需要被倾听、被"感觉到被理解"、被引导去寻找他们自己的解决方案。记住，当人们在想出解决方案的过程中发挥作用时，他们更能接受计划并且更有可能坚持下去并取得成功。

　　有时，您需要的不只是听别人说话；您可能也需要那个人来听您说话。多年来，我听过演讲者解释销售系统，其中包括询问消费者会回答"是"的一系列问题。根据这些演讲者的说法，通过这种方式，消费者养成了说"是"的习惯，当您要求他们购买时，他们会继续回答"是"。我个人从未赞同这种方法；事实上，它给我的印象是虚伪和控制。

　　相比之下，我最近遇到了一种不同的方法来帮助人们回答"是"。这种模式被称为"说服周期"，是马克·郭士顿（Mark Goulston）在他的书 *Just Listen* 中提出的。它的灵感来自于意图改变的跨理论模型和动机性访谈的概念。郭士顿向联邦调查局和人质谈判代表传授了这种模式。

　　说服周期试图让一个人做出的改变如下。

- 从抗拒到倾听。
- 从倾听到思考。
- 从思考到乐意。
- 从乐意到去做。
- 从做到高兴地做并继续做下去。

客户希望知道您理解并关心他们

对我来说，这里的新步骤包括从抗拒到倾听，从倾听到思考。当然，与人谈判中会遇到阻力，它也存在于日常情况中，比如，说服员工接受新政策，解决同事之间的矛盾，以及出售私人训练套餐。潜在的会员或客户常常害怕被"推销"他们不想要的东西。例如，我的一些新会员在开始他们的免费健身咨询时，会说一句开场白："我不打算找任何私人教练，所以不要试图强加给我。"

在这种情况下，如果您使用积极倾听和反馈性倾听技巧，重新陈述个人的表达并询问他们是否正确，他们会说"是"。然后，您可以接着说："我听到的是您感觉……对吗？"通过重申对方的立场，您可以抓住对方的注意力。因此，这个人开始倾听，而不是屏蔽您所说的话。每多回答一个"是"，这个人和您之间的"墙"就会更低一点，这会让他从抗拒到倾听，从倾听到思考。但是，这些"是"并不是无意识模式的一部分，而是此人对您"理解"的回应。这是一种联系，也是一种关系的开始。

学习风格

除了行为、演示、讨论和倾听方式之外，沟通还取决于我们如何教会我们的员工、同事和客户。并不是每个人都能以同样的方式学习得最好，所以如果我们想要教别人去理解和使用我们分享的信息，那么我们就需要对他们使用正确的沟通方法。学习方式存在着各种各样的学派，我认为最有帮助的是VAK和VARK模型。

VAK和VARK模型

我们的学习可以与我们最依赖的感官紧密相连。VAK和VARK模型在学习的感官分类上是相同的，只有一点不同。VAK最初是由心理学家理查德·唐特（Richard Tandter）和约翰·格林德（John Grinder）在20世纪20年代建立发展出来的，代表视觉、听觉和操作。VARK由尼尔·弗莱明（Neil Fleming）开发，是对VAK的修改，添加了读写元素（以R表示）（VARK Learn Limited, 2016）。有一种观点认为阅读是视觉的，而写作是视觉和操作的结合，但弗莱明认为它们都很重要，足以作为一种独特的元素。

查看感知学习风格时，我们需要意识到，与DISC沟通模式一样，一个人并不是只有一种学习风格。每个人都可能拥有最有效的学习方式、最无效的学习方式，以及介于两者之间的地带。这种风格组合是我们在教导他人时之所以使用多感官方法的重要原因。

私人训练沟通示例

至此，您已经对各种沟通风格有了一些了解，但可能不知道如何在日常业务交互中应用它们，应用这些知识似乎具有挑战性。下面的例子提供了一些实际应用。

与客户沟通

通过在与客户的初次面试中使用积极的倾听技巧，您发现她是3个孩子的母亲，并且还要照顾年迈的母亲。在个性方面，她是一个看护者、一个养育者，很稳健。这一分析还表明，她很保守，不喜欢公众的关注，试图取悦他人，不喜欢冲突。因此，她可能很难把自己放在第一位，并承诺抽出时间去锻炼。但是，如果您称赞她来面试，说明照顾好自己对别人生活的好处，那么您就会得到她的倾听。然后向她解释说，您可以和她在健身房里一个人少的角落里一起锻炼，这样她就不会被"展览"，也就会更舒服。告诉她，您甚至可以教她一些练习，她可以带回家教她的母亲。这样，既能满足她照顾自己的需要，又能满足她照顾他人的意愿。

与企业沟通

当地的一家企业正在考虑增加企业健康计划。在与人力资源总监会面时，您可以用反馈式倾听来阐明他对企业健康计划的愿景。他很简单粗暴，在完成了他的研究之后，很快就把他要找的东西列了出来。他是服从占主导地位（也就是说，倾向于服从）。他的计划基于过时的信息，但你知道这种性格的人不喜欢被别人挑出错。因此，您赞扬了他的研究，然后用当前的研究来建议一种更有效的方法。接下来，您给他一份列出最佳企业健康计划的列表，然后，在听取并理解了他的需求之后，向他推荐最适合他公司需求和愿景的计划，用事实来证明您的建议。他可能决定自己做更多的研究，但您已经让自己成为他候选人中的领跑者。

与社区沟通

为了推广您开发的新的高级锻炼计划，您希望举办一个开放日活动。您希望活动能够帮助人们了解参与此计划的方式。为了实现这一目标，您希望参加开放日活动的人们能够看到、听到、阅读并感受到该计划。您选择在开放日期间循环播放计划视频，并在整个活动期间播放此计划的音乐。您还准备了吸引人的传单，描述了该计划的细节，并将其战略性地放置在整个俱乐部。最重要的是，您决定进行演讲和演示，以便与会者能够深入了解高级锻炼计划的内容。这种完整的感官体验将为获得该计划的参与者创造最佳机会。

下面的列表简要描述了VARK模型中的每种学习风格。

● 视觉：视觉型学习者对图片、图像、颜色、图表和思维导图等有很好的反应。他们可能会发现视觉演示或图片讲义对理解概念和练习很有帮助。

● 听觉：听觉型学习者更喜欢通过听觉来接收信息。具体的选项包括讲座、小组讨论、电话交谈和电话会议，以及其他音频（例如，我听有声读物）。因此，口头解释是让听觉学习者理解信息的一种很好的方式。他们对节奏和音乐的反应也很好。

- 读写：在通过书面文字呈现信息时，具有这种偏好的人能够更好地理解和记忆信息，无论他们是自己阅读还是自己书写。此外，研究表明，手写笔记比在笔记本电脑上做笔记更能提高记忆和理解能力（Mueller & Oppenheimer, 2014）。因此，在给这一组的学习者讲话时，要留出时间让他们长时间记笔记。

- 操作：操作型学习者通过实践来学习，更喜欢动手的方法。为了更好地理解它，他们喜欢尝试任何被教的任务。为了满足这一需求，将参与作为他们教育的一部分，特别是在教授体育运动的时候。例如，在演示了一种新的阻力训练之后，让操作型学习者来尝试一下（而不是仅仅让人看着您做）。

说、演示、做、应用

回顾一下，因为人们以不同的方式学习，所以我们应该根据他们的需要构建我们的教学。此外，尽管某个人可能具有主导学习风格，但也有一种最适合他的混合方法。因此，通过使用多感官VARK教学，我们可以最大限度地提高人们学习的效率。

集成多种媒介的两种很好的方法是"说、演示、做"和"说、演示、做、应用"方法（Gardner, 2013）。说指的是听觉信息，比如解释练习。演示指教师演示的视觉元素。做指学生尝试活动的动觉实践元素。当您希望个人在不同情况下使用该概念时，您还可以添加应用。当学习者尝试做他们想象的事情时，这个元素可能被视为视觉和操作的结合。您还可以通过让学习者在说和演示元素期间手写笔记来增加读写。

更多内容

了解您自己，认识到您观察别人的过滤机制，这样您就能看到别人真实的样子，真正地听到他们在说什么。这种了解自己和他人的组合方法为有效沟通奠定了基础。那么，我们如何识别这些过滤器呢？一个答案是使用个性风格的DISC模型（支配、影响、稳健和服从），这可以帮助我们识别自己的过滤器，以及他人的过滤器，比如，潜在的（和当前的）会员和客户。在我们确定一个人的个性风格之前，我们需要先听听他在说什么。可以通过使用积极倾听和反馈性倾听技巧来做到这一点，这些技巧有助于人们感觉被理解，并让他们向我们敞开心扉。

人们也以不同的方式学习，包括视觉、听觉、读写和操作（简称VARK）。因此，我们需要以各种方式互动、引导和指导人们。这样做有助于他们理解并使我们能够设定任务，提出想法，教授新的概念和动作，并以一种使他们潜力最大化的方式提供解决方案，实现双赢！

此时，也许您已经意识到自己将成为一个忙碌的人。根据所需的所有技能和经营企业所需的时间，您无疑将需要外包其中一些任务。第15章将帮助您开始识别那些您没有时间做的事情，没有的技能，或者只是不想做的事情，并提供一些可以求助的地方。

第15章

确定外包任务方案

无论您是健身中心的员工，俱乐部工作的自雇私人教练，还是健身中心的私人教练兼所有者，有时您希望找到其他人来帮助您或为您做事，特别是当您开始变得忙碌（并且成功）时。

外包任务有3个主要原因。首先，您没有时间去做；您预约的客户太多了，或者有太多事情要做，您不可能把它们都搞定。其次，您不具备完成任务的知识或技能。即使您已经在这个行业工作了一段时间，并且已经获得了很多需要的技能，仍然会有一些专业领域需要您交给相关的专业人员。此外，多技能会让您尝试自己做所有的事情，而这并不能充分利用您的时间做每一件事。记住，您能做某事并不一定意味着您应该去做。最后，您不想做某项任务。您可能觉得这听起来有点爱抱怨，但如果任务让您很紧张或者让您不开心，为什么不让别人来做呢？生命太短暂了。

一位为我工作的私人教练问我是否可以为她雇用一个助理来帮助她完成每周的行政工作。我没有，但我给她的建议是自己雇一个！如果她每小时付给某人10美元，让他每周做1小时的工作，那么她就可以利用这1小时进行私人训练，每小时赚35美元。结果是，她每小时能挣25美元，并且从她不想做的事情中解脱出来。听起来很值得！随着本章的进行，我们将会看到一些您可能会委派或外包的任务。

委派或外包

委派和外包都涉及让别人为您做一些事情。它们的不同之处在于委派指将任务分配给员工，而外包指雇用外部专家（Brassfield, 2013）。

如果您有员工的话，可以把任务委派给员工。老实说，我从来都不擅长这个，因为为了对工作有信心，我需要花时间培训员工，让他们把工作做好。但我总是觉得自己太忙了，没有时间去训练别人。我曾经完全无法拒绝做更多的工作。有人会问，"马克，您能帮我做_____吗？"我总是会给予肯定回答，这样我不仅要做自己的工作，还要做一些其他工作。由此带来的压力使我辞去了不止一份工作。

这种委派的困难之处是建立制度和培训材料，让员工快速高效地学习如何完成某些任务。有事后觉悟是件好事，但要从我的经验中汲取教训，尽早建立这些制度，以便能够有效地委派任务。

如果您不知道如何去做某件事，或者没有足够的技能去做好它，那么就需要把这项任务外包给其他人或者找到一个可以完成它的产品。把任务外包给通常只需要很少或根本不需要培训的人员；事实上，他们可能会教您一些东西。

招聘解决方案：您可能想外包的任务

是否外包取决于您的具体需求、愿望和能力。您将想要实现的目标列出来，无论是作为一个俱乐部或工作室的所有者，还是作为一个私人教练（为俱乐部工作或作为一个独立承包

有效委派的关键

❶ 如果一名员工能像您一样至少完成 70% 的任务，那么就把任务委派给他（Schleckser，2014）。

❷ 委派任务时，要明确目标。

❸ 提供所有必要的信息和资源。

❹ 授予完成任务所需的权力。

❺ 为任务建立一个时间表。

❻ 检查进度并回答任何问题，但不要事无巨细地管理。

❼ 检查完成的任务并提供反馈。

❽ 感谢员工。

❾ 通过给予团队成员信任和权力来完成您可能为自己保留的任务，委派能创建更强大、更有能力的团队。

商），询问自己哪些工作是真正需要亲自做的，哪些是您不需要做的。也许其他人可以更快的速度、更低的价格提供更好的质量，并使您的企业受益，或者将您从自己动手的麻烦中拯救出来（Senger，2012）。

在管理企业方面投入了如此多的精力，外包可能是减少这些精力的答案。如果要外包，可能以个人、公司或许可产品或计划的形式出现。

结算和收款

对私人教练来说，要钱往往是一种挑战，如果您担任管理或业主角色，这种挑战可能会持续下去。一种解决方案是使用银行或商户账户安排的每日或每月自动计费系统。但是，总是有延迟付款、资金不足和信用卡回扣（由于过期、取消或更换信用卡）的情况。收取这些损失的收入可能会很尴尬，很不舒服，也很耗费时间。处理这项任务的一种方法是使用收账代理商。如果您选择了这个方案，请确保该代理商获得了商业改善局（BBB）的认证；两个获得了此认证的代理商是 Advanced Billing & Consulting 和 Financial Network Recovery。当然，您也可以在 BBB 网站上自己搜索。

工资和会计

预扣款项、备案和记录保存需要专业技能。因此，除非您在大公司工作，否则工资和会计通常是外包的，而不是由员工处理。您可以选择与当地公司合作以进行面对面会议；或者，您可以使用在线系统，比如 ASAP Accounting & Payroll 或 Business Accounting Services。

信息技术（IT）

IT工作包括设置和维护您的计算机系统。此外，尽管在线程序（例如，Network Solutions、Weebly和GoDaddy）可以帮助您构建和维护网站，但您可能希望聘请一家网站开发公司来为您构建一个有吸引力、用户友好的和智能手机的网站。这家公司不太可能是给您安装计算机系统的同一家公司。我为网站指定公司而不是个人，因为我见过与IT相关的人员反应迟钝，让客户等着更新。对于一家公司，应该有不止一个人能站出来帮助您解决任何问题。

对于私人教练和健身中心来说，使用智能手机应用程序也是很有帮助的。应用程序可以用于很多事情，从查看课程表到预定课程并进行支付，所有这些都能通过手机完成。您可能会发现这个任务可以由建立您的网站的公司来完成。另一种选择是使用第三方软件，可以通过订阅将其集成到您的网站中。在Jiva Fitness健身中心，我们使用MINDBODY软件进行私人训练课程和团体健身课程的在线安排和支付。该公司还提供了一个应用程序，允许客户或会员直接访问您的日程安排和支付网站。这项服务的另一个选择是Zen Planner。

法律问题

除非您是一名熟悉本州法律的律师，否则管理公司的法律事务绝对是一项外包任务。律师会帮助您处理公司协议、会员和员工合同，以及需要正确措辞才能具有法律约束力的表单。尽管我建议与当地律师建立关系，但您也可以从LegalZoom和LegalShield等公司的网站上找到一些法律援助。

授权计划

创建和构造良好的计划可能是一个非常耗时的过程。将这项工作外包给信誉良好的公司，获得许可的团体健身课程，可以为您提供一致的参与者体验，包括设置音乐和舞蹈编排，以及特定的教练培训和认证。基于这些原因，在Jiva Fitness健身中心，我们很多课程都使用MOSSA。其他供应商包括Les Mills、Zumba和SilverSneakers。

小组训练计划可以提供类似的挑战，公司也可以帮助制订此类计划。示例包括MOSSA、TRIBE Team Training和IMPACT。您可以选择外包的另一个计划制订领域是营养和减肥。一些公司提供完全系统化的全面营养计划，包括从营销到营养处方的一切，示例包括DietMaster Pro、dotFIT和Biometrics Nutrition & Fitness。所有这些授权计划方案可以为您节省研究、开发和员工培训的时间。

继续教育

鉴于我在这个行业的丰富经验，我有很多东西可以教私人教练、团体健身教练、经理和公司所有者。即便如此，我仍有很多不知道的事情。此外，即使我所拥有的信息有时也能从外界得到更好的信息（您有没有试过教家人一些东西？要倾听太难了）。

要找到外部专家，您可以带团队去诊所或会议，这取决于您住在哪里，哪个地方更容易接近。与各种健身机构联系，了解他们在何时何地举办活动。好的选择包括美国国家运动医学学会、美国国家体能协会（在每个州都有诊所）和IDEA。您也可以选择让人来健身中心提供培训课程，也许是您以前见过的演讲者或者当地的专业人士。您还可以通过TRX和Kettlebell Concepts等团体进行专业培训。另一种选择是为您的团队提供来自ClubConnect和PTontheNet等提供商的在线课程和文章。

应急培训

您应该建立一个所有人员都知道的书面应急程序，并且至少每年实践一次。此外，每个员工都应该通过CPR和AED认证。在我们现在的健身中心以及我以前工作过的健身中心，在研究了最新的指导方针后，我编写了应急程序。由于之前的健身中心有超过50名员工，我获得了认证来教授CPR和AED，以确保所有员工都能保持他们的认证。对您来说，这种解决方法可能不可行。幸运的是，有些公司可以评估您的健身中心，建立您的应急程序，并在CPR和AED使用中认证您和您的员工。一个例子是ClubSafe。您也可以通过联系当地的美国心脏协会或美国红十字会来查找CPR和AED培训课程。

清洁服务

有一个干净整洁的空间或俱乐部让客户或会员感到舒适是必不可少的（它还有助于您符合当地和国家的健康和安全法规）。在创业阶段，您可能会发现自己在做所有这些事情。然而，随着流量的增加，您当然会越来越忙，可能需要寻求帮助。如果您雇了一名清洁服务人员，请确保他有保险，以防打碎东西或洒出化学品弄脏地毯。

设备维护

在这个行业工作了近40年，我可以处理很多日常的维修工作。但这是我应该做的吗？当您修理自己的设备时，可能会违反保修协议，这意味着如果设备出了问题，就无法保修了。损坏或不正确修理的设备也可能会让使用它们的人受伤，从而让您面临诉讼。如果您想避免这些风险，您可以聘请经制造商批准的设备维修和维护公司来处理设备。您的公司应该投保，以防在修理期间或修理后出现问题，并询问您的设备制造商是否能推荐一家附近的公司。

景观美化

如果您的健身中心周围有任何土地，让它尽可能有吸引力。一旦潜在会员接近您的健身中心，他们对您和企业的第一印象就会形成。一个精心修剪、精心设计的庭院或入口表明您是一个重视美学的专业人士。寻找一个有才华的当地园艺师，以帮助您充分利用健身中心的外观。

清扫积雪

当然，是否需要清扫积雪取决于您的位置。当我住在缅因州时，清扫积雪是一个非常重要的任务！我们会让员工在台阶和人行道上铲雪并撒上盐，但翻地肯定是一项外包任务。这些设备（犁和反铲装载机等）是专业设备，非常昂贵，而且服务随时待命。

健身销售系统

如果您无法完成销售过程，或者需要帮助为您的团队制订一个一致的销售培训计划，您可以找一家外部公司来提供私人训练和计划销售系统。例子包括Pro Fitness Program和Close Clients。

新闻邮件

健身电子通信为客户或会员增加价值，在我看来，应该提供电子通信。您可以通过使用诸如Constant Contact、AWeber或MailChimp这样的服务来完成此任务。或者您可以使用品牌定制的服务，为您准备健康和健身内容，并通过电子邮件发送到联系人列表。例子包括Fitpro、Fitness Newsletter Solution 3.0和Customized Nutrition Newsletters。

营销和社交媒体

没有人像您一样更了解自己的品牌（无论是个人还是公司）。即便如此，您可能会发现自己需要别人的帮助来将信息传达给目标市场。大公司有一个专门负责营销的部门，但小公司可能会发现，至少将部分营销任务外包更划算。如果您把整个营销外包出去，或者把社交媒体营销外包出去，确保在公开之前您批准或者监督所有的事情。这种微观管理可能看起来会破坏外包的目的，但至少在一开始，您需要确保雇用的人或公司传达了品牌的正确信息。一旦建立了信任，您就可以给他们更多的自由。

在雇用某人为您进行营销或社交媒体营销时，首先要查看熟悉您的人或公司，他们更有可能知道您来自哪里，而且不太可能误解您的想法。通常情况下，这意味着雇用当地人。但是，如果当地没有明确的候选人，您可以注意国内公司。好的公司会花时间去了解您和您的公司，这样他们才能尽可能真实地代表您。美国社交媒体营销公司的例子包括LYFE Marketing、Viral In Nature和Friendemic。

接听服务和虚拟接待员

在当今高科技解决方案的时代，如果我们没有接待员，我们就会倾向于用电话答录机来处理我们的电话。但是，您可以做得比简单的自动化更好。现场回答服务不仅提高了会员的体验，还可以过滤并将您想接的电话和不想接的电话分开。示例包括Ruby Receptionists、VoiceNation和Answering Service Care。

独立承包商健身人员

如果您想要进行更多的私人训练，但又不想增加员工，那么雇用一个作为独立承包商（IC）工作的私人教练可能是恰当的解决方案。雇用独立承包商之前，请彻底地筛选，联系推荐人，并记住您对独立承包商的工作方式控制是有限的。

团体健身教练是雇用独立承包商的另一个选择，尤其是因为他们往往工作时间很短。如果教练被证明能够教授由 MOSSA 或 Les Mills 等团体健身机构提供的课程，那么这个选择可能特别有吸引力；有了这些证书，除非教练的个性很糟糕，否则他会给您上一堂很棒的课。相比之下，Zumba、Spinning 和 SilverSneakers 的教练可能就不那么有把握了，因为尽管他们受过专门训练，但他们也可以自己构建课程。最后，自由式课程是最不一致的，因为它们由教练选择的任何内容组成，这导致了质量差异较大。因此，我不太可能雇用一个自由式教练作为独立承包商。

专业指导

如果想在我们的领域中处于领先地位，我们必须不断学习。我们可以从书籍、文章、会议、诊所、网络研讨会或同行中学习，如果我们聪明或幸运的话，还可以成为导师。其中一些学习机会需要花钱，而另一些则是免费的。如果您没有得到建立和推广企业所需的专业指导，那就找一个导师，这个人可能以顾问、创业教练或更有经验的同事的形式出现。不管是谁，您都应该觉得他（她）在个性和技能方面适合您的企业。

外包任务，比如清洁，可以帮助您腾出时间来管理企业

性价比

对于我们在企业中所做的一切，我们应该关注投资回报率（ROI）。也就是说，我们应该分析成本和它产生的回报（或收益），以便确定花销是否是值得的。在深入讨论细节之前，让我们进行客观比较，先回顾一下您一开始考虑外包的原因：

- 您没有时间去完成任务；
- 您没有完成任务所需的技能；
- 您不想执行任务。

外包的资源

结算和收款

- Advanced Billing & Consulting。
- Financial Network Recovery。

工资和会计

- ASAP Accounting & Payroll。
- Business Accounting Services。

网站开发

- Network Solutions。
- Weebly。
- GoDaddy。

在线安排和支付

- MINDBODY。
- Zen Planner。

法律事项

- LegalZoom。
- LegalShield。

授权的团体健身计划

- MOSSA。
- Les Mills。
- Zumba。
- SilverSneakers。
- Spinning。

授权的小组训练计划

- MOSSA。
- TRIBE Team Training。
- IMPACT。

授权的营养和减肥计划

- DietMaster Pro。
- dotFIT。
- Biometrics Nutrition & Fitness。

在某些情况下，您可以完成一项您不想做的任务，但这会变得很乏味，这不是您创业的原因，对吧？记住，即使您是为别人工作，如果外包可以让您的生活更美好，或者给您更多的时间来赚钱，那么您仍然可以（也应该）雇用别人。不管怎样，如果有需要，您真的应该雇用帮手。

接下来，考虑投资回报率。如果问题是缺乏时间或不想做一个给定的任务，一种开始分析的简单方法是猜测您需要多长时间来做这份工作，如果您有时间并且想做的话，根据我自己的经验，这几乎总是比您想象的要长，因此将您猜测的金额乘以1.5。然后用小时数乘以您通常的小时收入，结果就是任务的基本成本。您能以相同或更少的金额外包吗？如果能，那就去做

继续教育——一般

- ACSM。
- NSCA。
- NSCA本地活动。
- IDEA。

继续教育——专业培训

- TRX。
- Kettlebell Concepts。

继续教育——在线课程和文章

- ClubConnect。
- PTontheNet。

应急程序培训

- ClubSafe。
- CPR/AED training American Heart Association。
- American Red Cross。

健身销售系统

- Pro Fitness Program。
- Close Clients。

新闻邮件——自己制作的

- Constant Contact。
- AWeber。
- MailChimp。

新闻邮件

- Fitpro。
- Fitness Newsletter Solution 3.0。
- Nutrition Newsletters。

营销和社交媒体

- Lyfe Marketing。
- Viral In Nature。
- Friendemic。

应答服务和虚拟接待员

- Ruby Receptionists。
- VoiceNation。
- Answering Service Care。

吧！即使成本更高，如果您认为外包工作的质量比自己做得更好，那么比预估的基准多一点，仍然可以选择外包。

如果您正在考虑外包一项您缺乏技能的任务，它真的需要现在就完成？还是能等到您更有能力支付的时候？例如，您可能会决定打印一些非常简单的名片让您暂时使用，而不是花钱请一位平面设计师来设计它们。如果现在必须完成这项任务，例如，请一位律师帮助您起草或批准豁免书或知情同意书，那就要货比三家，向其他人征求建议，寻找熟悉您所在州相关法律的律师，然后获得对方对这份工作的报价，找到最好的律师获胜！记住，投资回报率包含的是您获得的价值，而不是您支付的价格。因此，它可能包括资金、做所需事情的额外时间，或者仅仅是不做自己不喜欢的任务时可得到更多快乐。

更多内容

当您没有时间、没有技能或不愿意去完成某项任务时，委派和外包可以提供解决方案。外部法律服务是必要的，而外部其他服务是可选的。例如，根据您的需要和支付能力，您可以将企业的财务工作外包出去，比如结算、收款、工资和会计。如果担心时间问题，您可能会获得团体健身、小组训练或营养指导的全包计划，而不是从头开始创建和实施计划。您可以将物理设施的管理外包给清洁、设备维护、景观美化和除雪公司。此外，还可以聘请外部资源来帮助您建立销售系统、进行营销、维护社交媒体和可定制电子通讯，从而构建业务。

总之，如果您的时间和精力花在其他地方会更好，就可以让别人做很多服务。当您有能力时进行委派，否则进行外包。

截止到本书目前为止，我们已经介绍了大部分业务基础知识。最后一章将深入探讨不断发展您的业务。从保留会员或客户到创建知识产权，我们将介绍许多方法，以便您继续帮助更多的人，并让自己在财务方面做得更好。

第16章

发展业务

在前面的章节中，我们已经讨论了创业和建立业务所需的东西：作为私人教练，您要在俱乐部建立自己的客户群和地位。作为独立的承包商，您应建立自己的品牌，扩大自己的影响范围。作为私人教练、经理兼自己健身中心的所有者，您要对一家茁壮成长的公司的各个方面负责，甚至可能要监督建筑本身的建设。

一旦企业开始运行，工作就真正开始了。需要不断努力来建立您的客户或会员群，增加您的产品，并寻求额外的收入来源，以增加您的净利润。在此最后一章中，我们将讨论几个新话题，并重新讨论一些在您努力发展业务时需要强调的重要内容。具体来说，我们将讨论留存；引荐、推荐和奖励；建立关系网；新计划和服务；追加销售，以及知识产权。

留 存

留存是指留住客户或会员，而人员流失则是指失去他们。了解留存率为何如此重要？如果您的留存率为100%，那么您在保持客户满意度方面做得非常好。事实上，他们很高兴，他们永远不会离开您。因此，您现在需要专注于营销以推动新业务。而如果您的留存率为40%，换句话说，60%的客户或成员正在逃离，那么您需要更多地关注留存客户而不是获得新客户。

留存客户和成员比获得新客户和会员更划算。虽然对于获得新客户的成本，我看到的数字各不相同，但您可以计算出大致成本，方法是统计每月的营销费用（广告、传单、新闻通讯、社交媒体更新和支付的销售佣金等），并将结果除以当月新客户或新会员的数量。无论这个数字是多少，在留存现有客户和会员方面工作的成本都较低。此外，如果他们继续与您合作，他们更有可能实现目标，这让所有人都更快乐！

留存标准

很难找到有意义的留存标准来衡量您的成功，但一个希望实现的目标是由国际健康体育协会（IHRSA）设定的标准。IHRSA的会员资格纯粹是自愿的（有年费），健身中心不一定非要加入IHRSA。因此，全球仅有大约10 000个IHRSA会员俱乐部，而美国的36 180个健身俱乐部中只有一小部分是IHRSA会员（International Health, Racquet & Sportsclub Association, 2016b）俱乐部。但是，IHRSA俱乐部的平均留存率为72.4%。这个比率可能听起来很惊人，但这并不奇怪，因为IHRSA俱乐部致力于照顾他们的会员并根据IHRSA的使命宣言改善他们的表现："发展、保护和促进健康和健身行业，并帮助会员取得更大的成功"（International Health, Racquet & Sportsclub Association, 2016a）。这应该是每个俱乐部的目标！

据报道，健身工作室的平均留存率为76%［Association of Fitness Studios（AFS），2016, p.31］。我相信这个标准对健身工作室来说是现实的，因为许多可用于俱乐部的留存策略（比如更多的个人关注）已经在小型工作室中得到实施。诚然，加入工作室每月的花费可能会更高（如果它提供每月会员卡的话）。在工作室中，无限制的团体健身每月花费104美元，而在大型俱乐部中每月花费 58 美元（Statistic Brain, 2016）。但是，工作室也更有可能了解并与个人参与者联系，帮助他们设定切合实际的目标，并指导他们做什么和如何做。这种参与往往会让人们加入并使用他们的会员资格。

这是另一个需要考虑的因素：具有较高加盟费和较高月费的俱乐部被认为可以提供更大的价值。事实上，"在此行业中，价格和人员流失之间始终存在关联：价格越高，人员流失越低；价格越低，人员流失越高"（Ekstrom, 2004）。当然，客户的承诺同样重要：一个人愿意支付的越多，他的承诺就越深。

这种现象会影响您对俱乐部、工作室或服务的正确定价和外包的决定。但是，在您决定提高价格以通过创造更高的感知价值来提高留存率之前，请了解感知价值是否符合预期。如果我每月支付 150 美元的会费，我期待一个干净、有吸引力并提供优质服务的健身俱乐部。相比之下，如果我每个月支付 10 美元，我期待设备可以工作（至少大部分时间可以工作），就是这样。如果您提供的价值不符合或不高于您的价格，那么人们将认识到这一差距并寻找其他选择。

至于承诺，您可以想象思考过程："我不太确定这个健身房的事情。我可能不喜欢它，让我试试那个便宜的健身房。"如果之后没有监督此人，并且没有为他提供真正的计划，那么他不太可能获得成功，因此很可能不会再来。

会员退出的原因及对策

平均而言，新成员会多久回到俱乐部？答案可能让您感到惊讶：每月去健身俱乐部少于 4 次的会员，其中 41% 的人将在第 3 个月退出，44% 的人在第 6 个月退出。即使是每月去健身俱乐部超过 12 次的人，也有 13% 的人在第 6 个月会退出（PTDirect, n.d.）。

为什么花钱成为会员的人决定退出？您能做些什么呢？这里有一些人们离开的原因和一些留住他们的策略。

- 发现价格太贵。在某些情况下，入会的成本并不符合个人的预算，但对许多人来说，这只是一个简单的问题，关键是看不到成为会员的价值。作为私人教练，您会发现，与一对一私人训练相比，提供小组训练或团体健身课程可以减轻会员的经济负担。如果您监督俱乐部的计划制订，您可能会以较低的价格提供非黄金时段的会员资格，或者只提供团体健身的会员资格。

- 没有归属感。没有人喜欢感到孤独，尤其是当别人在场的时候。当谈论会员联系和参与时，最常被提及的一句话来自于电视情景喜剧《啦啦队》的主题曲：每个人都知道您的名字，并且总是对您的到来感到高兴。同样，您希望客户和成员感觉到归属感，他们很重要，您要关心他们。始终对客户和会员微笑，称呼他们的名字、询问他们的情况、对他们说的话真诚地抱有兴趣。当然，对他们的到来感到高兴！我告诉私人教练，最有可能需要他们帮助的人，不是那些爱交际、外向的人，而是那些安静、在旁边、经常明显感到不自在的人。

- 有不切实际的期望。"我想在两周内减掉4.5千克，但没有。所以我不会再来了。"这对我们来说可能听起来很傻，但人们有时会认为改变应该很快发生；如果没有，他们就会灰心丧气，甚至放弃。问题是，他们不知道他们要做什么。因此，在头几天内与所有新会员会面讨论他们的目标是至关重要的。这一建议也适用于私人教练，他们应该把期望值作为初次咨询的一部分。如果俱乐部不能安排与新成员单独会面以了解期望，那么至少应该在会员加入时通过讨论和可能的印刷材料来解决这一问题。

- 不知道该怎么办。如果一个人不知道该做什么，那么他就不会成功。幸运的是，与不切实际的期望一样，这个问题可以通过与私人教练进行初步咨询来纠正。会面结束后，个人可能会想要参加私人训练、小组训练或团体健身，以获得额外的教育和指导。

- 没有真正使用他们的会员资格。当然，不使用他们的会员的人正在浪费自己的钱。对您而言，关键是让那些许久没来俱乐部的会员再回来。有关此任务的帮助，您可以使用俱乐部登记软件。许多此类应用程序都可以设置，提醒您在一段时间内未签到的会员，邀请这些个人参加新课程、讲座或任何可能吸引他们重新开始的内容。

引荐、推荐和奖励

建立业务的最佳方式之一是让现有客户或会员向您推荐家人、朋友和其他人。此类推荐可以让您加速甚至跳过帮助潜在客户了解、喜欢和信任您的过程，因为他们认识、喜欢和信任的人为您担保过。

我们都知道这是真的。例如，有人要求您推荐一家餐馆或电影，您兴奋地提供自己的选择，然后等待，以确定他的感受是否与您的一样好。如果是这样，您会感觉很棒并且对您的推荐感到自豪。您可能也觉得自己与这个人的关系已经上升了一两个档次。

那么，如何让人们进行推荐？以下小节提供了一些答案。

保持卓越

"卓越是一个非常酷的词，因为我们认为它不仅仅意味着'棒'，还意味着'值得发表评论'"（Godin, 2003）。换句话说，我们在没有真正考虑其真正含义的情况下使用了这些文字。以下是另外两个词：杰出和非凡。杰出意味着我们在人群中脱颖而出，非凡意味着我们是一种例外。而普普通通不会激起人们的兴趣，也不会让他们想要将您的名字告诉他人。

您可以在很多方面表现出色，但并不是所有的方面都令人满意。如果您的工作真的很糟糕，人们会谈论您，但他们肯定不会向别人推荐您。您也可以成为身边最专业的健身专家，帮助客户取得更好的效果。或者您可能非常体贴，并通过这种体贴帮助客户更多地关心自己，从而得到很好的结果。您也可能是最有趣的，帮助客户享受锻炼，投入更多的精力来帮助客户取得很好的成果。或者您可能是任何或所有这些特征的组合，也能获得很好的结果。

当客户发现您和您的服务出色时，他们很可能会把您的情况告诉其他人

创建客户或会员推广员

除了提供引荐外，推广员还积极地寻求改变他人。推广员需要保持卓越，但只有这一点是不够的。

请求推荐

推广员往往只占我们客户的一小部分，我们的大多数客户和会员不会跑出去向全世界介绍您，即使您很出色。也许他们根本就没想过要提及您，也许他们性格内向或害羞，在谈论您的业务时有点不自在。请求推荐的最佳时间是当客户或会员谈论成功或表达对您或您的公司的喜悦时。您可以这样回答："我很高兴听到这个消息，珍妮特。您知道还有谁对得到同样的结果感兴趣吗？"

如果答案是肯定的，那就为此人提供一次免费的试听课、免费的咨询或者其他礼物送给朋友。赠送内容不仅会提醒推荐人要坚持到底，也会为潜在的会员提供额外的激励。记住，如果推荐成功了，会在客户或会员提高你的地位。如果这个人在做推荐时感到不舒服，那么您可以代表此人主动邀请别人。如果此人主动提出要推荐，不要害怕跟进："约翰，您有机会邀请朋友来上课吗？"

如何为您的企业优化推广员

推广员倾向于拥有以下7个我们可以关注的特质，以使我们创造推广员的机会最大化（McConnell, 2007）。

- **他们热情地推荐您。** 热情是这里的关键，它来自于您让自己脱颖而出的方式，比如您与他们的联系能力或者您的服务质量。

- **他们信任您的公司和员工。** 您必须分享自己的故事、公司的故事，还有您员工的故事。这些故事应该清晰、真实地陈述您为什么做这些事，您来自哪里，以及您的使命是什么。

- **他们购买您的产品或服务作为礼物。** 这让他们更容易分享您或您的业务。例如，您可以提供礼券、品牌服装或其他支持您业务的产品。

- **他们主动给予表扬和建议。** 永远要感激他人的投入。接下来，通过询问对方对另一件事的看法来增加主动提供的反馈。

- **当您偶尔犯错时，他们会原谅您。** 就像朋友和家人一样，如果您声称错误是自己造成的，道歉，并保证不让错误再次发生，那么推广员会原谅您。

- **他们不想得到报酬。** 推广员希望转变他人，而不是获得报酬，因为他们相信您和您的事业。给他们报酬或回扣甚至可能会侮辱他们。而手写的感谢信对他们来说非常有意义。

征求建议

虽然引荐是一种推荐，但我们将这里的推荐定义为公众认可。多亏了社交媒体，现在有很多机会为企业或服务点赞。这种公开的赞扬虽然不是针对个人，但可能非常重要，因为人们会看到您或您企业的任何信息。当人们在您的网站或社交媒体账户上看到推荐信息时，他们就离了解、喜欢和信任您更近了一步，从而离成为新客户或新会员又近了一步。当客户或会员有良好的体验时，让他写一篇评论，或者在您选择的社交媒体平台上进行打分。

为推荐人提供奖励

许多私人教练和俱乐部都会对推荐人给予奖励，奖励可能是一次免费的课程、一个月的免费会员资格、一件免费的T恤，或者其他服务或产品。这没有什么错，但我不打算为推荐建立一种持续的"交换"，我不喜欢创造期望的想法，我宁愿给那些推荐人一个惊喜；例如，您可能会给推荐人一个奖励，给被推荐人一个奖励。

另一个想法是开展一项活动或倡议来获得推荐。这里的关键是保持一个相对较短的时间（从一个星期到一个月），并用开幕活动和闭幕活动清楚地标记它。让它成为非常重要的事（事实上是一场庆祝）并把重点放在获得朋友、亲人和其他人的积极参与以改善其健康和健身方面。

如果您喜欢，可以给推荐最多的人一个奖品，但同时也要记住每个为您推荐的人。为增加聚会气氛，提供健康的食物和饮料、音乐、装饰，甚至一些身体对抗的游戏。

　　要想成功举办这样的活动，您必须提前计划，确保每个人都知道这件事，并通过面对面的交流、社交媒体和电子邮件来制造效应。另外，一定要确保闭幕活动真的很有趣，因为它会给所有参与活动的人（甚至那些"听说过这件事"的人）留下持久的印象。

通过建立关系网扩大影响力

　　您可能听过一句老话："重要的不是您知道什么，而是您认识谁。"让我们修改一下以阐明要点："重要的不是您认识谁，而是谁认识您。"建立关系网包括创造机会与他人建立关系，了解他们，反过来，也让他们了解您。当然，建立关系网是一种营销方式，它主要关注一般营销。同时，建立关系网是企业发展的重要组成部分，值得我们在这里重新讨论一下。

　　您的关系网由其他专业人士组成，比如按摩治疗师、脊椎按摩治疗师、整形外科医生，甚至汽车修理工，您可以向他们推荐客户或会员。客户或会员都很欣赏优秀的专业推荐，并且每一次推荐都会帮助您获得一点社会资本。通过把别人介绍给其他高质量的专业人士，您也会得到这些专业人士的赞赏，这增加了他们把他们的病人、顾客或客户介绍给您的机会。

　　我的妻子希瑟和我都很幸运，我们的新家在宾夕法尼亚州的伊斯顿，这给我们提供了很多出去结识朋友的机会。上周末，我去了一个美术馆的开幕式。这周末，我要带儿子们去参加一场当地乐队的摇滚音乐会，为城市的剧院募捐。当您走进社区，您会遇到认识的人，他们会把您介绍给他们的朋友，您也会这么做。因此，您的关系网变得更大了。您总是可以参加当地的活动。这里有一些找到当地活动的方法：登录您的社区网站；寻找活动日历；在网上搜寻本地商业联络机会；与当地商会联系以了解活动以及询问人们即将举办什么活动，或者您在哪里可以找到这些活动。

　　把这些社交机会放进您的社交媒体日历中（毕竟它们是社交的），带着您想要实现的目标去参加这些活动。例如，本周末的慈善音乐会有 3 个乐队参加。其中一个乐队的主唱、词曲作者和吉他手是我的客户。我的目标是和他的乐队的其他成员见面，联系我认识但不太熟悉的另一个乐队的主唱，并认识第 3 个乐队的主唱。慈善音乐会结束后，我会在 Facebook 上给他们每人发一条信息，告诉他们认识他们是一件多么愉快的事情（假设结果是这样），并询问我们是否可以在 Facebook 上联系。如果他们同意了，我就会开始关注他们的帖子，"点赞"我喜欢的事情（始终保持真诚），当我想在对话中添加内容时就发表评论，并尽我所能地帮助他们宣传他们的活动。

建立关系网的秘诀

下面是一些有效建立关系网的关键。

- 根据您目标市场的出席率来选择您的活动和机会。

- 带着计划去参加活动，明确您想认识谁，您想完成什么。

- 真实坦率。永远不要假装成自己不是的那类人。

- 从和您认识的人开始交往，但总是期待结识新朋友。如果您不强迫自己去和别人交流，那么您就不会认识新的人。

- 如果您和不认识的人坐在一起，这样做可以帮助您与圈外的人进行对话。

- 询问一些开放式问题，这样可以让您更深入地了解别人，比如"您最大的爱好是什么？"或者，如果您想让事情更简单，"您希望在这些活动中实现什么？"

- 引导谈话，让谈话集中在对方身上，而不是您身上。对对方所说的话确实感兴趣。

- 不要试图推销。这是开始一段关系的机会。您未来的生意来自于已经建立的关系，而建立这些关系需要时间。

- 做一个连接者——连接他人的人。如果您遇到一个不认识别人的人，或者只认识很少人的人，把他介绍给您认识的每个人，他将感激您。我曾受益于此，他们把我置于他们的保护之下，并把我介绍给其他人。我将永远感谢他们。

- 用"期待下次交流"这样的话来结束谈话。对您能再见到那个人设定预期："我期待着下周的_____会议上和您再次交谈。"或者，"我很乐意继续我们的谈话，您下周有时间见面喝杯咖啡吗？"

- 跟进。如果您说过要联系，那就联系吧；否则，您的话开始变得不那么有意义了。即使您没有安排后续行动，至少也要在社交媒体上联系，表达您喜欢与对方见面的心情。

我保证您联系的人会很高兴得到您的点赞。此外，您的兴趣、真诚和热情会激起他们的兴趣，他们想要更多地了解您。

如果您身边没有任何（或足够多）的活动，您可以创建自己的活动：从大型义演到一顿简单的晚餐。在基思·法拉奇（Keith Ferrazzi）的 *Never Eat Alone* 一书中，他谈到了自己如何举办晚宴派对，并让它成为一种很好的社交工具。他建议说，您的任务应该是找出别人的爱好和与之相关的故事。例如，如果您喜欢家庭，我可能会让您讲述最喜欢的一次家庭冒险。您可能会喜欢谈论家庭冒险，而这会让我真正了解您。

提供新计划和服务

无论是提供给当前的客户或会员，还是提供给未来的客户或会员，新的计划和服务可能会帮助您建立业务。提供的三大服务是私人训练、小组训练和团体健身。这些都是最常见的服务，对于开始创业的私人教练来说，它们很可能是您已经在做的事情的简单扩展。

考虑扩展产品时，思考一下潜在的新产品将如何影响您的品牌。例如，当豪华汽车制造商决定生产经济型汽车时，它会淡化品牌（或者至少是品牌的认知或声誉），从而使其不那么特别。同样地，如果您以擅长于核心力量而闻名，并且在您的产品中加入了有氧舞蹈课，您的力量举重客户或会员可能会觉得不那么自在，但是有许多计划和服务可以满足客户和理念。

在第9章中，我们讨论了计划和捆绑销售。将多个服务放在一个有时间限制的套餐中以满足特定的目标，这是一种创建新收入来源的好方法。您还可以以将这些计划作为独立产品提供。假设您通过提供私人训练和团体健身来开始创业，您可以添加营养指导、团体支持会议、讲座、研讨会、膳食准备课程、各种团体或"俱乐部"（如跑步、障碍课程和跑酷）。实际上，您可以添加任何内容，只要它符合您的目标并能增强您的业务社区。

当您创建一个新计划或添加一个新服务时，请确定产品的适当定价和营销。以下是影响定价的因素。

- 您的运营费用是多少？此类别包括材料、设备和营销成本等项目。
- 您的目标市场能够支付多少钱？答案可能部分取决于新计划是作为现有会员和客户的附加计划，还是作为吸引新员工的一种方式。
- 根据人口统计数据，您可以期待多少个参与者？
- 您的竞争对手是否提供类似的计划或服务？如果您为当前客户创建新产品，这个问题就不那么重要了，因为您已经获得了他们的信任和忠诚度。如果它适用于新市场，您需要知道您的竞争对手是否提供类似的计划，如果是，那么价格是多少。
- 如果新计划针对新市场，那么您的独特销售主张是什么？您和竞争对手有什么不同？
- 在您的目标市场中，新产品的感知价值是多少？
- 您认为新产品的价值是多少？您为什么这么认为？
- 您的时间值多少钱？考虑创建计划所需的时间（准备交付所花费的所有时间）以及交付计划所需的时间。

这些问题的答案将帮助您确定该计划是否值得交付。如果您不能收取足够的费用来支付所有开支，就不要提供此计划，除非您是将它作为一种慈善形式。

追加销售：向现有客户销售更多产品

追加销售通常指的是建议升级销售或者追加购买。许多俱乐部试图提高会员资格："您每月多付15美元就能无限制地打壁球。"或者您可以享受毛巾服务、储物柜租赁、每月一次的按摩等。

尽管这是一种常见的做法，但如果您不断地在销售中增加层次，客户可能会觉得自己被忽悠。因此，我对追加销售的建议是只追加一两件商品，而且只追加那些能提高个人体验和成功可能性的商品。例如，客户很难早上起床去健身房。如果您愿意，您可以建议在计划中添加唤醒服务；或者客户需要承担额外的责任来执行一个饮食计划，您可以建议增加每周一次的营养指导（如果您受过这样的训练）。追加销售这些服务可以帮助客户取得成功，同时为您带来更多的收入。

除了最初的销售点以外，其他服务也可以在其他时间出售。例如，当前的客户或会员可能会发现（或者您在与他们一起工作时发现）他们有额外的需求。即使您可以向潜在客户或会员建议相同的附加服务，但将其出售给已经认识、喜欢并信任您的当前客户或会员可能更简单。因为这个人已经体验了您的价值，所以他相信您不会提供某些东西，除非它确实有好处。

知识产权产品

作为私人教练和导师，我们所做的大部分事情都受到每天工作时间的限制。我们可以采取措施来最大限度地提高时薪，比如提供小组训练或团体健身课程。尽管如此，我们只能工作这么多小时，这限制了我们建立业务的能力。当然，如果您是一个企业主，您可以雇用其他人来帮助赚更多的钱。无论我们是为俱乐部工作或是拥有自己的俱乐部，我们都可以做的一件事就是提供和出售知识产权。

追加销售可以提高客户的成功率，并帮助您拓展业务

　　知识产权是思想的创造，可以包括书面、视觉或听觉工作。一旦创建，此类财产可以作为被动收入的持续来源，因为所有的研究和开发都已完成，唯一的工作是推销和销售产品。以下列表给出了可以为同事和客户开发的知识产权（以及被动收入可能来源）的一些示例。

书面

- **书籍**：您可以轻松创建本地印刷的短科普读物或将其作为电子书在线销售。

- **文章**：这些通常用于建立（即证明）您的专业知识，但您也可以将它们变成基于订阅的产品。

- **白皮书**：与文章一样，这些通常用于建立您的专业知识。但它们也可以作为一种很好的营销工具，因为可以要求那些希望收到它们的人提供其电子邮件地址作为回报（这会增加您的电子邮件营销列表）。

- **锻炼日志**：这些项目主要包含用于记下日期、练习、组数、次序和锻炼评论的空白页面。但是，您可以添加一些励志名言和个人品牌来创建可销售的产品。

- **练习图**：这些图可能出现在书籍、文章或锻炼日志中，但它们也可用于其他项目，如信息锻炼图表和锻炼卡。

视觉

- **录制的讲座**：您直播的任何内容都应记录下来并考虑用作被动收入来源。

- **练习或教育录音**：DVD很容易创建，可以根据需要在您的健身中心销售或在线销售。

- **在线课程**：现在，所需的技术可以通过Udemy、Teachable和Pathwright等电子学习网站创建在线教育课程。潜在的主题是无限的。例如，Yoga for Busy Moms和The Science of Brain Fitness。

- **视频播客**：您可以制作基于订阅的、任何长度的片段式的演讲，主题广泛。大多数都是免费的，但您也可以收费。

听觉

- **录音演讲**：和视觉分类一样，您做的任何演讲都应该被录音，您可以把音频作为单独的产品出售。

- **播客**：与录音演讲一样，您可以提供视频播客的音频版本。

- **锻炼动力或指导**：我听过各种各样的音乐播放列表，音乐中叠加有教练指导听众进行热身、加大强度、冲刺、后退等方面的指导。但要注意适用于音乐的版权法。

　　产生了知识产权后，您需要保护它，这样其他人就不能声称它是他们自己的。根据美国版权局（2012）的法律规定，《版权法》通常赋予版权所有者独家复制、分发、执行或公开展示作品或授权他人这样做的权利。作品一经创作，版权即自动获得保护；换句话说，不需要正式的版权申请。

尽管不再需要（以任何形式）发布作品的版权，但这样做提供了另一层保护，让您能够证明作品是您的。出版仅仅意味着通过出售、租赁或贷款的方式分发作品的副本。出版时，建议您通过包含 3 个项目来主动声明您的版权：版权所有（或符号©）、首次出版日期和作者姓名。以下是一个例子：©2019 Human Kinetics。您仍然可以通过正式的注册过程来提供最后一层保护，但这不是必需的。

结束语

打开您的门，挂上小招牌，表明你已经准备好营业，这仅仅是开始。建立业务需要花费大量的时间和精力。一旦你获得了客户或会员，您需要让他们坚持。如果他们从一开始就为成功做好准备，那么大多数人会继续来这里。您可以让他们感觉自己属于您的健身中心，帮助他们发展现实的期望，教他们做什么（或确保他们有正确的持续指导），并让他们对自己的锻炼负责。接下来，您所收取的费用将与所收到的价值相等。

当客户或会员对您提供的服务满意时，他们可以通过引荐和推荐帮助您建立业务。虽然一些相信您的人会把自己变成您和您的企业的推广员，但大多数人需要您让他们向别人介绍您。如果他们同意，他们可以通过直接与他人联系，或者通过在网上向大众推荐，来进行推广。

不管怎样，不要只是坐等别人把您所有的新生意都带来。相反，走到社区和网络中去。寻找社区活动，按照计划去见特定的人，或者简单地去了解您还没见过的当地居民。对别人保持好奇心，把了解激励他们的东西作为您的使命。之后，继续跟进并提供再次互动的机会。通过人际交往获得新业务很少会马上发生，与某人见面只是开始建立关系的一个机会。

除了销售会员资格和私人训练课程，您还可以通过增加每个客户或会员的消费来建立自己的业务。实现此目的的方法是：在新会员到来或课程开始时，或者在与已建立的客户或会员进行互动时，追加销售其他服务。如果人们准备购买服务或产品来帮助他们实现目标，那么对他们来说，增加另一项服务来帮助他们实现目标可能并不是一个巨大的飞跃。

最后，通过在您的产品中添加知识产权产品，可以创建一个被动收入流，从而增加利润。这些产品可以采用书面、视觉或听觉产品的形式，涉及各种主题，可以帮助您的客户或会员成功地改善其健康和健身状况。

总之，这些机会可以帮助您的企业不断发展和繁荣。现在就开始规划如何实施它们，您的业务将持续增长！

附录 A

商业计划模板

开始规划业务时，您需要查看对成功非常重要的所有方面。撰写商业计划是一个很好的工具。附录 A 中提供的模板旨在帮助您进行规划过程，无论您是否寻求外部融资。与所有模板一样，这些表单是一个起点，虽然您可以只填写空白区域，但您也可以根据需要随意修改它们。如果您在填写的时候被难住了，请参考第 5 章给出的示例。

本附录中包含以下模板。

- 申请信模板：虽然它不是商业计划的一部分，但它的目的是向潜在投资者介绍此计划。
- 商业计划模板包括的内容如下。

  › 执行摘要。虽然这是商业计划的第一部分，但记住在把计划的所有细节写出来之后再写它。

  › 业务或公司描述。

  › 市场分析和人口统计。

  › 竞争分析。

  › 管理计划。

  › 财务计划。

  › 所需资金。

  › 营销计划。

■申请信

（您的名字）

（公司的名称）

（公司的地址）

（公司所在的州、城市和邮政编码）

（公司的电话）

（公司的电子邮件地址）

（联系人姓名）

（职位，如果知道的话）

（贷款机构的名称）

（贷款机构的地址）

（贷款机构所在的州、城市和邮政编码）

尊敬的先生或女士（请选择一个）_____，

　　（提及您和贷款机构的关系或对它的了解；这里有3种可能的开场白。）

　　正如我们在最近的电话交谈（或会议）中所讨论的那样……

　　我是_____介绍的。

　　我在_____看到过您和您的公司。

　　我提交的是（贵公司的名称）的商业计划，希望从您的_____（银行或其他类型的机构）获得_____美元的资金支持，以提供_____。（在这里以执行摘要的缩写版本的形式陈述您的情况。）

　　谢谢您在百忙之中抽时间查看我们的商业计划。我很乐意听到任何反馈，并回答有关（贵公司的名称）的任何问题。

顺祝商祺，

_____

（您的签名）

_____

（打印的名字）

源自：M.A. Nutting, 2019, *The business of personal training* (Champaign, IL: Human Kinetics).

（即使执行摘要是商业计划中的第2项，也是要呈现的第1项，您也应该在其他部分完成后再写，这样才能给出准确的描述。将执行摘要限制在3页以内。这是一个概述您的商业计划并强调公司未来成功的关键机会。）

■执行摘要

我们的公司
（描述公司的基本情况和您想要达到的目标。）

_____

_____

_____

我们的服务
（列出您将提供的服务，如果适用的话，列出您将提供的产品。）

_____

_____

_____

我们的市场
（具体描述您理想的客户和地理区域的人口统计数据，以显示您的服务有市场。）

_____

_____

_____

我们的竞争
（列出您所在地区可能占领市场的其他俱乐部或企业；简单描述一下与贵公司的比较。）

_____

_____

_____

我们的优势
（为什么目标市场会选择您而不是竞争对手？是什么让您脱颖而出？）

_____

_____

_____

源自：M.A. Nutting, 2019, *The business of personal training* (Champaign, IL: Human Kinetics).

（贵公司的名称）与竞争对手的区别在于（方面1）、（方面2）和（方面3）。

_____

_____

_____

（全面陈述方面1，并提供必要的细节，使其令人信服。）

_____

_____

_____

（全面陈述方面2，并提供必要的细节，使其令人信服。）

_____

_____

_____

（全面陈述方面3，并提供必要的细节，使其令人信服。）

_____

_____

_____

财务摘要

（本摘要不应提供详细的财务报告，而应提供快速概述。显示前3年的收入、支出和净损益；还应包括启动成本、达到盈亏平衡点之前的累计债务和所需资金。）

	第1年	第2年	第3年
收入	\$_____	\$_____	\$_____
支出	\$_____	\$_____	\$_____
净赚	\$_____	\$_____	\$_____
（公司名称）的启动费用：			\$_____
达到盈亏平衡点之前的累计债务：			\$_____
所需资金：			\$_____

市场营销

（您将使用哪些方法来吸引目标市场？您的目标市场在哪里可以找到？）

_____

_____

_____

_____

源自：M.A. Nutting, 2019, _The business of personal training_ (Champaign, IL: Human Kinetics).

■业务或公司描述

（详细描述贵公司寻求解决的问题以及为谁解决的问题。）

_____

_____

_____

_____

_____

_____

（您将如何解决客户的问题？您的解决方案是什么？）

_____

_____

_____

_____

_____

_____

_____

（贵公司名称）的使命：

_____

_____

_____

_____

_____

_____

（贵公司的）口号

_____

_____

_____

_____

_____

_____

源自：M.A. Nutting, 2019, _The business of personal training_ (Champaign, IL: Human Kinetics).

■市场分析和人口统计

（尽可能详细地定义您的目标市场。）

年龄_____

性别_____

收入_____

文化特征_____

运动经验水平_____

与您的业务有关的位置_____

（讨论与您所在地区的人口统计数据相关的目标市场。显示您将能够在所选的营业地点找到并获得足够的客户。）

_____

_____

_____

_____

_____

_____

_____

_____

_____

_____

_____

_____

_____

_____

_____

_____

_____

_____

_____

_____

_____

源自：M.A. Nutting, 2019, *The business of personal training* (Champaign, IL: Human Kinetics).

■竞争分析

（列出您所在地区的所有竞争对手、他们与您所在地的距离以及他们的特定目标市场。）

_____

_____

（列出竞争对手的所有主要服务和属性，然后将他们的产品和描述与贵公司的产品和描述进行比较。您可以使用比较表来清楚地说明您的发现。）

_____

_____

（描述贵公司的优势、劣势、机会和威胁。）

优势　_____

_____

_____

_____

劣势　_____

_____

_____

_____

机会　_____

_____

_____

_____

威胁　_____

_____

_____

_____

■管理计划

管理团队

（列出公司的关键人员和职位、关键人员的优势以及职位的主要职责。如果您的公司有管理层级，也要描述它。此外，说明您将如何处理会计、工资单和设施维护。）

_____

_____

_____

（可以在组织结构图中显示您的管理层级）（如果有的话）。

人员
职位 _____
优势 _____
主要职责 _____

人员
职位 _____
优势 _____
主要职责 _____

人员
职位 _____
优势 _____
主要职责 _____

人员
职位 _____
优势 _____
主要职责 _____

人员
职位 _____
优势 _____
主要职责 _____

源自：M.A. Nutting, 2019, _The business of personal training_ (Champaign, IL: Human Kinetics).

■财务计划

启动费用

（尽可能详细地列出您的所有财务信息。对类似的支出或费用进行分类或分组。）

一次性费用（不再支付）	$

设备费

设施搭建

年度费用（第1年）	

总启动费用

每月支出和收入

（列出至少前3个月的每月支出和收入。）

预算项目	第1个月	第2个月	第3个月	继续？
每月费用				
设施和运营费用				

源自：M.A. Nutting, 2019, *The business of personal training* (Champaign, IL: Human Kinetics).

预算项目	第1个月	第2个月	第3个月	继续?
每月费用				
薪酬				
总月支出				
每月收入				
会员收入				
私人训练收入				
总月收入				
每月净收入总额（收入－支出）				

（描述与变量相关的假设，比如每个月提供的私人训练课程数量的增长，以及您预计的盈亏平衡点。）

盈亏平衡点

（估算您的盈亏平衡点，定义为带来足够收入以满足支出所需的私人训练课程或会员数量。您在哪个月能实现盈亏平衡？）

每月固定费用：　　　　　　　　　_____

一个单位（课程或会员）的价格：　　　_____

可变费用（比如支付给私人教练的百分比）：　　_____

源自：M.A. Nutting, 2019, *The business of personal training* (Champaign, IL: Human Kinetics).

■所需资金

（您已经计算了启动费用。现在显示每月债务[净亏损]和应计债务总额。再加上启动费用，等于所需的资金。）

月净	亏损 ($)
1	
2	
3	
4	
5	
6	
7	
8	
9	
继续？	
指定月份的总计	

所需资金 = 启动费用 + 应计债务

启动费用：　_____

应计债务：　_____

所需资金：　_____

源自：M.A. Nutting, 2019, *The business of personal training* (Champaign, IL: Human Kinetics).

■营销计划

（具体说明您将如何获得目标市场的支持。您将使用哪种媒体，何时以及以什么频率使用？这些信息能以列表或一年的日历形式提供。请考虑以下渠道。）

社交媒体

Facebook _____

Twitter _____

YouTube _____

Instagram _____

LinkedIn _____

Pinterest _____

Tumblr _____

贵公司的网站

平面媒体、文章、新闻稿和（或）广告

传单 _____

小册子 _____

名片 _____

在当地报纸或其他出版物上刊登广告 _____

电视广告

广播广告

参与社区活动

5千米 _____

健康与健身展会 _____

农贸市场 _____

当地出版物和广播电台或电视台

_____

_____

_____

_____

_____

源自：M.A. Nutting, 2019, *The business of personal training* (Champaign, IL: Human Kinetics)；来源：Electronic Physical Activity Readiness Medical Examination (ePARmed-X+)。经PAR-Q+ Collaboration许可重印。

附录 B
私人教练客户表

2017 PAR-Q+

每个人的体力活动准备问卷

定期体育活动对健康的好处是显而易见的；每天都应该有更多的人参加体育活动。参加体育活动对大多数人来说是很安全的。该调查问卷将告诉您是否有必要在进行更多身体活动之前向您的医生或合格的运动专业人员寻求进一步的建议。

一般健康问题

请仔细阅读下面的7个问题，并诚实地回答每一个问题：勾选"是"或"否"。	是	否
1）你的医生说过你有心脏病□或高血压□吗？	□	□
2）在休息时，在日常生活活动中，或在做体育运动时，是否感到胸部疼痛？	□	□
3）在过去12个月内，您是否因为头晕而失去平衡，或者失去意识？ 　　如果您的头晕与过度呼吸有关（包括剧烈运动时），请回答"否"。	□	□
4）您是否曾被诊断患有其他慢性病（心脏病或高血压除外）？请在此列出病情：	□	□
5）您是否正在服用治疗慢性疾病的处方药？ 　　请在此列出病情及药物：	□	□
6）您是否有（或者在过去的12个月内）骨骼、关节或软组织（肌肉、韧带或肌腱）问题，如果您变得更加积极锻炼，情况会变得更糟？如果您过去有问题，请回答"否"，这并不会限制您目前的体力活动能力。请在此列出病情：	□	□
7）您的医生有没有说您应该只做医学监督的体育活动？	□	□

- ☑ 如果您对以上所有问题的回答都是否定的，您就可以进行体育锻炼了。
  请翻到第4页签署参与者声明。您不需要完成第2页和第3页。
- ▶ 慢慢开始积极锻炼，然后再逐渐加大锻炼力度。
- ▶ 遵循适合您年龄的国际体育活动指南。
- ▶ 您可以参加健康和健身评估。
- ▶ 如果您年龄超过45岁并且不习惯经常进行剧烈运动，请在进行这种强度运动前咨询合格的运动专业人员。
- ▶ 如果您有任何其他问题，请联系合格的运动专家。

- 🔴 如果您对上述一个或多个问题的回答为"是"，请完成第2页和第3页。

- ⚠ 如果出现下列情况，可以推迟锻炼。
- ✔ 您有暂时性的疾病，如感冒或发烧；最好等到您感觉好些。
- ✔ 您怀孕了：在开始锻炼身体之前，请咨询您的医生、合格的运动专业人员完成ePAR-med-X+。
- ✔ 您的健康状况发生变化－在继续任何体育活动计划之前，请回答本文件第2页和第3页的问题和/或与您的医生或合格的运动专业人员交谈。

源自：M.A. Nutting, 2019, *The business of personal training* (Champaign, IL: Human Kinetics)；来源：Electronic Physical Activity Readiness Medical Examination (ePARmed-X+)。经PAR-Q+ Collaboration许可重印。

2017 PAR-Q+

关于健康状况的后续问题

1. 您有关节炎、骨质疏松或脊柱背部问题吗?

如果存在上述问题,回答问题 1a~1c   如果回答**否**□,转至问题 2

1a. 您是否很难通过药物或其他医生开出的疗法来控制自己的病情? 是□ 否□

(如果您目前没有服用药物或其他治疗药物,回答 "否")

1b. 您是否有引起疼痛的关节问题、最近由骨质疏松或癌症导致的骨折、移位的椎骨 是□ 否□

(例如,腰椎滑脱)和/或脊柱背部骨环是否有裂缝?

1c. 您是否经常注射类固醇或服用类固醇片超过 3 个月? 是□ 否□

2. 您现在有任何癌症吗?

如果存在上述问题,回答问题 2a~2b   如果回答**否**□,转至问题 3

2a. 您的癌症诊断是否包括以下任何类型:肺/支气管、多发性骨髓瘤(浆细胞癌)、 是□ 否□

头部和/或颈部?

2b. 您有心脏或心血管疾病吗? 这包括冠状动脉疾病、心力衰竭、诊断的心律失常 是□ 否□

3. 如果存在上述问题,则回答问题 3a~3d   如果回答**否**□,转至问题 6

3a. 您是否难以通过药物或其他医生处方治疗来控制您的病情? 是□ 否□

(如果您目前没有服用药物或采用其他治疗,请回答 "否")

3b. 您是否有不规则的心跳需要医疗护理? 是□ 否□

3c. 您有慢性心力衰竭吗? 是□ 否□

3d. 在过去两个月内,您是否曾被诊断患有冠状动脉(心血管)疾病而没有进行定期的 是□ 否□

体育活动?

4. 您有高血压吗?

如果存在上述问题,请回答问题 4a~4b   如果回答**否**□,转至问题 5

4a. 您是否难以通过药物或其他医生处方治疗来控制您的病情? 是□ 否□

(如果您目前没有服用药物或采用其他治疗,请回答 "否")

4b. 是否有静息血压等于或大于 160/90 毫米汞柱,是否有药物治疗? 是□ 否□

(如果您不知道自己的静息血压,请回答 "是")

5. 您有任何代谢疾病吗? 这包括 1 型糖尿病、2 型糖尿病、糖尿病前期

如果存在上述问题,请回答问题 5a~5e   如果回答**否**□,转至问题 6

5a. 您是否经常难以通过食物、药物或其他医生处方治疗来控制血糖水平? 是□ 否□

5b. 您是否经常在运动和/或日常生活活动中出现低血糖的症状和体征? 低血糖的症状 是□ 否□

可能包括颤抖、紧张、异常易怒、出汗异常、晕眩或头晕、精神错乱、说话不清、

虚弱或困倦。

5c. 您是否有糖尿病病并发症的迹象或症状,如心脏病或血管疾病和/或影响您的眼睛、肾脏 是□ 否□

或脚趾和脚部感觉的并发症?

5d. 您是否有其他代谢疾病(如目前与妊娠有关的糖尿病、慢性肾脏疾病或肝脏问题)? 是□ 否□

5e. 您是否打算在不久的将来从事对您来说异常高强度(或剧烈)的运动? 是□ 否□

2017 PAR-Q+

6. 您有任何心理健康问题或学习困难吗？ 这包括阿尔茨海默症、抑郁症、焦虑症、饮食失调症、精神障碍、智力障碍、唐氏综合征。

如果存在上述问题，请回答问题 6a~6b　　　　如果回答**否**□，转至问题 7

6a. 您是否难以通过药物或其他医生处方治疗来控制您的病情？　　　　是□ 否□

（如果您目前没有服用药物或采用其他治疗，请回答"否"）

6b. 您是否患有唐氏综合征和影响神经或肌肉的背部问题？　　　　是□ 否□

7. 您有呼吸道疾病吗？ 这包括慢性阻塞性肺病、哮喘、肺动脉高血压

如果存在上述问题，请回答问题 7a~7d　　　　如果回答**否**□，转至问题 8

7a. 您是否难以通过药物或其他医生处方治疗来控制您的病情？　　　　是□ 否□

（如果您目前没有服用药物或采用其他治疗，请回答"否"）

7b. 您的医生有没有说过您的血氧水平在休息或运动时很低，或者您需要补充氧气治疗？　　　　是□ 否□

7c. 如果是哮喘，您目前是否有胸闷、喘息、呼吸困难、持续咳嗽（超过2天/周）的症状，　　　　是□ 否□

或者您在上周使用过两次以上的救援药物？

7d. 您的医生有没有说过您的肺部血管有高血压？　　　　是□ 否□

8. 您有脊髓损伤吗？ 这包括四肢瘫痪和截瘫

如果存在上述问题，请回答问题 8a~8c　　　　如果回答**否**□，转至问题 9

8a. 您是否难以通过药物或其他医生处方治疗来控制您的病情？　　　　是□ 否□

（如果您目前没有服用药物或采用其他治疗，请回答"否"）

8b. 您是否经常表现出低静坐血压，足以引起晕眩、头晕和/或昏厥？　　　　是□ 否□

8c. 您的医生是否指出您有突然发作的高血压（称为"自主神经反射不良"）？　　　　是□ 否□

9. 您有中风吗？ 这包括短暂性脑缺血发作（TIA）或脑血管事件

如果存在上述问题，请回答问题 9a~9c　　　　如果回答**否**□，转至问题 9

9a. 您是否难以通过药物或其他医生处方治疗来控制您的病情？　　　　是□ 否□

9b. 您走路或行动有什么障碍吗？　　　　是□ 否□

9c. 在过去的6个月中，您是否经历过中风或神经或肌肉损伤？　　　　是□ 否□

10. 您是否有其他未列出的疾病或您有两种或两种以上的疾病？

如果您有其他疾病，回答问题 10a~10c　　　　如果回答**否**□，请阅读第4页的建议

10a. 在过去的12个月内，您是否经历过因头部受伤而导致的昏厥、晕倒或失去意识，　　　　是□ 否□

或者在过去的12个月内您是否有过脑震荡的诊断？

10b. 您是否有未列出的疾病（如癫痫、神经系统疾病、肾脏问题）？　　　　是□ 否□

10c. 您目前是否患有两种或两种以上的疾病？　　　　是□ 否□

请在此列出您的健康状况及相关药物：＿＿＿＿＿＿＿＿＿＿＿＿＿＿＿

请参阅第4页，了解有关您当前健康状况的建议并签署参与者声明。

源自：M.A. Nutting, 2019, *The business of personal training* (Champaign, IL: Human Kinetics)；来源：Electronic Physical Activity Readiness Medical Examination (ePARmed-X+)。经PAR-Q+ Collaboration许可重印。

2017 PAR-Q+

☑ **如果您对所有关于您的健康状况的后续问题的回答为"否"，您就可以更加积极地活动，请在下面签署参与者声明。**

▶ 建议您咨询合格的运动专业人士，以帮助您制订安全有效的体育锻炼计划，满足您的健康需求。

▶ 我们鼓励您慢慢开始，慢慢锻炼—20~60分钟的低强度到中等强度的锻炼，每周3~5天，包括有氧和肌肉锻炼。

▶ 随着您的进步，您应该每周累积150分钟或更长时间的中等强度体力活动。

▶ 如果您年龄超过45岁，不习惯经常进行剧烈运动，在进行这种强度的运动之前，请咨询一位合格的运动专家。

🔴 **如果您对一个或多个有关您的健康状况的后续问题的回答为"是"：**

在进行更多体育活动或参加健身评估之前，您应该寻求进一步的信息。您应该完成特别设计的在线筛查和锻炼推荐计划ePARmed-X+和/或访问合格的锻炼专业人员来完成ePARmed-X+的工作并获取更多信息。

⚠️ **如果出现下列情况，可以推迟锻炼。**

✓ 您有暂时性的疾病，如感冒或发烧；最好等到您感觉好些。

✓ 您怀孕了：在开始锻炼身体之前，请咨询您的保健医生、医生、合格的运动专业人员完成ePARmed-X+。

✓ 您的健康状况发生变化－在继续任何体育活动计划之前，请回答本文件第2页和第3页的问题和/或与您的医生或合格的运动专业人员交谈。

● 我们鼓励您复印PAR-Q+。您必须使用整个问卷，并且不允许任何更改。

● 作者、PAR-Q+ Collaboration、合作组织及其代理人对从事体力活动和/或使用PAR-Q+或ePARmed-X+的人员不承担任何责任。如果在完成问卷后有疑问，在进行体育活动之前咨询您的医生。

参与者声明

● 所有完成PAR-Q+的人请阅读并签署以下声明。

● 如果您的年龄低于法定年龄，或需要得到护理提供者的同意，您的父母、监护人或护理提供者也必须签署本表单。本人（以下签名者）已阅读、完全理解并完成此问卷。我承认，这项身体活动许可的有效期最长为12个月，从完成之日起生效，如果我的情况发生变化，该许可将失效。本人亦知悉受托人（如本人雇主、社区/健康中心、医疗服务提供者或其他指定人士）可保留本表单副本以作记录。在这些情况下，受托人将被要求遵守关于个人健康信息存储的当地、国家和国际准则，确保受托人维护信息的隐私，不滥用或错误地披露这些信息。

姓名＿＿＿＿＿＿＿＿＿＿＿＿＿＿＿＿＿＿＿＿＿　日期＿＿＿＿＿＿＿＿＿＿＿＿＿＿＿＿＿＿＿＿＿

签名＿＿＿＿＿＿＿＿＿＿＿＿＿＿＿＿＿＿＿＿＿　见证人＿＿＿＿＿＿＿＿＿＿＿＿＿＿＿＿＿＿＿

父母/监护人/护理提供者的签名＿＿＿＿＿＿＿＿＿＿＿＿＿＿＿＿＿＿＿＿＿＿＿＿＿＿＿＿＿

PAR-Q+的引用
Warburton DER、Jamnik VK、Bredin SSD和Gledhill N代表PAR-Q+ Collaboration。
每个人的身体活动准备问卷（PAR-Q+）和电子身体活动准备医学检查（ePARmed-X+）。Health & Fitness Journal of Canada 4(2): 3-23, 2011.

PAR-Q+是使用由Darren ER Warburton博士和Norman Gledhill博士，Veronica Jamnik博士以及Donald C. McKenzie博士（2）主持的PAR-Q+ Collaboration基于证据的AGREE流程（1）创建的。通过加拿大公共卫生机构和BC省卫生部的财政捐助，本文件得以制作。本文所表达的观点不一定代表加拿大公共卫生机构或BC卫生部的观点。

主要参考文献
1. Jamnik VK, Warburton DER, Makarski J, McKenzie DC, Shephard RJ, Stone J, and Gledhill N. Enhancing the e ectiveness of clearance for physical activity participation; background and overall process. APNM 36(S1):S3-S13, 2011.
2. Warburton DER, Gledhill N, Jamnik VK, Bredin SSD, McKenzie DC, Stone J, Charlesworth S, and Shephard RJ. Evidence-based risk assessment and recommendations for physical activity clearance; Consensus Document. APNM 36(S1):S266-s298, 2011.
3. Chisholm DM, Collis ML, Kulak LL, Davenport W, and Gruber N. Physical activity readiness. British Columbia Medical Journal. 1975;17:375-378.
4. Thomas S, Reading J, and Shephard RJ. Revision of the Physical Activity Readiness Questionnaire (PAR-Q). Canadian Journal of Sport Science 1992;17:4 338-345.

源自：M.A. Nutting, 2019, *The business of personal training* (Champaign, IL: Human Kinetics)；来源：Electronic Physical Activity Readiness Medical Examination (ePARmed-X+)。经PAR-Q+ Collaboration许可重印。

个人健康档案

姓名：_____　日期：_____

电话（家）：_____（工作）：_____（移动）：_____

电子邮件地址：_____　出生日期：_____　年龄：_____

性别：_____身高：_____体重：_____职业：_____

在紧急情况下，我们可以联系谁？

姓名：_____　关系：_____

电话（家）：_____（工作）：_____（移动）：_____

主治医师（姓名）：_____（电话）：_____（传真）：_____

上次体检的日期：_____

身体状况和病史

您曾有或现在有以下任何一种情况吗？（如果有，请打√）

_____ 癌症

_____ 风湿病

_____ 最近做过手术

_____ 水肿（脚踝肿胀）

_____ 高血压

_____ 低血压

_____ 癫痫

_____ 肺部疾病

_____ 心脏病

_____ 昏厥或头晕（有或没有体力消耗）

_____ 糖尿病

_____ 高胆固醇（总）：_____（HDL）：_____（LDL）：_____

_____ 高血糖（葡萄糖）

_____ 端坐呼吸（需要坐起来以舒适地呼吸）或阵发性夜间呼吸困难（夜间突然、意外地呼吸急促）

_____ 休息时呼吸急促或轻微用力

_____ 胸痛

_____ 心悸或心动过速（异常强烈或心跳加快）

_____ 间歇性跛行（小腿痉挛）

_____ 胸部、颈部、下颌、手臂或其他部位疼痛或不适（有或没有体力消耗）

_____ 已知的心脏杂音

_____ 在日常活动中出现不寻常的疲劳或气短

_____ 暂时丧失视力或语言能力，或者身体一侧、手臂或腿部的短期麻木或虚弱

_____ 其他：_____

源自：M.A. Nutting, 2019, *The business of personal training* (Champaign, IL: Human Kinetics).

源自：NSCA, 2012, Client consultation and health appraisal, by T.K. Evetovich and K.R. Hinnerichs. In *NSCA's Essentials of personal training*, 2nd ed., edited by J. Coburn and M. Malek (Champaign, IL: Human Kinetics), 171–172.

_____ 骨科问题（以下任何一个问题）：

    □脚 □脚踝 □膝盖 □臀部 □背部 □颈部

    □肩部 □肘部 □手腕 □手

_____ 如果服用药物，请列出：

_____

_____

您是否有任何（或任何其他）可能妨碍运动的情况？

    □是 □否

如果是，请简要描述：

_____

_____

您是否抽烟？□是 □否

如果是，每天多少，开始时的年龄是多少？

每天几根：_____ 年龄：_____

家族史

您的直系亲属（例如父母、兄弟或子女）是否有以下任何一种情况？（如果有，请√，并注明发生这种情况的年龄。）

_____ 心律失常

_____ 心脏病发作

_____ 心脏手术

_____ 先天性心脏病

_____ 过早死亡（50岁前）

_____ 由心脏病引起的严重残疾

_____ 马凡氏综合征

_____ 高血压

_____ 高胆固醇

_____ 糖尿病

_____ 其他重大疾病_____

解释勾选的项：

_____

_____

_____

_____

源自：M.A. Nutting, 2019, _The business of personal training_ (Champaign, IL: Human Kinetics).

源自：NSCA, 2012, Client consultation and health appraisal, by T.K. Evetovich and K.R. Hinnerichs. In _NSCA's Essentials of personal training_, 2nd ed., edited by J. Coburn and M. Malek (Champaign, IL: Human Kinetics), 171-172.

活动历史记录

1. 您目前的体力活动水平如何？
   □久坐　□积极的生活方式
   □目前正在运动　□竞技运动员

2. 您目前是否参加定期锻炼计划？
   □是　□否　　如果是，请简要描述：
   _____
   _____

3. 您现在的体重是多少？ ____一年前是多少？ ____ 21岁？ ____

4. 您觉得自己超重吗？ □是　□否
   如果是，那超重多少？ _____

5. 您是否遵循或最近是否遵循了任何特定的饮食摄入计划，您对自己的营养习惯有何看法？
   _____

6. 您是否进行过心肺（有氧）训练？
   □是　□否

7. 您是否做过阻力训练？ □是　□否

8. 按照重要性顺序列出您的个人健康和健身目标。
   a. _____
   b. _____
   c. _____

9. 您曾经是否和私人教练合作过？ □是　□否

源自：M.A. Nutting, 2019, *The business of personal training* (Champaign, IL: Human Kinetics).
源自：NSCA, 2012, Client consultation and health appraisal, by T.K. Evetovich and K.R. Hinnerichs. In *NSCA's Essentials of personal training*, 2nd ed., edited by J. Coburn and M. Malek (Champaign, IL: Human Kinetics), 171-172.

医生的许可

要求提供的个人信息（患者姓名）: _____

医生的姓名: _____

医生的电话: _____

医生的传真: _____

请说明您对患者开始增加体力活动的建议。

1. _____我的患者可以不受限制地参加任何活动。

2. _____我的患者可以参加任何有以下限制的活动:

_____

_____

_____

3. _____我不建议我的患者此时参加任何活动。

医生的签名: _____ 签署日期: _____

将此表回传至: _____

电话: _____ 传真: _____

源自: M.A. Nutting, 2019, *The business of personal training* (Champaign, IL: Human Kinetics).

知情同意授权书

本人自愿参加由＿＿＿＿＿＿＿＿＿＿＿＿＿（私人教练的姓名或健身中心名称）设计、推荐和监督的私人训练计划。

本人知道任何推荐的有氧训练、力量训练、体能或测试课程都是为了增加我身体系统的工作量，包括但不限于心肺系统、肌肉系统、骨骼系统和韧带系统，这些系统对有氧训练、力量训练、体能或测试课程的反应无法完全准确地预测。每次课程期间或之后都存在发生某些变化的风险。这些变化可能包括以下部分或全部：肌肉撕裂或疼痛，关节疼痛或酸痛，血压或心率异常，心脏功能无效，可能还有心脏病发作或死亡。此外，运动器械的不当使用或其他个人的疏忽可能会带来风险。

同时，本人理解并非所有风险都可以描述或包含在此知情同意授权书中，尽管如此，本人仍然自愿参加。

在签署此知情同意授权书时，本人承认已阅读并了解所涉及的风险；本人可能遇到的任何问题都得到了满意的答复；他们已尽一切努力确保我的安全和健康；本人自愿参加此计划并明白自己可以随时退出；并且本人将在此免除＿＿＿＿＿＿＿＿＿＿＿＿＿（私人教练的姓名、健身中心名称或两者）的下列责任：在本人参与这个计划期间对我自身的任何伤害、产生的财产损失或任何损失，或所有损失、费用、损害、伤害、责任或费用或赔偿。

此外，本人同意与我的个人医疗保健专业人员联系和查看所有个人医疗护理。

本人，（打印名字）＿＿＿＿＿＿＿＿＿＿＿＿＿，已阅读了上述信息，同意并授权本人参与此计划。

日期：＿＿＿＿＿＿＿＿＿＿

签名：＿＿＿＿＿＿＿＿＿＿＿＿＿＿＿

参加者年龄未满18岁，由家长或监护人签署：

＿＿＿＿＿＿＿＿＿＿＿＿＿＿＿＿

见证人：

＿＿＿＿＿＿＿＿＿＿＿＿＿＿＿＿

法律因州而异。没有个性化的法律建议，不得采用或使用任何形式。
源自：M.A. Nutting, 2019, *The business of personal training* (Champaign, IL: Human Kinetics).

评估记录表

勾选一个： ☐前测 ☐后测

客户的姓名：_____

年龄：_____

目标：

_____
_____
_____
_____

检查记录：

_____
_____
_____
_____

评估日期：

_____
_____
_____
_____

注释：

_____
_____
_____
_____

源自：M.A. Nutting, 2019, *The business of personal training* (Champaign, IL: Human Kinetics).

源自：NSCA, 2012, Fitness assessment selection and administration, by S. Rana and J.B. White. In *NSCA's Essentials of personal training*, 2nd ed., edited by J. Coburn and M. Malek (Champaign, IL: Human Kinetics), 188.

测试	分数或结果	分类
生命体征		
静息血压		
静息心率		
身体成分测量		
身高		
体重		
体质指数（BMI）		
腰围		
臀围		
腰臀比		
体脂百分比 （方法:＿＿＿＿＿＿＿＿）		
健身测试		
心肺耐力 （方法:＿＿＿＿＿＿＿＿）		
肌肉耐力 （方法:＿＿＿＿＿＿＿＿）		
肌肉力量 （方法:＿＿＿＿＿＿＿＿）		
柔韧性 （方法:＿＿＿＿＿＿＿＿）		
其他测试 （方法:＿＿＿＿＿＿＿＿）		

源自：M.A. Nutting, 2019, *The business of personal training* (Champaign, IL: Human Kinetics).

源自：NSCA, 2012, Fitness assessment selection and administration, by S. Rana and J.B. White. In *NSCA's Essentials of personal training*, 2nd ed., edited by J. Coburn and M. Malek (Champaign, IL: Human Kinetics), 188.

地板、墙壁和天花板的清洁清单

地板

☐ 检查是否有大裂缝和污垢。

☐ 检查平台是否断裂。

☐ 检查地板上的任何螺栓或螺钉。

☐ 确保没有胶水从地板上溢出。

☐ 确保地板牢固并固定在适当的位置。

☐ 检查地毯上是否有霉菌、霉变和撕裂。

墙壁

☐ 检查墙壁有无污垢堆积。

☐ 如镜子有裂缝，应进行更换。

☐ 每周至少清理一次镜子污渍。

☐ 每周至少清理一次窗户污渍。

☐ 每周清理窗台和架子上的灰尘。

天花板

☐ 确保灯正常工作。

☐ 清除任何灰尘或蜘蛛网堆积物。

☐ 确保天花板上没有任何物品松动。

☐ 需要时尽快更换天花板。

源自：M.A. Nutting, 2019, *The business of personal training* (Champaign, IL: Human Kinetics).

源自：NSCA, 2016, Facility design, layout, and organization, by A. Hudy. In *NSCA's essentials of strength training and conditioning*, 4th ed., edited by G. Haff and T. Triplett (Champaign, IL: Human Kinetics), 636.

设施和设备维护日志

运动设施

地板

☐ 每天检查和清洁。

☐ 木地板没有碎片、洞、突出的钉子和松散的螺丝。

☐ 瓷砖地板可防滑；没有湿气或粉末堆积。

☐ 橡胶地板没有破裂、裂缝和零件之间的大间隙。

☐ 联锁垫安全无缺，没有凸出的袢扣。

☐ 非吸收性地毯无撕裂；使用垫子保护磨损区域。

☐ 定期清扫、吸尘或拖地。

☐ 地板胶合或固定正确。

墙壁

☐ 墙面每周清洁2~3次（如果需要，可以更频繁地清洁）。

☐ 高活动区域的墙壁没有突出的设备、器械和壁挂。

☐ 镜子和架子牢固地固定在墙壁上。

☐ 镜子和窗户定期清洁（特别是在高活动区域，如饮水机和门口）。

☐ 镜子在所有区域距离地面至少0.5米。

☐ 镜子没有破裂或扭曲（如果损坏则立即更换）。

天花板

☐ 所有吊顶固定装置和附件定期除尘。

☐ 天花板保持清洁。

☐ 根据需要更换损坏或缺失的天花板。

☐ 打开天花板，露出管道，并根据需要清洁管道。

运动器械

拉伸和力量锻炼区

☐ 垫子区域没有举重椅和设备。

☐ 垫子和条凳垫没有裂缝。

源自：M.A. Nutting, 2019, *The business of personal training* (Champaign, IL: Human Kinetics).

源自：NSCA, 2012, Facility and equipment layout and maintenance, by S. Takahashi. In *NSCA's Essentials of personal training* 2nd ed., edited by J. Coburn and M. Malek (Champaign, IL: Human Kinetics), 620-622.

☐ 伸展垫之间没有很大的空隙。

☐ 每天清扫和消毒。

☐ 设备使用后妥善存放。

☐ 使用弹性绳以安全结的方式固定在底座上，并检查是否磨损。

☐ 每天用防霉抗菌剂处理接触皮肤的表面。

☐ 增强式跳箱顶部或底部的防滑材料完好无损。

☐ 天花板高度足以进行高空作业（至少3.7米）并且没有低悬挂物品（如横梁、管道、照明和指示牌）。

阻力训练器械区

☐ 器械之间相距至少0.6米，最佳距离是0.9米。

☐ 区域没有松动的螺栓、螺钉、电缆和链条。

☐ 确保皮带功能。

☐ 适当润滑和清洁零件表面。

☐ 保护垫没有裂缝和撕裂。

☐ 每天用防霉抗菌剂处理接触皮肤的表面。

☐ 没有突出的螺钉或需要拧紧或拆卸的螺钉。

☐ 皮带、链条和电缆与器械部件对齐。

☐ 无磨损部件（如磨损的电缆、松散的链条、磨损的螺栓和断裂的接头）。

阻力训练自由重量区

☐ 器械之间相距至少0.6米，最佳距离是0.9米。

☐ 奥林匹克杆间距适当：两端之间0.9米。

☐ 所有设备在使用后放回原地，以避免阻塞通道。

源自：M.A. Nutting, 2019, *The business of personal training* (Champaign, IL: Human Kinetics).
源自：NSCA, 2012, Facility and equipment layout and maintenance, by S. Takahashi. In *NSCA's Essentials of personal training* 2nd ed., edited by J. Coburn and M. Malek (Champaign, IL: Human Kinetics), 620-622.

☐ 正确使用和归还的安全设备（如皮带、安全环和安全棒）。

☐ 防护垫没有裂缝和撕裂。

☐ 每天用防霉抗菌剂处理接触皮肤的表面。

☐ 紧固螺栓和设备部件（如安全环、曲杆）。

☐ 在深蹲架区域放置防滑垫。

☐ 奥林匹克杆能够正常转身；也要适当润滑和拧紧。

☐ 条凳、配重挂架、标准器械等固定在地板上或墙上。

☐ 非功能性或故障设备移除服务区域或拒之门外。

☐ 天花板高度足以进行高空作业（至少3.7米）并且没有低悬挂物品（如横梁、管道、照明和指示牌）。

举重区域

☐ 奥林匹克杆间距适当：两端之间0.9米。

☐ 所有设备在使用后放回原地，以避免阻塞举重区域。

☐ 奥林匹克杆能够正常转身；也要适当润滑和拧紧。

☐ 替换弯曲的奥林匹克杆；清除碎片。

☐ 安全环起作用。

☐ 有足够的滑石粉。

☐ 腕带、腰带和膝部弹性绷带可用，功能正常并妥善存放。

☐ 条凳、椅子、跳箱与举重区域保持一定距离。

☐ 垫子没有间隙、破损、裂缝和碎片。

☐ 正确地清扫和拖地以清除碎片和滑石粉。

☐ 天花板高度足以进行高空作业（至少3.7米）并且没有低悬挂物品（如横梁、管道、照明和指示牌）。

心肺运动区

☐ 器械之间相距至少0.6米，最佳距离是0.9米。

☐ 螺栓和螺钉紧固。

☐ 功能部件易于调节。

☐ 零件和表面经过适当润滑和清洁。

☐ 固定双脚和身体的带子安全，不会散开。

☐ 用于测量张力、时间和每分钟转数的装置正常工作。

☐ 每天用防霉抗菌剂处理接触皮肤的表面。

源自：M.A. Nutting, 2019, *The business of personal training* (Champaign, IL: Human Kinetics).

源自：NSCA, 2012, Facility and equipment layout and maintenance, by S. Takahashi. In *NSCA's Essentials of personal training* 2nd ed., edited by J. Coburn and M. Malek (Champaign, IL: Human Kinetics), 620-622.

维护和清洁工作的频率

每日

☐ 检查所有地板损坏和磨损。

☐ 清洁（打扫、吸尘或擦拭）和消毒所有的地板。

☐ 清洁和消毒室内装潢。

☐ 清洁和消毒饮水机。

☐ 检查所有固定设备与地板的连接。

☐ 清洁和消毒与皮肤接触的设备表面。

☐ 清洁镜子。

☐ 清洁窗户。

☐ 检查镜子是否损坏。

☐ 检查所有设备是否损坏、磨损；松散或突出的皮带、螺钉、电缆或链条；功能不正常或错误使用附件、栓或其他设备的迹象。

☐ 清洁和润滑设备的运动部件。

☐ 检查所有护垫是否有裂缝和撕裂。

☐ 检查防滑材料和垫子的位置是否恰当，以及是否有损坏和磨损。

☐ 清除垃圾。

☐ 清洁灯罩、风扇、通风口、钟表和扬声器。

☐ 确保设备在使用后正确归还并存放。

每周两或三次

☐ 清洁和润滑心肺呼吸机，以及选择性阻力训练机上的导杆。

每周一次

☐ 清洁（拂去灰尘）天花板固定装置和附件。

☐ 清洁天花板。

按需

☐ 更换灯泡。

☐ 清洁墙壁。

☐ 更换损坏或缺失的天花板瓷砖。

☐ 清洁带有外露管道或风道的开放式天花板。

☐ 移除破损的设备。

☐ 填充滑石粉盒。

☐ 清洁杆上的花纹。

☐ 使用除锈溶液清洁地板、板材、杆和设备上的锈迹。

源自：M.A. Nutting, 2019, *The business of personal training* (Champaign, IL: Human Kinetics).

源自：NSCA, 2012, Facility and equipment layout and maintenance, by S. Takahashi. In *NSCA's Essentials of personal training* 2nd ed., edited by J. Coburn and M. Malek (Champaign, IL: Human Kinetics), 620-622.

附录 C
商业资源

健身行业的资源

Club Solutions

这本针对特定行业的商业杂志致力于关注最新趋势，并讨论美国各地健身俱乐部的常见问题。

国际健康体育协会（International Health, Racquet and Sportsclub Association，IHRSA）

IHRSA 是世界领先的健身俱乐部管理组织，对健身俱乐部的商业趋势进行了大量的研究。它的一些信息向公众开放，一些仅提供给会员，一些信息可以以深度报道的形式购买。

Member Solutions

这个杂志主要是一个会员收费服务，但它的博客也提供非常好的商业信息。

The Business of Personal Training

是的，我还有一个博客，在那里我可以继续为您提供商业想法和解决方案。

The Personal Trainer Development Center

创始人乔纳森·古德曼（Jonathan Goodman）召集了一些最优秀的健身专业人士撰写文章，主题不仅仅是俱乐部健身企业家感兴趣的话题。话题包括从市场营销到在线私人训练。

Thomas Plummer

托马斯·普卢默（Thomas Plummer）是一名广受欢迎的主持人，他在健身行业工作了30多年，写过几本关于俱乐部销售和管理的书。

一般商业资源

大多数商业原则都是普遍通用的，换句话说，它们与任何行业都相关，并且一些最新的想法来自健身行业以外。事实上，我所学到的商业知识大多来自我们行业之外。

SCORE

　　这个非营利性的商业指导组织得到了美国小企业管理局的支持。它通过其志愿者工作人员（其中许多人是退休的商业专业人员）提供收费很少或免费的指导。

Small Business Administration

　　这个网站应该是您创业的第一站，因为它提供了丰富的所有话题的商业信息。注意：这是一个私人实体，不要与被称为美国小企业管理局的政府机构混淆。

一般商业期刊

　　虽然这些资源是基于订阅者的杂志（无论是纸质的还是电子版的），但他们的网站免费提供很好的商业文章。

　　Entrepreneur

　　FastCompany

　　Harvard Business Review

　　Inc.

商业博主

里奇・布鲁克斯（Rich Brooks）

　　里奇（Rich）是一名技术和社交媒体专家，在我使用社交媒体的早期，我就一直关注他。他是帮助我学习如何将社交媒体用于商业的关键人物之一。除了这里提到的博客，他的文章在许多顶级商业网站上都可以找到。

赛斯・高汀（Seth Godin）

　　赛斯（Seth）写了18本书（其中很多我都读过），他最新的一个项目是一个为期4周的在线商业密集型项目，名为altMBA。

盖伊・川崎（Guy Kawasaki）

　　1984年，盖伊・川崎（Guy Kawasaki）作为负责麦金塔电脑生产线营销的关键人物之一引起了公众的注意。他是一位风险投资家，目前是Canva的首席布道官。Canva是一种在线平面设计工具，我经常使用它，并极力推荐它。他还撰写了10多本商业书籍。

　　加里・维纳查克（Gary Vaynerchuk）最让人印象深刻的是他对如何利用社交媒体来推动业务的设想，坦率地说，他个人通过Wine Library TV将他父亲的酒类商店业务打造成他自己的全方位服务数字媒体公司VaynerMedia。加里同时也是一位风险投资家和4本畅销书的作者，也是在线问答节目#AskGaryVee的主持人。

作者简介

马克·A. 纳丁（Mark A. Nutting, CSCS、*D、NSCA-CPT、ACSM-HFD、ACSM-CEP、RCPT*E），以"训练私人教练"而出名。他在私人训练和健身俱乐部管理方面拥有超过37年的实践经验，并在商业实践以及如何将其应用于健身行业有10余年的深入研究。马克是新技术和社交媒体的早期应用者，他是一个拥有8年经验的资深博主，面对的读者都是行业内关注日常健身业务的顶级专业人士。2017年，马克被美国国家体能协会指定为荣誉认证私人教练。他曾获得2016年度私人健身专业教练传承奖和美国国家体能协会2009年最佳私人教练奖。

译者简介

韩克，MFT心武格斗健身体系创始人，指点壹贰线上知识平台创始人，3F健身管理培训联合创始人，耐克（中国）签约高级导师。5岁开始练习体操，为国家级运动健将，曾获全国体操冠军；2002年成为国内首批健身私人教练，并获多项专业认证；2004年进入健身俱乐部管理领域，曾担任中体倍力最年轻的俱乐部总经理；2007年加入上海一兆韦德担任私人教练总监（技术），负责旗下50多家店面的私人教练管理、销售及培训工作，在行业内首创了"私教节"以及格斗健身课程"Real Boxing"；2010年独自创业，创建了"MFT心武格斗健身体系"，为全国上千家健身俱乐部提供专业的特色课程产品及咨询管理服务；2012年与健身行业资深前辈张林老师以及业内跨界专家樊澄老师联合创办了3F健身管理培训，在过去7年间为近万名健身俱乐部的投资人和管理者提供管理培训及咨询服务；2008年起受邀成为耐克（中国）高级签约导师，协助耐克对全国的私人教练进行培训，在每年的耐克超级健身盛典中担任私人教练课程导师。